【历史新阅读丛书】

唐朝那些事儿

叁

【武则天卷】

冬雪心境 著

中国工人出版社

唐朝疆域图

回
纥
北庭都护府(公元702年一)
天
山
庭州
龟兹
安西都护府
疏勒
葱
岭
于阗
敦煌
突
厥
阴
山
黄
唐
幽州
定州
邢州
长安
洛阳
扬州
宣州
杭州
越州
益州
长
江
吐
蕃
逻些城
泥婆罗
天
竺
南诏
骠
国
泉州
流求
广州
南海
黄海
东
海
高
丽
新
罗
室
韦
靺
小海
波

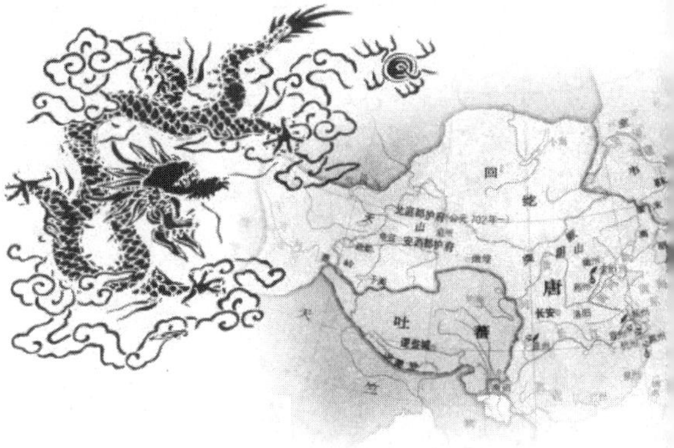

目录

唐朝

引　子

武曌不得不向着她短暂的尼姑生涯迈进，前方等待她的将是青灯与古佛的寂寞世界，而此刻在大唐皇宫内，却是一片繁华热闹的景象，因为大唐帝国的第三任皇帝李治已经登上了皇帝宝座。

李治坐上皇帝宝座的一刹那，意味着大唐帝国进入了一个崭新的时期，所有人都知道，未来的帝国，将会继续书写贞观时代的盛世传奇，倒不是因为人们看出了李治有多么能干，而是在这个少年皇帝的背后，有一个足以支撑整个帝国的人——长孙无忌。

好了！从现在开始，长孙无忌将不用再左顾右盼，不用再顾及曾经那个老皇帝的至上权威，他坚信一切都已在他的掌控之中，即使皇帝也不例外，更何况诸多朝臣，他现在要做的就是巩固多年来梦想得到的地位。

公元650年，李治改年号为永徽，是为永徽元年。

由此大唐帝国也暂时进入了长孙无忌时代，不过谁也没有想到，长孙无忌时代的到来，居然是从一件谋反案开始的。

第一章
房遗爱谋反案

婚外恋

婚外恋很危险，轻则闹得家庭破裂，重则关系到身家性命，古往今来因为婚外恋阴沟翻船的不在少数，潘金莲就是其中典型的代表。不过，对于这种危险游戏前仆后继、不顾一切冲上前去的也大有人在，在大唐，高阳公主算是其中的一个。

高阳公主，姓名不详，唐太宗李世民的女儿，房玄龄次子房遗爱的妻子。皇帝的女儿嫁给大臣的儿子，那可是大臣的无上荣耀，可对于老房家来说，却是犹如埋下了一颗定时炸弹。

原因只有一个，高阳公主是个刁钻蛮横、飞扬跋扈的人！

自从高阳公主成了房家的媳妇后，房家便整天鸡犬不宁，她一会儿仗着自己公主的身份在家里大吵大闹，一会儿又仗着自己“灵活”的头脑和三寸不烂之舌在家里挑拨是非，甚至在房玄龄去世时，挑唆房遗爱分家。

关于这件事，房玄龄的长子房遗直坚决反对。面对这个强悍的弟媳，房遗直据理力争，最后皇帝李世民知道了这件事情，凭借自己无上的权威才平息此事。由此可见，高阳公主实在不是个省油的灯。

不仅如此，这位有个性的公主还越过了她作为一个女人最不能越过的底线——不守妇道！

高阳公主不守妇道的方式很无厘头，因为姘夫是个和尚，而且是个有才的和尚——辩机。

说起辩机,很多人可能有些陌生,但说起他的师父那是非常有名——玄奘法师!

在前文我们详细说过玄奘西行求法的故事。贞观十九年,玄奘从印度带着大批佛经回到长安后,就开始了他的译经事业,而正是在这个时候,辩机因为精通大小乘经论而被选进以玄奘为核心的译经团(共 9 人),这一年辩机只有 26 岁。

不仅如此,年轻的辩机,还认真聆听玄奘法师讲述西行求法时的见闻,并且将玄奘的讲述编撰成一部流传千古的著作——《大唐西域记》。因此,辩机也受到了唐太宗李世民的表扬,李世民为此特批给辩机一块封地。如果照此下去,辩机的前途将不可限量。可事实证明,学问高深和道德高尚是两回事,就在他刚刚崭露头角时,一场婚外恋彻底地毁了他。

一个地位尊贵的公主怎么会和一个和尚混在了一起?高阳公主和辩机的那些事儿是“无巧不成书”这句话的绝好翻版。

一天,高阳公主和丈夫房遗爱外出打猎,正巧他们路过辩机的封地。辩机很有创意,不久之前在自己的封地上盖起了一座草庐,自称庐主。也许高阳公主以前曾听到过辩机的名号,两个人随后便在这座草庐里相遇了。

史书记载,高阳公主踏进草庐的一刹那,便被气度不凡的辩机深深吸引,由此看来辩机不仅有才,而且还是个帅哥。接下来两个人相谈甚欢,渐渐地高阳公主喜欢上了辩机,即将告别之时,高阳公主深情地回望辩机,那种眼神带有挑逗意味,带有一丝媚意。聪明的辩机瞬间领会了高阳公主的意图,虽然他不露声色,但早已是心花怒放。

总之,这是一次美丽的邂逅,同样也是一次将两个人引向毁灭之路的邂逅,接下来的事情不用多说,辩机与高阳公主陷入了婚外情。最倒霉的当数房遗爱,头上已经泛起了鲜艳的绿光,但面对强势的公主妻子,却无能为力。

虽然在一千多年前没有网络可以泄露高阳公主和辩机的新闻,但终究纸是包不住火的,两个人的绯闻没过多久便被传得沸沸扬扬,而搞笑的是正是辩机本人将自己和高阳公主的奸情说了出来。

原因并不是辩机脑子被驴踢了,而是为了保命!

就在辩机和高阳公主婚外恋期间,朝廷的御史为了侦破一桩特大盗窃案,机缘巧合地搜进了辩机的草庐,结果发现辩机使用的枕头相当华贵,并且从外形来看,还有些“女人味儿”。和尚本来应该是朴素的、简单的,专注于精神领域的,为什么使用的枕头那么有型？难道是偷来的？

细心的御史敏锐地发现了这个疑点，于是他下令将辩机带回去严加审问，辩机受不住严刑逼供，被迫说出枕头是高阳公主送给自己的，于是就这样爆出了自己和高阳公主的奸情。

事情败露后，最为恼怒的是唐太宗李世民，他将高阳公主叫来狠狠地训斥了一顿，并将辩机和高阳公主身边的十几名女仆全部腰斩。李世民的这个举动大大出乎高阳公主的意料，在她看来自己的父亲应该保护自己，显然她并没有意识到自己的行为已经严重损害了李唐皇室的声誉。

也就是从这一刻起，高阳公主内心开始与父皇李世民渐渐疏远，以至于李世民去世后下葬昭陵时，高阳公主不仅没有丝毫的悲伤，反而开怀大笑！

人怎能无耻到如此地步！

随着李世民的去世，大唐皇宫内便没有能够管教约束高阳公主的人了。于是这位大姐继续使着性子到处惹是生非。

人一旦失去约束，就会走上不归之路。

聪明反被聪明误

没有了皇帝老爹的束缚，高阳公主像一匹挣脱缰绳的野马，继续大搞婚外恋情，而且姘夫全是清一色的和尚道士。能将婚外情搞得如此有创意，纵观唐朝近三百年的历史，也只有高阳公主了。

不过，整天被浪漫的爱情充斥头脑的高阳公主，并没有忘记自己应该做的事儿。李世民活着的时候，高阳公主分家的目的没有达到，现在老爹死了，高阳公主认为分家这事儿已经十拿九稳，毕竟小兄弟李治那里什么问题都好商量。

在李世民死后，高阳公主继续变本加厉地在房家制造事端，其目标直指房遗直的梁国公爵位，为了帮助自己的丈夫夺得这个爵位，高阳公主想出了一个“绝妙”的主意。

据《资治通鉴》记载：“高阳公主谋黜遗直，夺其封爵，使人诬告遗直无礼于己。”高阳公主的这一招叫作鱼死网破，因为“无礼于己”这个词实在有些扎眼，甚至可以理解为性骚扰或者强奸。如果这个罪名成立的话，那么房遗直必死无疑，其爵位自然而然地由房遗爱来继承，高阳公主的计策堪称一个“妙”字。

当高阳公主将房遗直“无礼于己”的消息爆出来后，确实引起了皇帝李治的高度重视。为此，李治专门成立了案件调查组，指派专人进行调查，这个专案组的组长就是长孙无忌。

由家庭纷争引出了一件疑似强奸案，对于朝廷来讲，用得着派出一号人物、时任太尉的长孙无忌来亲自调查吗？

问题的关键是，长孙无忌欣然接受了这个任务。

长孙无忌对此真的有兴趣吗？是不是有些大炮打蚊子的味道？

要弄清这个问题，我们还得从贞观时期的储位之争说起。

大家应该还记得在那场斗争中，长孙无忌是李治的忠实粉丝，可房玄龄却不是，他虽然没有公开地反对立李治为太子，但其子房遗爱却是李泰的亲信。以房玄龄唯太宗李世民马首是瞻的性格来说，他应该是同意李世民立李泰的。后来李泰因为犯了致命的错误，而被迫退出储位之争，等于房家成了失败的魏王党。当然由于房玄龄功勋卓著，李世民活着的时候，房家是不会受到任何威胁的。可惜李世民只能管得了身前，却管不了身后。

因为储位之争，导致了房家与长孙无忌之间的隔阂，相信房家对长孙无忌也一定是不满的，而长孙无忌在内心也把房家视为对立于自己的一派。依据长孙无忌一派诬陷刘洎的事件来看，对于反对派，长孙系从来都是毫不手软。

现在李世民死了，房玄龄死了，长孙无忌的靠山是对自己感恩戴德的外甥皇帝李治。面对高阳公主的告状，长孙无忌觉得机会来了。

我相信当李治将调查案件的任务交给长孙无忌时，长孙无忌的心里一定乐开了花，这是又一个搞臭反对派的绝好机会，说不定在李治面前，长孙无忌还很有可能是积极争取的这个任务。

凡是与房家亲密的人，一个不留！长孙无忌已经握紧拳头暗自下定决心，同时他也明白要想达到目的，必须不留痕迹。

杀手的最高境界是什么？

杀人于无形！

于是和当年刘文静案件一样，随着长孙无忌的深入调查，房家案件的性质发生了变化，当然这是他一手操控的结果。

高阳公主！任由你螳螂捕蝉，我自黄雀在后！

打击一大片

长孙无忌介入后，很快他就发现高阳公主明显是在诬告房遗直，但长孙无忌并没有立即结束对案件的调查,而是带着不可告人的政治目的一路继续追查下去,其中包括和房家亲密的人以及所有可疑的动向。

长孙无忌是个老谋深算的政治家,凭借自己敏锐的目光,他忽然调查出一件可以大做文章的事情,这让他大为兴奋。

据《资治通鉴》记载:“主使掖庭令陈玄运伺宫省禨祥。”翻译成白话就是,公主命令掖庭令陈玄运暗中查看皇宫的吉凶。《新唐书· 公主传》记载了三个字“步星次”,联系这两条记载,我们可以清楚地看到高阳公主让陈玄运查看皇宫吉凶的方法应该是观察天象。

掖庭令属于皇宫内的宦官头目,掌管皇宫内女工之事,因为身在皇宫,所以比较了解皇宫内的情况。从高阳公主将这个任务交给陈玄运来看,相信陈玄运对天象一定有所研究。在遥远的古代,除了朝廷指派的专业人员可以观察天象(如傅奕),其他人如果私窥天象是触犯法律的,情节严重的甚至会被抄斩。因为古代人一般都是通过天象的变化,来预测或发现朝廷的重大政治动向。一个宦官在没有被授权的情况下,私自观察天象,居心何在?

一场疑似强奸案,居然被长孙无忌调查出了疑似谋反案,可见长孙无忌调查手段的高超。当陈玄运一五一十地将所有情况说完后,长孙无忌的嘴角不禁露出一丝诡异的微笑,显然他看到了这是一个绝好的突破口,接下来所要做的就是加足马力,继续调查。

长孙无忌明白房玄龄作为和自己一样的“玄武门之变”功臣,和房家亲密的人不在少数,所以利用高阳公主事件将这些人全都牵出来,是件相当容易的事儿。接下来的突破口在于房遗爱,高阳公主和房遗爱是夫妻,这场疑似谋反案无论房遗爱是否知道,因为他和高阳公主的特殊关系,都脱不了干系,但聪明的长孙无忌并没有立即审问房遗爱,而是从他身边亲密的人开始入手。

第一个人:薛万彻。

薛万彻能征善战,这是他的优点。本来作为李世民的女婿,应该更加低调地做人才对。但他有个明显的缺点,那就是管不住自己的嘴。贞观二十二年,薛万彻率领唐军远征高句丽,虽然这次远征的规模不能和贞观十八年李世民亲征高句丽的规模相比,但最终的结果却是两次打败高句丽人,总算是为李世民当年的无功而返赚回了一些颜面。可是薛万彻由于性格的原因,在征战的过程中经常辱骂行军同僚,在同僚心目中留下了极坏的印象,结果刚刚回到长安便遭到了言官们的弹劾,李世民念在他刚刚建功,并没有追究。

但薛万彻并没有引以为戒,反而变本加厉,在不同的场合经常发牢骚,就连他自己恐怕也说不清到底是在埋怨谁。这种情况连他的下属裴行方也看不过眼,所以一纸弹劾奏疏上到了李世民那里,薛万彻被李世民贬到了象州(今广西象州县)。

永徽三年,薛万彻因为患有脚疾被李治召回了长安,在面见皇帝后,他见到了老熟人房遗爱。在贞观十七年的储位之争中,薛万彻倾向李世民立李泰,而且同作为李世民的女婿,又是连襟关系,所以和房遗爱二人关系很是亲密。本来薛万彻回到长安去见房遗爱并没有什么不妥,但在见面时,两个人说了不该说的话,据史书记载,两个人越说越兴奋,最后竟说出了"若国家有变,当奉司徒荆王元景为主"的话。

如此看来,永徽初年的朝廷局面其实并不稳定,贞观十七年储位之争的余波依然未平。作为失败的魏王党并不甘心,但显然他们没有长孙无忌那样的政治手段,这一点从薛万彻和房遗爱的对话中就可以看出来。

薛万彻和房遗爱的密谋被长孙无忌调查了出来,这是比高阳公主让陈玄运查看天象更有价值的发现。到现在为止,高阳公主、房遗爱、薛万彻都已经被长孙无忌列入了黑名单,长孙无忌并没有就此收手,接下来继续牵出第二个人。

第二个人:荆王李元景。

作为李世民的弟弟,李元景是永徽初年最为年长的人。他的女儿嫁给了房遗爱的弟弟房遗则。按照辈分,房遗爱应该管李元景叫叔叔。有了这层关系,李元景和房家走得很近。所以我们也就理解了房遗爱和薛万彻为什么要拥立李元景了。至于李元景是否参与了薛万彻和房遗爱的密谋,史书上并没有明确的记载。但这位仁兄偏偏做了一个不该做的梦,他梦见自己一手托着太阳,一手托着月亮。这个梦的寓意白痴都能明白,而且他将这个梦告诉了房遗爱,所以只能被迫和房遗爱共同背上疑似谋反的嫌疑。

顺便说一句,和房家亲密的还有一个人,名叫柴令武。这个人并不十分出名,但他有个出名的老爹老娘,那就是柴绍和平阳公主。柴令武娶了李世民的女儿巴陵公主,和房遗爱也是连襟关系,就是因为这个关系,他也和房遗爱共同上了一条贼船。

薛万彻、房遗爱、柴令武,是李世民的三个女婿,在李世民死后有些蠢蠢欲动,说他们是"连襟造反派"一点儿也不为过。

看着长长的谋反人员名单,长孙无忌眼睛眯成了一条缝。本次调查的确收获不小,但长孙无忌明白,他现在所掌握的一切,都是从外围获得的,而当事人并不一定承认。只有让当事人彻底认罪，长孙无忌才能称得上真正的胜利，但要做到这一步可不是那么容易的。

事实证明：正像长孙无忌所预料的那样，当他审问薛万彻的时候，立即遭到了当事人的否认。

如何才能让当事人认罪呢？

长孙无忌将名单缓缓地放在了桌上，他抬头望向窗外，深沉的眼神中透露出一丝杀气。

“必须全部拿下！而且……”

长孙无忌嘴角露出了一丝微笑，他似乎找到了答案，也找到了方法——从房遗爱开始！

从房遗爱开始？事情仿佛回到了原点，但伟大的辩证唯物主义告诉我们，回到原点有时是一种质的飞跃！

过招

长孙无忌之所以回到原点，准备从房遗爱身上寻找突破口，是因为他知道人身上都有一种东西可以利用，那就是怕死！

这一点在房遗爱身上体现得更加明显。房遗爱是个懦弱的人，试想有几个人看着自己被戴了绿帽子，还能稳坐钓鱼台？虽然老婆是公主，但也应该尽力维护自己作为男人的尊严。可房遗爱却能忍气吞声，誓将绿帽丈夫的名誉发扬光大。

懦弱的房遗爱碰到了政治老手长孙无忌，所以结局只有一个，被长孙无忌牵着鼻子走。

长孙无忌明白房遗爱是先皇的女婿，动用刑罚是绝对不行的，唯一有效的方法只能是采取攻心术。所以他决定亲自提审房遗爱。

“驸马爷，我知道这些年来你一直对朝廷不满，说了很多对朝廷不满的话，其实这没有什么，但你的确不应该和薛万彻说那些话啊！”长孙无忌轻声地试探道。

“什么话啊？”房遗爱反问。

“呵呵呵……”长孙无忌并没有直接回答房遗爱，他清了清嗓子反问，“要我替你说出来吗？”

此时的房遗爱并不十分理解长孙无忌说这番话的目的，或许他和薛万彻说的话实在太多,以至于他也不知道长孙无忌究竟指的是什么,所以他只有等。

“我的话驸马爷可明白?”

“不明白!”

长孙无忌撇了撇嘴角,然后他走到房遗爱身旁,拍了拍房遗爱的肩膀,凑到房遗爱的耳旁,继续轻声地说道:“共立荆王李元景为主!这句话你还记得吗?”长孙无忌的声音夹杂着一丝笑意,只是这句话在房遗爱听起来是那么刺耳。

霎时间,房遗爱感觉像是遭了电击一样,额头上顿时冒出了冷汗,可是房遗爱依然故作镇静,稍稍平复一下情绪之后,他胆怯地说道:“太尉,说话可要讲证据啊!”

虽然他的回复合情合理,但是他的语气已经表明他开始有些心虚了。

“以你的身份说那些话,意味着要杀头,因为已经够上了谋反罪!”长孙无忌并没有按照房遗爱的思路去说,而是着重突出了“杀头”两个字,因为他知道做贼的人终究心虚,关键时刻需要给予足够的震慑力!

说完后,他重新坐回自己的位置,他知道和房遗爱的第一回合过招,自己已经全面胜利。

“不!我说那些话只是发发牢骚,并没有想谋反,太尉,我真的没有谋反啊!”房遗爱极力为自己开脱。

至此,房遗爱已经全面落入了长孙无忌事先设计的圈套之中。

不知不觉中,房遗爱已经向长孙无忌交代了全部实情,也就是说他亲口承认了自己和薛万彻的密谋,而他自己还浑然不知。

“嗯,我知道,我知道。”长孙无忌赶快安慰房遗爱,当然这只是他的计策,因为他的目的不仅仅是房遗爱、薛万彻等人,他要钓到更大的鱼。

所以,第二回合开始了。

“驸马爷!现在摆在你面前的有两条路,一条是我上奏皇上,估计你和薛万彻等人全都活不了,另一条路是你要配合我。只要配合我,你就会像纥干承基那样安然无恙。现在你自己来选择!”长孙无忌的语气虽然很轻,但是让房遗爱绝对感受到一种莫名的压迫。

“我和太尉配合!太尉您说吧,让我做什么都行!”

长孙无忌缓缓地闭上了双眼,沉吟过后,他开口对房遗爱说道:“除了薛万彻、高阳公主、李元景等人,还有谁?”

“还有……”

“等等!”长孙无忌站起身来再次走到房遗爱的身旁,再次凑到他的耳边,然后轻声地说道:“驸马爷不要这么着急就说,你要仔细地想一想,力争不漏掉每一个人,只有这样我才能保你。”

“尤其是像李元景那样的藩王!”

房遗爱点了点头,他的目光有些惊恐,但又有些恍然大悟。片刻后,他终于说出了一个名字——吴王李恪。

陷害

长孙无忌笑了,而且是爽朗的大笑,这正是他想要的结果,房遗爱配合得实在很默契。

吴王李恪?房遗爱为什么会说出这个人?

要弄清这个问题,我们还得回到李世民的贞观时代。储位之争结束后,李治被立为太子,但谁都知道李治并不是李世民内心深处最中意的人选,要不是李承乾不争气,李泰关键时刻犯错误,以及李治有长孙无忌的大力支持,太子的地位怎么也不会轮到李治。

其实在李世民的心中,他发现了其中一个儿子很像自己,这个人就是吴王李恪。

李恪是李世民的第三个儿子,母亲杨妃是隋炀帝杨广的女儿,也就是说李恪不是李世民的嫡生子,这一点让李恪失去了竞争皇位的机会。可是随着时间的推移,李世民感觉李治并不是很好的人选,所以他渐渐地有了立李恪为太子的念头,于是他将这个想法告诉了他最亲近的人长孙无忌,却遭到了长孙无忌的坚决反对。

长孙无忌的理由很简单,储位之争刚刚稳定,李恪不是嫡生子,太子又没有犯什么错误,不能轻易废黜。李世民综合考虑最终还是放弃了。李恪也就失去了登上皇位的唯一机会。

毛泽东在点评二十四史到这里时曾经说过:“李恪英物,李治朽物,知子莫若父。然卒听长孙无忌之言,可谓聪明一世,懵懂一时。”

这个评价很中肯,不过李世民虽然没有立李恪为太子,但长孙无忌在内心已经牢牢记住了李恪的名字。尤其是在永徽初年,李恪被任命为司空,在官职上和自己平起平坐时,长孙无忌隐隐地感觉到这个具有英气的吴王很可能会成为自己未来总揽大权的绊脚石。相信李恪的内心也一定在嫉恨长孙无忌。可以说为了各自的利益，双方已经处于一种极端矛盾的对立状态，如果有一丝风吹草动，一定会拼个鱼死网破。

问题的关键在于，谁利用好时机先出手，谁就会占得先机！

长孙无忌率先找到了这个机会，而且是可以置李恪于死地的机会，他岂能错过？所以从房遗爱这个突破口开始，长孙无忌的目的就是扳倒李恪。

李恪和长孙无忌的矛盾，房遗爱一定是清楚的，所以当长孙无忌提醒他尤其不要漏掉像李元景那样的藩王时，他马上意识到长孙无忌是指李恪！

为了证明自己没有谋反之心，为了保住自己的性命，房遗爱主动迎合长孙无忌陷害李恪。

小人？怕死？窝囊？恐怕谁也说不清。

或许在强大的长孙无忌面前，房遗爱真的没有第二条路可走。

至此，审讯已经完毕，当然长孙无忌并没有忘记让房遗爱在供词上按上手印。

“先把驸马爷带下去，听候发落！”长孙无忌说话的时候依然保持着一种悠然自得的神态。

“太尉！你一定要和皇上说明啊，我真的没有谋反啊！太尉，你一定要保我啊……”

房遗爱的声音逐渐远去，长孙无忌的眼中透露出一丝凶光！

李治的无奈

房遗爱的证词已经证明了这个谋反案成立，至少长孙无忌是这样认为的，于是他依据房遗爱的证词开始初步拟定判决结果：

房遗爱、薛万彻、柴令武斩首！

李元景、李恪、高阳公主、巴陵公主赐自尽！

看着这宣判结果，长孙无忌满意至极，虽然这个宣判结果还需要皇帝李治来签发执行，但在长孙无忌看来，一切都尘埃落定。

事实证明，的确如此。

当长孙无忌将宣判结果上报给李治后，李治顿时泪流满面。当年李世民立李治为太子，看重的就是他“宽仁孝友”，如今让他一口气杀掉这么多皇亲国戚，他实在于心不忍。

李治一边拿着长孙无忌的宣判文书，一边向大臣们求情：

"荆王是我的叔父，吴王是朕的兄长，我想为他们求情赦免一死，爱卿们说可以吗？"这个场景让我们不禁想起当年李世民处理李承乾时所说的话，那个时候大臣来济的一番精彩回答，立刻让李世民变成了"慈父"。

现在当李治说完后，他急切等待有人能够出来替自己解围，可是盼来的却是一片寂静。李治顿时觉得有些难为情，这个时候他反而没有继续哭泣，而是欲哭无泪。

大殿里寂静了很长时间，所有人都默不作声，气氛有些凝重。在长孙无忌看来，这是回绝李治的最好方式，时间拖得越久，就越能证明大臣坚持维护判决结果的决心，同时，也证明朝堂上基本上都是他的人。

时间在一分一秒地过去，李治有些坐不住了，他再次开口问道："爱卿们谁能说句话啊？"李治的声音有些嘶哑。

"臣认为，不可以！"说话的人名叫崔敦礼。

崔敦礼时任兵部尚书。作为永徽年间较为年长的大臣，崔敦礼敢于站出来说话，是因为他的资历和当时的官职。首先他参加了贞观四年的北征突厥，而且在贞观年间多次处理边疆危机很得体，受到了李世民的器重。

崔敦礼出面回绝李治，我们无法知道是不是长孙无忌事先安排的，但有一点可以确定，在处理谋反案件时，掌有兵权大臣的态度很重要，这一点皇帝必须慎重地考虑。

李治绝望了。一个高高在上的皇帝，居然乞求大臣赦免皇室成员，而最终却遭到拒绝，可见永徽年间的李治已经被长孙无忌架空。

最终李治妥协了。因为到目前为止，李治实在孤立无援，朝堂上那些看似恭敬的大臣，其实全都是长孙无忌的人。至此，李治高高在上的威严形象被彻底毁坏。

李治当然是不甘心的，可他明白现在还不是他发作的时候，此刻在他的心底已经埋下了复仇的火种。

永徽四年(653 年)二月二日，李治下诏维持长孙无忌对房遗爱谋反案的宣判结果。

一同受到牵连的还有江夏王李道宗、驸马都尉执失思力、薛万彻的弟弟薛万备、门下省侍中宇文节等人，他们因为平常和房遗爱往来频繁，而被长孙无忌流放到偏远地区，同时废除房玄龄在太宗庙陪从受祭的地位。

可怜的房玄龄至死恐怕也不会想到，自己的一世英名全都毁在了自己儿子的手里！

值得一提的是，吴王李恪在临自尽时，愤怒地说出了下面一段话：

“长孙无忌窃夺君威，玩弄权术，陷害忠良，宗庙社稷如果有灵的话，不久他就会遭灭族！”

准确地说，这是个诅咒！当时没有人会在意一个身背谋反重罪之人临死时说的话。可诡异的是，仅仅五年后，这个诅咒居然应验了。

长孙无忌的目的达到了，说他用的是权术也好，或者是下三烂陷害人的手段也罢，到目前为止，他的权势已经达到了巅峰。虽然障碍已经扫清，但房遗爱谋反案对于朝廷格局的影响并没有终结，这仅仅是个开始。

暗流涌动

长孙无忌引诱房遗爱并变相胁迫皇帝李治，成功地除掉了诸多政治对手，他也由此而进入人生的高峰。

房遗爱是个小人，死不足惜，高阳公主品德有问题，判了死罪大家也不会同情，薛万彻管不住自己的嘴，最终落得如此下场只能算他倒霉。但李恪有什么错呢？

难道仅仅就因为当年李世民想立他为太子，让长孙无忌感受到了威胁这么简单吗？在被长孙无忌除掉的人中，李恪是最冤枉的，所以在死前他愤怒地诅咒长孙无忌。

仅凭房遗爱的证词，诸多人头落地。这个案件的审理程序本身就存在严重的问题，究其根本不是长孙无忌多么神通广大，而是因为永徽初年的政治格局呈现出一种畸形的状态。

究竟是一种什么状态？想弄清这个问题我们首先要从几个细节入手。

其实在长孙无忌审理房遗爱案件的过程中，不是所有人都认同长孙无忌的做法，其中前边提到的门下省侍中宇文节就是其中的一个。宇文节除了和房遗爱交往过密，在房遗爱东窗事发后，不仅没有和房遗爱划清界限，而且还为房遗爱开脱，他这样做其实已经站到了长孙无忌的对立面。

结果宇文节被判流放偏远地区，而接替他的却是兵部尚书崔敦礼。表面看起来兵部尚书与门下省侍中品级相同（正三品），但千万不要忘了门下省可是中枢权力机构，进了门下省相当于进了宰相班子，所以说崔敦礼其实是被提拔了。

朝廷大臣的提拔，尤其是要进入宰相班子，应该由皇帝说了算，按照崔敦礼一口回绝李治的态度来看，他应该不可能得到提拔。可结果是崔敦礼成功进入了门下省，那么提拔他的人应该是长孙无忌。从这点能够进一步看出，永徽初年的李治其实是个傀儡，虽然他贵为皇帝，但具体的政务根本由不得他。

之所以出现这种情况，是因为当时朝廷权力机构的重要官职基本上是由长孙无忌一派掌握的。

我们把他们列出来看看大致的情况。在房遗爱谋反案之前，朝廷的重要官员如下：

太尉长孙无忌，中书、门下两省的最高负责人。

中书省中书令柳奭。

门下省侍中宇文节、高季辅。

尚书左仆射于志宁，右仆射张行成。

吏部尚书褚遂良（同中书门下三品）。

综观以上人等，只有张行成因为和李治说过要防止大臣专权的话，可以认为他不是长孙无忌一派的人，可张行成在永徽四年九月去世，他的职位遂被褚遂良取代。这些人虽然名为皇帝的臣子，但其实都是长孙无忌一派的人，他们看到崔敦礼回绝皇帝一样受到提拔，而高高坐在宝座上的皇帝不过就是个摆设。

他们知道，只有团结在长孙大人的身边，才会有前途。

所以结论就出来了，之所以说永徽初年的朝廷政治结构是一种畸形状态，是因为皇权受到了严重的威胁，以致皇帝像个木偶而任人摆布。在皇权制度中，皇帝当然是不应该被当成木偶的。

规则一旦被打破，就会出现问题！

长孙无忌作为托孤大臣，他的使命是在一定时间段内掌握一定的权力，维持这个帝国正常的运转。在这个过程中，依据皇帝自身的情况渐渐地将权力还给皇帝。这是托孤大臣的职责所在。但通过房遗爱案件我们可以看出，长孙无忌已经全然不顾皇帝的感受，仿佛坐在那个宝座上的人应该是他，最重要的是以他为首的贞观宰相班子已经形成了对新皇帝李治的包围。当时孤立无援的李治已经长大成人，你想他会作何感受？

也许在长孙无忌的眼中，李治就像当年的刘禅一样，是扶不上墙的主儿，可问题是李治真是这样吗？性格软弱是李治的一大缺陷，但这并不意味着李治不会在外界因素的影响下而改变，后来的事实证明，李治已经下定决心要从长孙无忌一派的包围中突围而出。

通过房遗爱案件，李治清楚地看到，长孙无忌已经开了自己继位以来陷害朝臣的先例，这在“宽仁孝友”的李治看来是坚决不允许的。当然他也明白眼下自己还不能和舅舅进行硬碰硬的较量，只能慢慢地寻找机会。

长孙舅舅其实应该是皇帝最为信赖的人，只是现在他实在有些嚣张。

第二章

废王立武

唐高宗显庆四年(659 年),七月二十七日。

黔州!

一个人仰望着已经悬挂在房梁的白绫,不禁惨笑一声,然后嘴里始终喃喃自语:“这就是我想要的吗? ……”随后这个人慢慢地登上早已摆好的椅子,两手将白绫打成了一个死结,紧接着将脖子伸到了里边。忽然间他又狂笑起来,仿佛中了魔一样,接着又戛然而止。

“为什么要赶尽杀绝? 为什么要赶尽杀绝啊?”这个人一边说着,一边缓缓地留下了泪水,然后他蹬掉脚下的椅子,一切就此结束。

这个人就是长孙无忌。六年前他还是大唐帝国炙手可热的人物,为什么在终结自己的生命之前,他反复重复“为什么要赶尽杀绝”这句话?

那么对他赶尽杀绝的人会是谁呢? 长孙无忌又为什么会在短短的六年间落到如此地步? 这当中又隐藏着多少不为人知的秘密呢?

要弄清这个问题,需要从一个人说起。

一个女人!

武曌!

重回后宫

武曌就是后来大名鼎鼎的武则天,她 14 岁进宫被李世民封为才人,可是到李世民去世,也还只是个才人,似乎没有什么前途,可所有人都没想到这个小小的才人居然和太子李治有私情。关于李治和武曌的感情问题,《唐会要》有明确的记载:

“贞观十年文德皇后(长孙皇后)崩。太宗闻武士彟女有才貌,召入宫,以为才人。时,上在东宫,因入侍,悦之!”

自此之后,李治和武曌开始了一段不伦之恋,之所以这么说是因为武曌当时毕竟是李世民的才人,也就是说是李治的后母(可以称为小妈)。这在当时是犯死罪的,幸好两个人保密工作做得出色,以至于一直到李世民死也没有被人发现。

前边我们提到过,李世民下葬后,依据当时的惯例,先帝那些没有子嗣的嫔妃必须出家,武曌不得不进感业寺为尼。在半路上她由衷地发出了感慨,希望李治能够早些接她回去。让她没有想到的是,没过多久她重回后宫的愿望真的实现了,这一切都源于一场后宫争宠事件。

事情的起因是王皇后和萧淑妃的矛盾。

王皇后是李世民亲自为李治挑选的,出身太原王氏,是名副其实的名门世家。在那个讲究门第出身的年代,这对于王皇后绝对是一种资本,而李世民看中的正是王皇后良好的家庭背景,史料记载王皇后也很有姿色。

王皇后早在李治还是晋王的时候就嫁给了他,起初两个人生活得还算恩爱,可是随着时间的推移,两个人的感情逐渐冷淡,或许是因为“七年之痒”,或许是因为王皇后的性格,总之李治对王皇后很是冷淡。她也没有为李治生下子女,当时没有子嗣的王皇后并没有充分意识到这是自己的致命伤,以致她最终就栽在了这件事上。

综合多种因素,李治和王皇后的感情并不融洽,相反李治更加喜欢萧淑妃。萧淑妃是开国名臣萧瑀的族孙女,虽说也是名门世家,但从地位上来讲,萧淑妃当然比不上王皇后,可是这个女人更加懂得怎样抓住男人的心,对于柔弱的李治来讲,这无疑是一招撒手锏,而且和王皇后相反,她为李治生下了一子二女,这无疑更增加了萧淑妃的筹码。

眼看着皇帝陛下冷落自己,王皇后的心中泛起了妒意。她越来越感觉到如果再不采取任何措施,自己的皇后之位有可能会受到威胁。她尽自己的一切力量去博取皇帝李治的宠爱,可残酷的现实击碎了她美好的愿望,李治自始至终都无动于衷。

既然正面努力没有结果,那我只有不择手段了!跟我抢老公,哼!小贱人我会让你输得很惨！

很快王皇后就想出了一个绝妙的主意，她决定利用武曌来转移李治的注意力，从而实现打击萧淑妃的目的。史料上并没有明确记载王皇后是如何知道李治和武曌的关系的，但李治既然已经当了皇帝，先前的事儿现在让人知道了也无所谓。问题的关键是，李治利用怎样的一个机会能将先皇的妃子重新接回宫中，这让李治有些为难。

幸好王皇后的脑筋是相当好使的，她利用自己特殊的身份替李治解决了一个难题，在王皇后看来，李治应该感激自己，或许这正是重建夫妻良好关系的起点。

事实证明，王皇后只猜对了一半，通过利用武曌，她确实达到了皇帝李治冷落萧淑妃的目的。按照她自己的设想，武曌在完成离间任务后，应该远离李治，而自己应该成功上位，重新赢得李治的宠爱。可她发现，李治并没有将注意力转移到自己这儿来，而名不见经传的武曌却整天和李治如胶似漆。

真是偷鸡不成，反蚀把米！

这真有点类似于谍战片，出色女间谍在执行任务时忽然发现了真相，于是背叛原有的组织，而遭到了组织的追杀。

事情到了现在完全出乎王皇后的意料，萧淑妃虽然已没有威胁，但新的威胁产生了，而且她感觉武曌是个比萧淑妃更加危险的人物。在武曌执行离间萧淑妃的任务之前，王皇后丝毫没有察觉出武曌是个心机深沉的主儿，等到她察觉时，武曌已经在皇帝面前赢得先机。直到这时，王皇后才明白自己其实犯了一个很愚蠢的错误。

岂止是愚蠢？简直就是十分愚蠢！

最终只能证明一点，王皇后情商很低，利用情感去制约情感，本身就是危险的！

走开！ 哥要发威

自从永徽元年王皇后将武曌重新召回后宫后，武曌就立即赢得了李治的宠爱，王皇后重新上位的梦想被彻底粉碎。接下来的一系列事件，最终导致王皇后失去后位，让李治借此一举成功铲除了长孙无忌的专权集团。

永徽二年，武曌被册封为昭仪（正二品），比皇后只差两个品级。永徽三年，武曌生下了她和李治的第一个孩子，取名李弘。

如果说先前的宠爱、地位的提升，还能让王皇后容忍的话，那么当武瞾生下龙种后，王皇后真的坐不住了。因为在那个不孝有三，无后为大的社会里，女人如果不能生孩子，则意味她将被彻底打入冷宫。

年轻、漂亮、出身名门世家，这是王皇后的优势，但据史料记载："后不能曲事上左右，母魏国夫人柳氏及中书令柳奭入见六宫，又不为礼。"也就是说王皇后的家族仗着自己是名门望族，很是傲慢，不将六宫之人看在眼里。王皇后也许正是受家庭环境因素的影响，性格上有所缺陷，才导致不受李治的待见。

正所谓成也贵族，败也贵族！

优势与劣势并存，在与武瞾的较量中，王皇后并没有彻底失去机会，对于这对冤家来说，较量才刚刚开始。

在武瞾的心中，其实早已经为自己定下目标，那就是直指皇后之位。她也明白虽然自己现在很受皇帝的宠爱，虽然王皇后的劣势很明显，但自己必须稳扎稳打，因为宫廷斗争不能犯任何错误，只要犯下一个很小的错误，也许就永远不会有重来的机会了。

所以王皇后不待见的人，武瞾对她们很友好。王皇后不亲近的人，武瞾想方设法地营造亲近的机会。随着时间的推移，人们发现这个进宫不久的武昭仪远比那个王皇后和蔼可亲得多。相信大家对武昭仪的良好印象也会传到李治那里，武昭仪在皇帝那里更加赚足了印象分。

稳扎稳打，这是必需的！

但为了尽快达到自己心中的理想，有时可以不择手段，王皇后可以利用我达到不可告人的目的，我为什么就不能呢？

武瞾在寻找机会，不久她真的找到了。

虽然有些残忍！

永徽五年，武瞾再一次为李治生下了孩子，这回是个公主。虽然王皇后和武瞾不断暗战，但表面上还是要保持一团和气。为了显示出贵为皇后，母仪天下的风范，王皇后决定前去看望武瞾和小公主。

此刻王皇后一定想不到，前方等待她的将是万丈深渊。

当王皇后来到武瞾的寝宫后，按说武瞾应该出来迎接才是，但诡异的是此刻武瞾不知道去了哪里。对于这一切，王皇后并没有在意，而是径直走到小公主熟睡的床前，将小公主抱起来仔细端详。

"如果我要是有这么一个孩子该有多好啊！"王皇后不禁触景生情。作为皇后她已经到了一个女人奋斗的顶点，可作为女人她有着无尽的遗憾！

王皇后的眼眶湿润了，她轻轻地将小公主放在床上，转身离去。

不久，后宫起了轩然大波，武曌新出生的小公主死了！死了？没错！就在王皇后离开武曌的寝宫之时。

当武曌回到后宫发现小公主已经断气时，不禁号啕痛哭，随后立即上报皇帝李治，说是王皇后害死了小公主。她的理由很简单，王皇后是最后一个看见小公主的人。

李治得到消息后，首先表现出了极端的愤怒，可冷静下来思考又不太相信王皇后真的害死了小公主。武昭仪痛失爱女的心情可以理解，可王皇后出身名门世家，虽说性格上有缺陷，但不至于做出如此下三烂之事。

那我们不禁要问，小公主真的是王皇后害死的吗？虽然史料上没有明确的记载，但我通过分析，觉得这事儿有些不靠谱。

王皇后并不是白痴，如果真的要害死小公主，有必要孤身一人前往武昭仪的寝宫里行凶吗？虽然武昭仪不在，这是她绝好的下手机会，但这样一来反而把自己置于不利境地，因为当时只有她一人在场，等于不打自招。

千百年来，很多史书都把小公主之死说成是武曌为了夺得皇后之位，而亲手掐死小公主然后嫁祸于王皇后。对于这种说法虽然不能全部认可，但至少武曌是嫌疑人，联系她后来杀兄、逼子、大肆屠杀李唐皇室成员等行为来看，说武曌掐死自己的亲生女儿也不为过，原因只有一个，武曌是个极度热爱权力的人，以至于有些变态。

14 岁进宫，经过 13 年的努力，依然原地踏步。虽然攀上了李治这棵大树，但在李世民死后却不得不出家为尼。如果没有王皇后和萧淑妃之争，恐怕这辈子她都将与青灯古佛为伴，所以当抓住李治这棵救命稻草后，武曌当然不能轻易松开它。凡是挡在她前面的障碍，她发狠都要全部除掉，在这个过程中，为了达到自己的目的，她可以不择手段。这正像她后来巩固自己的权力一样。

权力，这是我生命中的永恒主题，是我挥之不去的神的印记！

小公主死了，除了武曌无法辨别真假的伤心，皇帝李治心里也很不好受，毕竟是自己的亲生骨肉。在李治的脑海中反复思考着一个问题，那就是自己和王皇后的感情问题，作为君临天下的皇帝，思考这个问题除了纯感情因素，还需要考虑政治因素。

王皇后和李治感情不和，而恰恰武昭仪现在和李治如胶似漆，所以不经意间在李治的心中有了废掉王皇后，改立武昭仪为皇后的想法。

皇帝有了这样的想法，一纸诏令下去不就行了？

事实上，远没有这么简单。可以说李治的这个念头是逐渐形成的，小公主之死其实只是个导火线，而真的要实现废王立武，远不是李治一个人说了算的，李治还需要考虑朝臣的态度，长孙无忌就是起决定作用的环节。

所以此刻在李治的心中，有了一个想法，利用废王立武这个机会，尝试从舅舅手中夺回自己应有的权力。

值得一说的是，这是李治内心深处隐秘的想法，当时所有人都不知道，即使武曌也不例外。

试探

李治已经下定决心，他知道要想达到最终目的，必须循序渐进，事实上李治要达到的目的有两个：一是废王立武，二是夺回应有的权力。而这二者彼此之间又是有机的统一体。前面我们说过，永徽初年的朝廷大权是由长孙无忌把持的，所以废立皇后如果成功，这也是李治夺回权力的一个标志。

当然，长孙无忌是否愿意这样，目前来看还是未知数。唐代的政治制度其中一个最大的特点是皇帝的命令，必须有宰相大臣的签署意见，而且要经过门下省、中书省审核，如果缺少其中的一个环节，皇帝的命令等于无效。在这样一种背景下，李治废王立武的命令需要经过长孙无忌这一关。

所以他决定和武昭仪前往长孙无忌那里，试探一下舅舅的态度。

李治知道要想让舅舅同意这件事，首先必须给予对方好处，所以在寒暄过后，李治立即赠送长孙无忌大批的金银财宝，并且册封长孙无忌小妾生的儿子为散朝大夫（从五品）。李治自认为做足了功课，所以接下来他趁热打铁地向长孙无忌透露了废王立武的想法，出乎李治的意料，长孙无忌表现得不置可否。

同意还是不同意？您倒是回个话啊！

长孙无忌自始至终都没有接李治的话茬，李治明白这是舅舅在变相回绝自己，所以没多久他就和武则天辞别而归。

礼物送出去了，官也封了。可是李治并没有达到目的，在他看来或许自己送得少了，或许出于面子，长孙无忌不好立即表态，所以李治决定派一个人继续前去探听长孙无忌的态度。

李治思前想后，决定派自己的丈母娘，武则天的母亲杨氏出马。

李治之所以选中杨氏，是因为她的父亲杨达和长孙无忌的父亲长孙晟有同僚之谊，而且杨氏很有才华，懂文史，会音乐。综合多种因素，李治相信长孙无忌应该不会拒绝她。而事实再一次让李治失望，长孙无忌一口回绝了杨氏，比上次自己去长孙无忌那里还不济。

本来杨氏作为女性，应该具有游说的优势，但结果还不如上一次，可见李治的判断是错误的，那么接下来该怎么办？

目前放眼朝廷上下，能与长孙无忌攀上交情，而且还不是长孙无忌一派的人几乎没有几个。这让李治很是为难，不得已他只能找到了当时的一个三品官员。

这个人的名字叫许敬宗。

许敬宗，字延族，杭州新城人，隋朝礼部侍郎许善心之子。在李治还是太子时，许敬宗就一直在他身旁。李世民征讨辽东时，许敬宗先是辅佐李治监国，等到岑文本去世时，李世民又把他调到前线参与军事决策，可见是个能文能武的主儿，而且他还有一个特长——修国史。

许敬宗是个有才能的人，同时也是个小人，史书对他的评价是四个字：虚美隐恶！

李治能够想到让他出马游说长孙无忌，是因为他的父亲许善心和长孙无忌的叔叔长孙炽在隋朝时同时出任过太常少卿，李治认为有了这层关系，长孙无忌这次应该不会再拒绝了。

许敬宗带着自信去了，没过多久就像一只斗败的公鸡似的回来了，这一次长孙无忌的态度更加严厉，将许敬宗骂了个狗血淋头。虽然许敬宗没有当面发作，但在他的心中已经记下了今天这耻辱的一幕，他发誓一定要报复长孙无忌，而且要让他永世不得翻身。后来的事实证明，许敬宗真的找到了机会。

李治三次试图说服长孙无忌，没想到全是徒劳，而且长孙无忌的态度是一次比一次严厉，至此李治才明白这不是表达方式的问题，根本的问题在于长孙无忌已经看穿了李治的用意。对于手握的大权，长孙无忌当然不肯轻易拱手相让。

废王立武的本质其实是一场夺权斗争。李治想从废立皇后事件来寻找突破口，是有一定合理性的，毕竟皇后是皇帝的妻子，从感情因素来看，皇帝拥有更多的发言权，而且长孙无忌虽然控制着朝廷和后宫，但对于后宫的控制则显得有些薄弱，毕竟后宫的人和长孙无忌接触得很少，而李治恰恰也看到了这一点。

坚持就是胜利！

既然无法对等地达成一致，那我只能开始用强硬手段！

接下来的策略，李治将以后宫为切入点。

僵持不下

永徽六年六月，有人上报朝廷说王皇后和自己的母亲魏国夫人柳氏行“厌胜”之事，李治在闻听消息后，立即下令禁止柳氏今后出入宫廷，不久又将王皇后的舅舅柳奭贬到偏远地区去当刺史。

表面看起来这完全是因为王皇后和她母亲的错误而连累了柳奭，其实在背后隐藏着李治打击报复长孙无忌的意图。

以前在刘文静案件中，我们也提到过“厌胜”之事，这在当时是一种犯罪行为，如果事情真的属实，那结果绝不仅仅是柳氏不许出入宫廷这么简单。关于这个问题《唐会要》《旧唐书》《新唐书》全都认为情况属实，而《资治通鉴》却记载是武曌冤枉王皇后母女。

其实“厌胜”之事本身就是个无法说清楚的问题，因为只有当事人清楚自己在行“厌胜”之事时，究竟是个什么意图。在我看来，王皇后和魏国夫人不一定有什么企图，也许只是母女背着人发发牢骚而已，可在宫廷深处这种做法当然会受到怀疑，所以被人告发，至于是不是武则天存心诬陷，真的无法说清。

所以，结果就是李治禁止魏国夫人出入宫廷。而将柳奭贬出长安，则是李治有意以后宫为切入点，打击报复长孙无忌。

我们知道永徽年间从朝廷大臣到后宫，都有长孙无忌的眼线。在后宫中，王皇后是长孙无忌的一枚重要棋子，原因在于王皇后的舅舅柳奭是长孙无忌集团的人。柳奭以前是中书令，永徽五年六月主动辞去了中书令之职，目前职位是吏部尚书。

李治欲废掉王皇后的想法，王皇后一家是肯定知晓的，但长孙无忌对后宫的控制相对有些薄弱，而魏国夫人柳氏则是长孙无忌与后宫之间的联络者，所以李治不许魏国夫人进宫，等于切断了长孙无忌与后宫的联系。

可以说李治正在试图突破长孙无忌一派对自己的包围，试图打开一个缺口，让自己能够突围而出。虽然柳奭被贬出长安后，他的职位迅速由长孙无忌一派的来济所接替，但无论如何，李治已经开始尝试进行有效的反击。

对于长孙无忌来讲，这绝对不是个好兆头，因为皇帝已经开始觉醒。如果他就此收手，或许还能免去一场灾祸，但已经习惯了独断专权，已经习惯了唯我独尊，又怎么会轻易放弃权力呢？

所以，面对李治的反击，长孙无忌予以坚决的回击！

李治，在我的眼里，你永远都是个乳臭未干的毛头小子，要知道你可是当年你爹重点托付给我的。长孙无忌的反击很坚决，以至于差一点儿让李治绝望。

对于废王立武的想法李治并没有放弃，在知道舅舅长孙无忌的态度后，李治明白武则天一步登顶希望不大，所以他想立武则天为宸妃。在唐朝的命妇制度中，并没有宸妃这个称号，皇后之下分别是贵妃、淑妃、德妃和贤妃（正一品），而昭仪是九嫔之首（正二品），也就是说宸妃在皇后之下，嫔妃之上。

在李治看来，自己的退而求其次应该会得到舅舅的响应。这样既会让武则天地位突出，而暂时又不损害王皇后的利益，基本上也没有触动长孙无忌一派。但长孙无忌却把李治提出的方案当成了回击的机会。

这一次长孙无忌没有亲自出面，而是让得力干将中书令来济和侍中韩瑗出马替自己扛刀，一句“嫔妃有数，今立别号，不可”让李治哑口无言。

这么不给力的大臣，让李治有些无助，甚至有些害怕。从长孙无忌一派强硬的态度来看，似乎注定了他的“维权之路”并不平坦。目前皇帝和舅舅你来我往，柳奭被贬，宸妃称号被拒，标志着双方的斗争已经开始进入白热化，只是现在还有些僵持，打破这种僵持的局面需要等待时机。

很快，这个时机来了。一个小人物出现了，可以说他左右了当时的政治走向，这个人的名字叫李义府。

李义府，瀛州饶阳人，贞观时期进士，史书记载：“貌柔恭，与人言，嬉怡微笑，而阴贼褊忌著于心，时号义府笑中刀。又以柔而害物，称为人猫。时任中书舍人。”

用四个字来形容他就是：笑里藏刀！

按说这么个八面玲珑的人，仕途之路应该一帆风顺才对，可李义府的仕途之路并不平坦，在中书舍人的位置上混了很多年，愣是没有一点儿要升迁的意思，估计是“人猫”的品质过于卓越，长孙无忌很不喜欢他，于是准备把他贬到壁州（今四川通江）去。

长孙无忌的贬官文书写好后，在即将到门下省时，李义府暗中得到了消息，于是他急忙向许敬宗的外甥王俭德问计。王俭德是条老狐狸，人称“智囊”，他为李义府献上的计策是：既然长孙无忌高攀不上，就努力向皇帝靠拢。

李义府当然知道该怎么做。于是借替王俭德在宫中值班的机会，向李治上表请求立武则天为皇后。李治大喜，立即将李义府晋升为四品官。当时李义府是个小人物，长孙无忌一派根本不把他放在眼里，但对于李治来讲，李义府犹如久旱甘霖，总算有人向自己靠拢过来，不至于自己一人孤军奋战！

李治和长孙无忌都不会想到，正是由于李义府的介入，使这场甥舅之战开始分出了高下。

李义府的出现虽说是个偶然，但由此李治和武则天看到，当时的朝廷并不都是长孙无忌的天下，也就是说并不是无懈可击，只要充分动员那些当时朝廷的非主流官员，并不断加以提升，完全可以与长孙无忌一派对抗。

当然，在这个过程中，李治的决心是至关重要的。如果说先前的孤军奋战的确让李治有些底气不足，那么现在部分朝臣的支持开始让李治觉得很给力，他隐隐觉得双方即将到了决战的时刻。

主动出击，是为上策！

甥舅大决战

永徽六年九月的一天，在例行的早朝之后，李治忽然召集太尉长孙无忌、司空李勣、左仆射于志宁和右仆射褚遂良到内殿议事。

先前虽然李治私下和长孙无忌提过废王立武的事情，但终究没有作为政治议题公开商议，所以李治决定向长孙无忌一派摊牌，当时谁也不知道这是否又是新一回合的斗争，但最后的结果却证明，这是一场甥舅之间的决战！

皇帝议事的指令的确有些突然，但长孙无忌等人全都明白皇帝是为了废王立武的事情，长孙无忌、褚遂良、于志宁的立场自不必说，唯有李勣是个例外。

李勣就是那个被李世民临终时调出长安，到叠州任都督的李世勣。

李世民死后，李世勣还没到达封地，就被李治召回，被任命为开府仪同三司、同中书门下三品，不久又晋升为左仆射。为了避太宗的讳，改名李勣。回到长安的李勣，这些年过得并不如意，虽然是宰相班子成员，但由于不属于长孙无忌一派，时常受到排挤，李勣并不在意这些，他依然像当初一样高调做事，低调做人。正因为他的处世方式，所以长孙无忌一派并没有过多地为难他。

这一次皇帝召集议事，李勣的身份实在有些特殊，公开表态支持哪一方，都不会有好果子吃，所以他借口生病，三十六计，走为上策。请大家记住，这绝不意味着李勣是个两边倒的人，要知道他也是李世民当年托孤的大臣之一，他心中当然知道自己应该属于哪个阵营，只是现在还不是表明立场的时候，他在等待有利的时机，一招击出，让对手无还手之力。

李勣走了,只剩下长孙无忌、褚遂良、于志宁三人,该如何应对皇帝呢?在经过短暂的商议后,三个人决定分工如下:褚遂良排头进攻,于志宁做好帮衬工作,如进攻不利,由长孙无忌出马解决问题。

事实证明,在这次正式讨论废王立武的最初阶段,他们的分工的确有效!

在内殿,君臣一通寒暄后,李治开门见山地说道:“皇后没有儿子,武昭仪有儿子,我现在想立武昭仪为皇后,你们认为怎么样?”

依据事先的分工,褚遂良立即应战:“皇后是名家的女儿,是先帝为陛下亲自挑选的,先帝临终时,曾经握着陛下的手对臣等人说过:‘朕的好儿子好媳妇现在就托付给你们了。’这些话陛下肯定不会忘记,现在皇后没有什么过错,怎么可以轻易废掉呢?臣不敢遵从陛下的旨意,而违背先帝的遗命!”

褚遂良一席话掷地有声,搞得李治立即哑口无言。史书记载:上不悦而罢!

第一次交锋以长孙无忌一派获胜而告终。

分析皇帝和大臣各自的理由,一方以“不孝有三,无后为大”的传统道德伦理为切入点试图说服对方,一方祭出“先帝”这块响亮的招牌予以回击,其实全有道理,不过年轻的李治和褚遂良这些老狐狸比起来,临场的应变能力有些不足,所以没有达到目的,只能暗自生气。

没关系,李治,还有第二回合,继续努力!

转天,李治依然没有放弃,早朝后召集这几个人到内殿继续昨天的话题。这一次他让武则天在帘后倾听,如果自己应对不好,好让武则天有个照应。

李治依旧是老套路,而褚遂良则以全新的方式应战,说道:“陛下如果非要废掉王皇后,那也得找个有名望的家族,何必非得找武昭仪,武昭仪曾经侍奉过先帝,这可是大家都知道的事情。如果您非要立先帝的妃子为皇后,千百年后,天下人会怎么评价陛下呢?希望您能够慎重考虑,再做决定!”

这番话,比首回合交锋时的话,更具杀伤力!

我们不知道长孙无忌等人在前一天回绝皇帝后,是不是私下已经研究好了下个回合的应对之策,但从褚遂良这么生猛的态度来看,他们认为李治这一次会像昨天一样,也是“不悦而罢”,没错,李治这一次依然是这样,只是在“不悦”的基础上,更多了一分“羞愧”。

自己娶后妈本来就免不了风言风语,现在自己的大臣毫不顾及皇帝的感受,当面直接说了出来,甚至还隐含着皇帝侮辱先帝的意思,可想而知李治当时会是个什么表情。

李治有些坐不住了。俗话说得好:打人不打脸,骂人不揭短。现在褚遂良这么放肆，丝毫不把皇帝放在眼里，李治恨不得立即将褚遂良踢出殿外，只是人家说的全都是事实，如果贸然发作，正中了长孙无忌等人的圈套，所以李治只能是哑巴吃黄连，有苦说不出。

如果事情到此为止，废王立武依旧是空中楼阁，长孙无忌一派大获全胜，而皇帝也只能是“不悦而罢”。但就在这个时刻，事情向着相反的方向转化了，起因还是褚遂良。

不知道褚遂良当时是兴奋得过了头，还是吃了大力丸，在质问皇帝一通后，他清了清嗓子继续大声说道：“臣今天言语得罪了陛下，罪过太大，应该判臣死罪，现在将笏板还给陛下，请陛下允许臣回老家吧！”

李治彻底愤怒了，废王立武你不同意也就罢了，为什么要用辞职来威胁我？

没有你，我李治照样接着干！

“来人！将褚遂良给我拉下去！”李治已经忍耐了很长时间，现在他终于找到了发泄的机会。

就在这个时候，帘后的武则天火上浇油地喊道：“皇上为什么不杖杀这个南方佬？”先前武则天一直在帘后静静地倾听，现在她知道这是自己唯一取胜的机会，机不可失，她决定毕其功于一役，试图挑起李治的杀心，彻底让长孙无忌失去抵抗能力。

长孙无忌听到武则天的喊声，终于意识到问题的严重性，于是他立即开口说道：“皇上！褚遂良是先帝托孤的大臣，即使有罪也不应该用死刑！”长孙无忌的反应十分迅速，但这句话虽然暂时按住了李治的怒火，救下了褚遂良，但对于整个局势来说一切都已经晚了，因为事情已经脱离了自己能够控制的轨道。

第二回合的过招就这样草草收场，长孙无忌一派陷入了被动局面。

决定性的话语

由于褚遂良用力过猛，最终话题偏离了轨道，由废王立武变成了皇帝要惩罚褚遂良，正所谓成也褚遂良，败也褚遂良。长孙无忌现在要做的就是要说服皇帝，全力保住褚遂良的官位，目前情况下只有他能够做到，眼下皇帝正在火头上，要想说服皇帝似乎并不容易。

先前的两个回合斗争，虽然他没有直接参与，但所有人都明白长孙无忌才是幕后操纵者，现在如果长孙无忌亲自出面去说服皇帝，估计皇帝一定不会买账。

思前想后，长孙无忌决定动用自己的后备力量，他接连派出宰相韩瑗和来济前去游说皇帝，虽然两个人使出浑身解数，韩瑗甚至痛哭流涕，但效果并不明显，李治不为所动。其实想一想也能明白，李治好不容易找到了一个机会，他岂能放弃？

至此，长孙无忌已经没有了招数，虽然他很想亲自去游说皇帝，但是他知道自己如果去了，很可能会与褚遂良一起，让皇帝一网打尽。长孙无忌不知道接下来局势会朝哪个方向发展，现在他能做的只有等，虽然这很被动。

长孙无忌这边无计可施，而李治那里却是在积极地运作。这么多年来李治第一次看到从舅舅手中夺回权力的希望，所以他加快动作，动员诸多大臣站到自己的阵营，共同对抗长孙无忌一派。

李治的策略很积极，当然也很讲究方法。

长孙无忌一派的形成源于贞观时期功臣派，而现在李治要想争取诸多大臣，绝对不能像参加美国总统竞选那样进行激情演说。作为皇帝他必须让大臣主动地靠拢，却不能流露出一丝争取大臣的意图。

李治争取的第一个人是李勣。

之所以选择李勣，是因为李勣既不是长孙无忌一派的人，又德高望重，最重要的一点是李勣也是李世民的托孤大臣。因为从先前的溜号行为来看，李勣很可能是倾向皇帝的，所以李治决定首先从李勣开始。

在李治看来，成功争取李勣的支持，绝不亚于和长孙无忌一派的过招。以李勣严谨的性格，他绝不会像褚遂良那样直言不讳，所以关键的一点在于李治如何引导。

带着一种试探的态度，李治单独召见李勣，实施了争取他的计划。

“我想立武昭仪为皇后，可褚遂良坚决反对，他是先帝要求我重用的大臣，难道事情就这样算了吗？”李治言语当中并没有提到长孙无忌，他的意图很明显，是不想给李勣造成过多的压力。目前长孙无忌一派仍然是朝廷的当权派，过分强调长孙无忌，不利于李勣的表态。

仔细分析李治的话，我们不难看出他的态度相当坚决，那就是这件事情决不能就此罢休，接下来将是李勣如何应对。

面对皇帝的提问，李勣当然支持皇帝。作为李世民的托孤大臣，李勣的作用正是在这个时候显现，不过精明的李勣当时并没有立即表态，而是脑筋急速地飞转，他思考的是如何既让皇帝知道自己是皇帝阵营的人，而且还得保护自己不受伤害。因为李勣并不知道在自己亮明态度后，皇帝未来会有什么样的行动，从血缘关系来讲，皇帝和长孙无忌的关系，远比自己和皇帝的关系要亲，所以李勣只能采取模棱两可的话来回答。

“这是陛下的家务事，何必再问外人呢？”李勣说完，不再言语。

绝对的一语双关！

分析李勣的话，不仅是说自己是外人，不应该参与皇帝的家事，更包含着让皇帝坚定自己决策的意思。就是因为李勣的话，李治当即拍板决定立武则天为皇后。

李治成功争取到李勣是废王立武关键性的一步，原因在于自此李治彻底下定决心，与长孙无忌一派斗争到底，这对于性格软弱的李治来讲，着实不容易。

当然，成功争取李勣只是李治实施夺权计划的一个步骤，接下来李治需要创造一种舆论氛围，就像当年裴寂率领一班文武大臣捧李渊的臭脚，让其继承大统一样，李治现在需要一个人站出来动员其他大臣站到自己的阵营中来。

要完成这个任务，李勣由于性格的原因，显然不是合适的人选。李治将这个任务交给了许敬宗。

许敬宗上次受到长孙无忌的一顿训斥，正好无处发作，现在皇帝将拍砖的任务交给自己，许敬宗当仁不让。利用一次内殿议事的机会，许敬宗当众说道：“田舍翁多收了几斤麦子，还想着换个媳妇呢！何况当今天子想换皇后，其他人凭什么妄加议论？”

许大人的话虽然有些粗俗，但确实是一语中的。如果说李勣是正面陈述，那许敬宗就是正话反说，不过许敬宗的话可能会让皇帝更过瘾，因为李治现在最缺的就是权力。许敬宗的话在武则天的不断努力下，在朝廷里传播得很快，也引起了诸多大臣的共鸣。在看到诸多大臣不断倾向自己的时候，李治开始果断出手了。

永徽六年九月一日，李治宣布将褚遂良贬到潭州（今湖南长沙）去当都督。褚遂良被贬官意味着皇帝开始了对长孙无忌一派的打击。

紧接着，李治再出重拳。十月十三日，将王皇后和萧淑妃废为庶人。在我看来，废王立武斗争中最冤枉的当数这两个女人，她们与武则天的矛盾，本来属于争宠的性质，但由于涉及朝廷的权力斗争，而且第一主角是皇帝，所以成了政治斗争的牺牲品。

尤其是王皇后，本来想利用当权派来拢住皇帝的心，但不巧自己拉拢的人，正好是皇帝打击的对象，正所谓“命苦不能怨政府，受累不能怨社会”！不过，王皇后唯一可以利用的优势却没有利用好，那就是“感情”。

而这一点恰恰被对手武则天很好地利用了，也许这就是性格决定命运吧。

史书记载，王皇后和萧淑妃的下场相当悲惨。据说在被废为庶人后，过了很长时间，李治忽然想起和两个人的美好时光，所以到别院去看望两个人。在见到王皇后时，王皇后说了这样一番话：“皇上如果还怀念以往的感情，让妾等重见日月的话，就请求皇上把这座别院改名叫回心院吧！”李治听后表示会有所处置。

最终，王皇后所说的话被武则天知道了，愤怒的武则天将两个人断去手足，放在酒窖中，不久二人就死去了。在这里我们暂且不说武则天的狠毒，王皇后在那样的一种处境下，其话语就暗含着将来有翻身的那一天，会和武则天拼个你死我活。这样一种性格高傲、誓不低头的架势，在宫廷斗争中是最忌讳的，武则天岂能轻饶？

王皇后和萧淑妃的死，虽然让武则天感到一种快慰，但是由于处置手段过于狠毒，武则天内心深处时常感到不安，经常梦见两个人前来索命，所以后来前往洛阳居住，终其一生再也没有回到长安。

打击

永徽六年十月十三日，在废王皇后和萧淑妃为庶人的同一天，李治宣布立武则天为皇后，同月二十一日，宣布大赦天下。与此同时，武则天上表给皇帝说当初韩瑗、来济全力反对立自己为宸妃，这种敢于直谏的人是国家真正的栋梁之材，希望皇帝能够予以嘉奖，李治当即同意。

韩瑗和来济本是长孙无忌一派的人，按说也属于李治打击的范畴，可武则天的意图是要和解，其实背后是皇帝李治的意思。李治打击长孙无忌一派为什么没有立即痛下杀手，而是首先选择和解呢？

除去李治性格的因素，唯一的解释只能是拉拢和分化长孙无忌一派。

要团结一切可以团结的力量。

——毛泽东

韩瑗和来济是三省之内的官员，属于宰相班子成员，但在当时的朝廷属于小字辈。李治除了有分化长孙无忌一派的意图，还有拉拢有生力量的意思。可以看出，李治当时并不想打击一大片，而仅仅是想将长孙无忌拿下。

李治的设想是好的，可惜他的和解策略只维持了一年多的时间便宣告结束。

显庆元年(656年)底，韩瑗忽然上疏李治，为褚遂良鸣冤叫屈。当时褚遂良已经被贬出长安一年有余，为什么韩瑗忽然想起这档子事儿，并要上疏皇帝呢？

分析韩瑗上疏的动机，有可能是受到长孙无忌的指使。虽然在永徽六年至显庆元年底，长孙无忌正在一心一意地编撰关于礼仪的书籍《显庆礼》，但我们绝对不能认为褚遂良的外贬意味着这位永徽年间炙手可热的当权人物要彻底收敛自己将权力归还皇帝，与世无争地关起门来著书立说。相反，他认为随着皇帝对废王立武事件的渐渐淡忘，自己有机会卷土重来，并依靠自己的努力，而重现永徽初年的大权独揽。

事实上，长孙无忌错了。

皇帝作为最高掌权者，最看重的就是权力，好不容易争取回来的权力，岂能会随着时间的推移而渐渐淡忘？不过，韩瑗的上疏并没有引起李治过分的敏感，李治不仅没有生气，反而将韩瑗找来，心平气和地和他进行沟通，但韩瑗坚持自己的观点，并赌气辞职，李治坚决不许。

君臣二人针对褚遂良事件并没有谈拢，这也意味着李治和解的策略宣告失败。韩瑗的上疏其实是个信号，这意味着长孙无忌一派仍然有活动的能量，皇帝如果稍有不慎，还会有被架空的危险。

和解不成，那就彻底了断！

显庆二年(657年)三月，朝廷忽然下命令把褚遂良的贬地从潭州改为桂州(今广西桂林)，关于这个命令事先是不是征得了皇帝的同意，我们不得而知。但后来的一系列事件表明，皇帝很可能不知道。

仅仅过了三个多月，许敬宗和李义府上疏弹劾韩瑗和来济，说他们之所以将褚遂良的贬地改为桂州，是因为桂州历来是兵家必争之地，韩瑗和来济可能会和褚遂良图谋不轨。值得注意的是，《资治通鉴》记载说李义府和许敬宗是受了李治的指使，不过我更倾向这两个人是受了武则天的指使，这也反过来证明，变换褚遂良的贬地，李治并不知晓。

可以说韩瑗和来济的做法，让武则天找到了彻底打击他们的理由。具体做法是首先将褚遂良贬为爱州(今越南清化)刺史,终生不得再入长安。紧接着将韩瑗贬为振州(今海南岛南端涯城)刺史,两年后死于该地。来济贬为台州(今浙江台州)刺史,三年后改为庭州(今新疆天山北)刺史。

值得一提的是,来济的结局有些悲壮。龙朔二年(662 年),突厥进犯庭州,来济率兵抵抗,由于内心苦闷,他产生了以身殉国的想法,未穿甲胄,便与敌人血战,最终战死疆场。

来济用他的死证明了他的爱国之心,也证明了忠君和爱国根本就是两回事,古往今来这样的例子并不少。真不知道那个时候远在千里之外的李治听到这个消息,当时会是一种什么表情。

韩瑗和来济的倒台,让长孙无忌一派损失惨重,而一年后褚遂良的病逝更让长孙无忌一派再无还手之力。虽然这期间长孙无忌一直在编撰《显庆礼》,政治上并没有什么过分之举,但李治隐隐觉得自己的这个舅舅在身边始终是个威胁,因为他不知道未来长孙无忌会怎样。

显庆四年(659 年)四月,决定长孙无忌命运的时刻终于到来了!

宜将剩勇追穷寇

该来的终究会来,这句话放在长孙无忌身上实在是再合适不过。

就在长孙无忌想彻底收敛自己的时候,洛阳人李奉节状告太子洗马韦季方和监察御史李巢结党营私。对于大臣们结党的事情,历来都是皇帝最头痛的问题。皇帝都是发现一个,处理一个。这一次李治派出许敬宗和辛茂将进行调查。

就在许敬宗刚一介入的时候,韦季方一下子就崩溃了,这位仁兄二话不说,上来就给许大人来个下马威,具体做法是——自杀!由于救助及时,在鬼门关艰难逛了一回的韦季方终于重返人间。

这下激怒了许敬宗!

我还没审你,就想死,你死了我岂不要背上审讯不力的黑锅,皇帝岂能饶了我?所以一气之下,许敬宗诬告韦季方和长孙无忌勾结企图谋反,事情不幸败露,所以想自杀了断。

很长时间以来,许敬宗对于长孙无忌的那顿训斥始终耿耿于怀,一直在寻找机会来报复长孙无忌,正所谓"小人报仇,百年不晚",现在韦季方给了他这样的机会,许敬宗岂能错过?不过,许大人的想象力也实在高超,风马牛不相及的事情居然被他说得有鼻子有眼儿。相信许大人如果生在现在,一定是个出色的编剧。

本章开头已经点出了长孙无忌的结局，处理长孙无忌究竟是出于李治的本心，还是受到了许敬宗的蛊惑，从史书上的记载来看，貌似是李治最终不得已而为之，可经过仔细分析，事情远没有这么简单。

我们先来看看史料的记载，在处理长孙无忌之前，许敬宗在两天之内和李治有两次对话。

许敬宗报告李治说长孙无忌有谋反的企图，李治大吃一惊，说道："怎么会有这样的事情？舅舅心里不痛快是可能的，哪里会谋反啊？"

许敬宗：臣已经调查清楚，就是这种情况，谋反证据确凿，如果陛下还是怀疑，恐怕对国家不利啊！

李治：我家门不幸，亲戚间总有人有异志。前些年高阳公主和房遗爱想谋反，现在舅舅又这样，我真的很惭愧。如果真是如此，我该怎么办？

许敬宗：房遗爱乳臭未干，和一个女子谋反怎么会成功呢？而长孙无忌则不同，他和先帝共同取得天下，当了三十年的宰相，天下人没有不佩服的。如果他要是开始行动，估计没有人能阻挡得了他，幸好被我们及时发现。我真担心他了解实情后，提前开始谋反，那样就麻烦了。希望陛下赶快做出决定。

第一次的对话到此结束，结果是李治没有做出决定，让许敬宗更加详细地审查此案。

按照李治的旨意，许敬宗经过连夜审讯，第二天继续向皇帝汇报。

接下来看看君臣第二次的对话。

许敬宗：臣再一次审问了韦季方，臣问他长孙无忌为什么要谋反，他说韩瑗曾经告诉过长孙无忌，他们曾经劝说立梁王李忠为太子（李治长子，后宫刘氏所生），后来梁王被废了，皇上怀疑长孙无忌，所以将您的儿子流放。从那以后，长孙无忌就开始提防朝廷，再后来韩瑗、来济全都被贬，他觉得自己很可能也会和他们一样，所以和韦季方暗中计划谋反。

李治：看来舅舅果然想谋反，可朕绝不忍心杀了他，不然后代人会怎么评价我啊？

许敬宗：陛下想一想，薄昭是汉文帝的舅舅，只是杀了个人，汉文帝就率领百官逼他自杀，到现在人们都说汉文帝是明君。长孙无忌所犯的罪比薄昭严重很多，希望陛下赶快做决定，长孙无忌属于王莽、司马懿之类的奸雄，臣担心变乱马上就要发生，那时候陛下后悔可就来不及了。

最终的结果是，李治在没有和长孙无忌对证的情况下，下令剥夺他的官职，流放黔州。

至此长孙无忌的政治生涯彻底结束。

我之所以将李治、许敬宗君臣的对话详细地列出来，是因为千百年来很多人都将长孙无忌最终被流放的黑锅让许敬宗来背，认为是许敬宗欺骗了皇帝，最终导致了长孙无忌的悲惨下场。

但是，分析李治和许敬宗的两次对话，我想说的是让许敬宗背黑锅，实在有些冤枉他了。

设想一下，长孙无忌如果真的犯有谋反罪，难道仅仅是被判流放？而且李治为什么不和长孙无忌进行对证？在君臣二人第一天的对话中，许敬宗已经说了长孙无忌要谋反，李治为什么还要他进行详细的调查？

从上述的疑点来看，我认为长孙无忌最终被流放是李治一手导演的。

在我看来，君臣第一天的对话，许敬宗虽然说明长孙无忌想谋反，给了皇帝处理长孙无忌很好的机会，但是并没有点出长孙无忌谋反的动机是什么。如果李治贸然处理长孙无忌，就会在朝廷引起很大的争议，毕竟长孙无忌是个特殊的人物，红了这么多年，名声尚在。

所以李治让许敬宗继续调查，真实动机并不是他下不了决心，而是要让许敬宗必须把事情办得严丝合缝。许敬宗是个精明人，一下子明白了皇帝的意图，所以第二天的对话他把梁王李忠拉了进来，进行步步推演，特别强调长孙无忌谋反的计划性和可行性，所以李治认为可以定案了。

两天的对话，前后对比一下，并不是要给长孙无忌增加多少罪名，关键是要自圆其说，不能引起非议。而许敬宗则充当了李治处理长孙无忌的铺路石，因为有些话皇帝是不能直接说的。

当然最关键的一点是李治已经下定决心从长孙无忌手中夺回权力。没有这个大前提，即使一百个许敬宗也没有用。

长孙无忌被贬黔州后，李治并没有就此饶过他。三个月后在李治的授意下，许敬宗派出中书舍人袁公瑜前往黔州逼长孙无忌自杀，于是出现了本章开头的一幕。

从开国功臣到托孤重臣再到最后的悲惨结局，长孙无忌的一生像坐过山车一样，经历着大起大落，从炙手可热的朝廷红人到悬梁自尽的凄惨下场，没有人能彻底了解他将脖子伸进白绫的一刹那的感觉。

对国家而言，长孙无忌其实是个合格的忠臣，但他同时也是个极端自私的人，有人说长孙无忌被人诬陷，死得冤枉，单从结果来看确实是这样。但他诬陷李恪、薛万彻的时候可曾想到这些人会是什么感受?

李恪临死时的诅咒,或许在长孙无忌临死时内心深处也会浮现吧!

长孙无忌死了,对于大唐王朝来讲,这并不仅仅是他个人灰飞烟灭,他的死其实是个标志,自此之后,贞观功臣派已经彻底退出了历史舞台。

只有新人笑,哪闻旧人哭,大唐王朝在新贵们的不断涌现下继续向前!

第三章

开疆拓土

大唐帝国以其前所未有的辉煌和繁荣开创了中国历史的新天地，这句话并不是吹牛。在唐高宗李治时期，帝国的疆域达到了唐朝290年历史的极致，东至朝鲜半岛，北抵外蒙以北，西达中亚附近，南到南海疆域。

可以说朝廷内部的权力斗争，并没有影响大唐帝国开疆拓土的步伐，本章我们将暂时离开那些宫廷斗争的隐讳莫测，去领略一下千军万马的箭雨齐发，聆听名将们的仗剑长啸！

老将的悲哀

自从唐朝征服东突厥后，西突厥可汗阿史那贺鲁就一直惶惶不安！

贞观二十三年唐朝进兵西域攻打龟兹时，为了讨好唐朝，阿史那贺鲁承担了引领唐军的任务，应该说截至那个时候，唐朝和西突厥之间并没大规模冲突，双方依旧维持着一团和气。

但从李世民死后，情况改变了。

首先阿史那贺鲁翻脸比翻书还快，永徽二年自立为沙波罗可汗，公开叛唐自立，并在几年之内屡次进犯唐朝边境。为了彻底拔掉西突厥的这个钉子户，显庆元年（656年），李治正式对西突厥宣战，双方就此开战。

当时综观整个朝廷，贞观的开国武将们已经一个个地离去，唯有李勣、程知节和尉迟敬德健在，尉迟敬德因为忧郁症已经彻底回家养老，而李勣因为经历了太多的起起落落，已经心如止水，目前担任司空的荣誉职务。

因为李勣属于三朝元老，李治在和长孙无忌的权力斗争中，还需要借助他的力量，所以再三考虑决定，起用六十三岁的老将程知节率军征讨西突厥。事实上，李治当时对于贞观功臣派怀有几分猜忌，所以让程知节远征还有避免他在长安生事的意思，而对于他手握重兵在外，李治同样不放心，所以他让内廷重臣王文度节度全军。

当然，李治并没有忘记给程老将军配上一名副手，这名副手的名字叫苏定方。

此时的苏定方已经不再是贞观四年和李靖一起北征东突厥的那个意气风发的先锋官了，他的年龄比程知节还要大一岁，所以这次征讨是名副其实的老将担纲。

就是从征讨西突厥开始，苏定方达到了人生的巅峰！

不过在最初的征讨中，过程并不顺利，起因是一个人的存在，时任副统帅的王文度。

显庆元年十二月，程知节率领唐军到达鹰娑川（今新疆开都河上游），阿史那贺鲁得到消息后，立即派出两万精锐骑兵迎敌。双方在鹰娑川展开了一场大战，最初唐军因为装备精良，士兵训练有素，在交战过程中并不吃亏，而西突厥骑兵以逸待劳，士气上占有一定优势，所以双方是半斤八两。但随着时间的推移，西突厥便逐渐显现出了主场作战的优势，别部鼠尼施又增援了两万人，这下双方的军事力量对比发生了变化，所以唐军的先锋部队苏海政部进兵开始受阻。

苏定方当时作为前军总管，他发现如果就这样和西突厥骑兵耗下去，情况对唐军十分不利，所以他率领本部骑兵利用山间地形的优势，果断地绕到了西突厥骑兵的侧翼，然后看准机会，一声令下，本部骑兵从山上呼啸而下，西突厥骑兵没有防备，结果被打得大败。苏定方一口气连追了二十里，斩杀敌人两千余人。此时苏定方手中的骑兵并不多，所以他立即策马回转与程知节的主力部队会合，准备趁着这个难得的机会，一举拿下西突厥。

苏定方的想法是好的，可并不是所有人都这样想，副统帅王文度由于嫉妒苏定方的功劳，他下令全军停止进兵。王文度的理由很简单，他说自己是全军节度，临出征时，皇帝有口谕说程知节容易轻敌冒进，现在自己有权节度全军。

唐军就这样开始陆续地撤退，而苏定方却看不下去了。

“我们原本是来讨贼的，现在还没成功，怎么就撤退呢？程将军你是主帅，怎么可以听副帅的呢？我认为应该把王文度押起来，然后飞表上奏皇上，我想皇上会明白的！”苏定方急切地对程知节说道。

“不！没有用的！皇上的心思我知道！”程知节摆了摆手，然后策马扬鞭，飞驰而去。

一腔热血换来的却是猜忌与疏远，古往今来这样的例子实在不少！

面对远去的程知节，苏定方的眼中露出了一丝惆怅，他似乎明白了什么。

当唐军走到怛笃城时，遇到一群胡人，这群胡人因为敬畏唐军的威严，所以立即向唐军投降。此时王文度继续发扬他的“拍脑门”作风，下令将这群胡人全部杀掉，原因是他看中了这群胡人的财产。

杀掉胡人后，王文度将财产分作几份，其中有一份是留给苏定方的。

“这样我们和贼有什么区别，还讨什么贼！我不要！”苏定方拂袖而去。

唐军回到长安后，程知节因为贻误战机，被判处死刑，念在曾经有功的分儿上，被贬为岐州刺史，九年后郁郁而终。王文度因为假传圣旨，按律当斩，好在节度有功，免去官职，暂且留在宫中听候处理。其实谁都知道，这不过是在掩人耳目！

而苏定方这一次因为作战有功，得到了李治的嘉奖，成为大唐帝国武将中的代表人物。

苏定方，大器晚成的你，开始你的传奇历程吧！

西突厥的崩溃

由于王文度的掣肘和程知节的消极，最终导致显庆元年的这次西征无功而返，不过阿史那贺鲁是不会就此消停的。显庆二年(657年)，这位仁兄好了伤疤忘了疼，继续侵扰唐朝边境，这一次李治擢升苏定方为行军大总管总督唐军，联合部分回纥军队二次征讨西突厥。

苏定方带领唐军急速向西，在进入西突厥边境后，率先碰到的是其别部处木昆部，苏定方二话不说上来就打，结果迫使处木昆部的俟斤(突厥大臣的官职名称)懒独禄率领一万多人向唐军投降。

首战旗开得胜，碰个好彩头，苏定方信心大增，率领部队继续向前。当来到曳咥河(今中亚额尔齐斯河)西，他终于碰到了阿史那贺鲁。

和上次不同的是，这次阿史那贺鲁率领本国十姓人马共计10万余人，前来阻击唐军，可谓下了血本。

反观苏定方这边，包括回纥人马在内，总共才1万多人，双方兵力对比将近1∶10，这场仗怎么打？

很快，阿史那贺鲁发现了唐军兵力不足的弱点，于是他迅速集结自己的精锐骑兵将近3万人准备径直向唐军发起冲击。

在得到西突厥骑兵大批集结的消息后，苏定方立即猜出了阿史那贺鲁的意图，骑兵冲击过后，接下来肯定是步兵迅速包围。为了避免唐军一上来就陷入不利的境地，苏定方决定将自己的1万人分为步、骑两队，步兵列阵于北原，由监军任雅相统领，苏定方为步兵制定的迎敌策略是将所有长矛密集排列，然后锋刃向外，这样的阵势有些类似于马其顿方阵。然后苏定方率领精锐骑兵悄悄绕到南原，看准时机实施致命一击。

一切刚刚安排妥当，阿史那贺鲁带领骑兵就向唐军的步兵阵营冲了过来，显然西突厥骑兵并没有见识过唐军这种类似于马其顿方阵的阵势，一连冲击了三次，全都被唐军挡了回去，一时间士气大挫。

此时，苏定方看到西突厥的骑兵部队阵形有些散乱，立即率领骑兵从南原以迅雷不及掩耳之势，向敌人发起了猛烈的冲击，西突厥骑兵显然对这种突生的变故，应对不及，所以被唐军骑兵冲得七零八落。当阿史那贺鲁反应过来再想组织抵抗时，西突厥骑兵已经开始四散逃跑。

“不要乱，不要乱，唐军兵力不足，要稳住，要稳住！”焦急的阿史那贺鲁在乱军之中，力图控制住局面，可是他的努力是徒劳的，溃败已经不可避免。

无奈之下的阿史那贺鲁只能带领几百名骑兵向西逃窜，后边紧追不舍的是苏定方。

苏定方知道这是彻底打败西突厥的绝好机会，所以他让副将萧嗣业和回纥可汗婆闰率领精锐骑兵撇下辎重，充当先锋部队急速向西追击阿史那贺鲁，自己则率领步兵紧随其后作为后援。

唐军就这样和阿史那贺鲁在西域腹地展开了一场追击战，就在萧嗣业等人离开唐军主力部队，一路向西追击的三天后，苏定方率领的主力部队，遇到了难题。

这个难题是老天爷给出的——大雪！

据说当时地上的积雪达到了二尺厚，这对于想迅速追上阿史那贺鲁的唐军来讲不是个好消息，因为积雪意味着行军速度肯定会减慢，事实上军中的很多将领已经恳求苏定方等待天晴再追击。

原地休整还是继续前进，对于苏定方来讲这是个两难的选择！

现在萧嗣业率领的先锋部队已经孤军深入西突厥腹地，如果主力原地休整，苏定方担心先锋部队会遭遇变故，而且原地休整可能会意味着再也找不到阿史那贺鲁的踪影，又一次无功而返！

“敌人因为雪下得深，肯定会认为我们不能前进，他们一定会减慢速度，如果我们加紧一些，也许很快就能追上，何况先锋部队还在前面，我们必须作为他们的后援，要不顾一切地紧紧地跟着他们，成功与否，在此一举！”

面对着将领们的恳求，苏定方依然坚持前进的观点。

大将临阵不为众言所动，是为帅才！

“相信我！”苏定方最后说出了这三个字。他的眼神中透露出一股坚毅，这种坚毅打动了在场的所有人。

于是，追击依然继续。在苏定方的率领下，唐军踏着深厚的积雪一步步地向西突厥腹地前进，他们不分昼夜地兼程赶路，用敏锐的目光寻找着敌人的踪迹。

五天后，苏定方率领唐军到达双河（今中亚博尔塔拉河），在那里他看见了萧嗣业的先锋部队。萧嗣业为苏定方带来了一条重要消息：

前方二百里就是阿史那贺鲁的大营，而且这位仁兄现在丝毫没有继续向西逃窜的意思，而是安营扎寨，大搞狩猎运动。

或许在阿史那贺鲁看来，即使打死苏定方也不会追到这儿来，因为西域的天气本来就很恶劣，所以他放松了警惕。

苏定方当然是不会放弃这个机会的，于是他立即率领骑兵部队以最快的速度长驱直入，直捣阿史那贺鲁的大营。当苏定方冲到大营时，阿史那贺鲁已经和自己的儿子、女婿等亲信出去打猎，军中没有主帅，结果可想而知。面对苏定方的冲击，突厥大营立即乱成了一锅粥，苏定方趁势斩杀了西突厥士兵将近万人，大胜一场。

而此时远在几里之外的阿史那贺鲁依旧是兴趣盎然。当他听到自己的老巢被苏定方端了后，大吃一惊，这位仁兄的反应倒是十分迅速，两个字——逃跑！

他的目的地是石国（今乌兹别克斯坦塔什干）的苏咄城，因为在那里有他的老朋友苏咄城主伊沮达官。他坚信伊沮达官会收留自己，事实证明他错了。

暂且不说阿史那贺鲁的结局。在苏定方大胜一场之后，他并没有率领部队展开新一轮的追击，而是将追击的任务继续交给了萧嗣业，因为此时此刻他还有很重要的任务。

苏定方明白此次征讨西突厥，本质是一场针对阿史那贺鲁的自卫反击战，不应该过多地让其他人饱受战乱带来的痛苦，所以苏定方并没有一味地穷兵黩武，而是就地安抚西突厥的其他各个部落，掩埋士卒的骸骨，十姓胡人照常安居，宣布除了阿史那贺鲁，其他人一概既往不咎。

苏定方的一系列举措得到了当地人的拥护，不经意间为后来唐朝在西域的统治奠定了良好的基础。

在做完一切善后工作后，苏定方率领唐军主力部队回到了长安，迎接他的是鲜花和掌声。

最后，我们说一说阿史那贺鲁的结局。

当这位仁兄走到石国的苏咄城时，远远地就看到伊沮达官端着酒肉出城来迎接自己。阿史那贺鲁庆幸自己还有这样的好朋友，于是他毫不犹豫地进了城，毫无疑义地成了俘虏，被伊沮达官毫不迟疑地送给了追击到此的萧嗣业。

在巨大的利益面前，要保持绝对的忠诚其实是很难的。

西突厥叛乱已经平定，阿史那贺鲁被带到了长安，由于认错态度较好，得到了李治的宽恕，饶其不死囚禁在长安，不久郁郁而终。值得一提的是他的墓旁边是东突厥颉利可汗的墓，东西二位突厥可汗的墓在一起，看似是不经意的安排，其实有很深的寓意。

大唐帝国在西域的武功达到了极盛！

西突厥的土地就此纳入了唐朝的版图，李治将其分为两个都护府，分别是濛池（今咸海和伊塞湖之间）都护府和昆陵（今巴尔克什湖与伊犁河之间）都护府。

苏定方功勋卓著，按说六十四岁高龄的他应该歇歇了，然而命运安排他是不能就此退出的，接下来苏定方还要穿上盔甲、跨上战马，为大唐帝国的开疆拓土而奋力拼杀。

并灭二国

攻灭西突厥后，苏定方晋升为左骁卫大将军（正三品），封为邢国公。

位极人臣的苏定方本以为自己就此能够光荣退休，但让他想不到的是，仅仅两年后，战事又起，而且等待他的还是两场战役，一是平定西域三国叛乱；二是平定百济（今朝鲜半岛西南部）。

坦白地说，这两场战役在历史上规模并不是太大，之所以要介绍它们，是因为连同前边的平定西突厥战役，苏定方在这三场战役中全都生擒其主。能够创建这样的战功，在中国历史上实属罕见，堪称奇迹，而苏定方由此也跻身名将之列。

接下来，我们就来详细说说这两场战役。

先说平定西域三国叛乱。

显庆四年（659 年），西域思结部落（今蒙古巴彦洪格尔市）俟斤多曼忽悠疏勒、朱俱波、谒般陀三国反叛唐朝，并击败了唐朝属国于阗（今新疆和田县），进犯唐朝西部边境。

朝廷得到消息后，李治任命苏定方为西域安抚大使，率兵前往征讨。

当苏定方率领唐军抵达业叶水（今新疆米泉以西）后，多曼自知没有能力和唐朝大军硬碰硬，便退守马头川（今甘肃省陇西县）。

马头川距离业叶水有三百里，是个易守难攻的地方，多曼的意图很明显，唐军尽管来，我自一夫当关，万夫莫开！所以他进驻马头川后，并没有立即在城外进行布防，在他看来唐军要想赶到这儿来，至少需要三天的时间。

显然，他并不了解苏定方的速度。

对于马头川的地形，苏定方由于常年在西域作战，所以再熟悉不过。苏定方料定多曼绝不会想到自己在三天之内出现在马头川，所以他决定采取突袭战术，这是唯一打败多曼的方法。

为此，他精心挑选了精锐骑兵 3 千人，步兵 1 万人，不吃不喝，急行军一日一夜，第二天黎明时分便到达了马头川城下。

而此时，多曼还在城中睡大觉！

“趁着天还没亮，以最快的速度包围马头川！”苏定方下令。

一个时辰后，多曼醒来，当他看到城外的唐军时，顿时大惊失色。

难道是坐宇宙飞船来的?

无奈之下，多曼仓促出城应战，也许是先前受惊的缘故，几个回合就败下阵来，接着就是退回城中，关闭城门，做起了缩头乌龟。

苏定方清楚地知道自己是孤军深入，所以他并没有立即攻城，而是玩起了攻心战。

“多曼你听着，念在你和大唐曾经的友谊之情，只要你出城投降，我会在皇上面前，保证你的人身安全，如果顽抗到底，我十万大军即刻就到，破城之日，定将你碎尸万段！”苏定方对着城中喊道。

多曼虽然做了缩头乌龟，但神志还是清醒的，直到此时他才真正领教了什么叫天朝大国，所以他没有犹豫，立即率领部队出城投降。

而苏定方也的确没有食言，回到长安后，在李治面前极力保全多曼，终于让多曼捡回了一条性命。

对于多曼我只想说：没有金刚钻，别揽瓷器活！

再说平定百济。

平定西域叛乱的两个月后，苏定方再次挂帅出征。这一次并不是又有什么人侵犯了唐朝边境，而是唐朝的属国新罗遭到了百济的进攻。百济是当时朝鲜半岛上最小的国家，地处今天韩国的西南部。百济之所以敢进攻比自己国土面积大的新罗，是因为上边有高句丽撑腰。高句丽和唐朝是什么关系，相信大家都很清楚。

现在小弟受欺负，大哥当然要出面为小弟拔创！

显庆五年（660年）三月，李治任命苏定方为神丘道行军总管，统兵十万由成山（今山东荣成成山头）渡海，直逼百济国境。同时任命新罗国王金春秋为隅夷道行军总管，率领新罗部队要全力顶住百济的进攻。

兄弟要顶住，大哥马上就到！

苏定方率领唐军从成山出海后，经过两天的时间，到达了百济的熊津江口，在这里唐军遇到了百济军队的顽强抵抗。可是百济军队的战斗力和唐军比起来实在不是一个档次，仅仅一个时辰，唐军在苏定方的率领下，便打败百济军队顺利登岸，进而直奔百济王城泗沘城（今韩国扶余郡）。

百济国王扶余义慈急忙动用王城的全部兵力，企图阻止苏定方前进的步伐，但一切努力都是徒劳的。唐军一路势如破竹，不久将泗沘城团团包围。

就在唐军做攻城的准备时，泗沘城内出现了变故！

防线往往是从内部攻破的，这话一点不假。

就在苏定方率领唐军一路杀向泗沘城时，百济国王扶余义慈和太子扶余隆充分发扬能惹不能扛的精神，急如丧家之犬般撇开守城部队，带领几十名亲兵一路北逃。

有难不同当，实在对不住守城的兄弟们！

这时候，留在王城内的扶余义慈的次子扶余泰看到了机会，在老爹和大哥刚刚出城之际，就宣布称帝，准备过一把皇帝瘾，并号召全城百姓坚守城池。

事实证明，扶余泰只做对了一半，坚守城池是受人欢迎的，自己称帝也不能说错，但很明显他忽略了一个人的存在，这个人就是扶余隆的儿子扶余文思。

皇位未来应该是我老爹的，你现在站出来唱的是哪出戏？

扶余文思并不是白痴，他明白如果自己和叔叔一起打败唐军，未来自己的老爹就再也没有继承皇位的可能，因为那个时候叔叔将是全国人民的英雄，自己的爷爷很有可能顺应民意改立叔叔为太子。

老爹没有了地位，自己更别提啦。

既然我得不到，你也别想得到！

于是，经过慎重考虑的扶余文思在一个月黑风高的晚上悄悄打开了城门，迎接唐军进城，顷刻间泗沘城上竖起了大唐的旗帜。

不仅如此，城中的老百姓在看到唐军进城后，还纷纷向唐军投降，好像来了救世主一样。由此也可以看出，扶余泰在当时并不得人心。

面对城中百姓纷纷反水的窘境，扶余泰渐渐地绝望了，本来他认为可以利用的机会，反倒成全了苏定方。于是本着好汉不吃眼前亏的精神，扶余泰大步流星地走出宫殿，成为投降大军中的一员。

就这样，百济在内部损耗的形势下，被苏定方平定，其国土和西突厥一样，成为大唐领土的一部分。李治将其设为五个都督府，下令还是由当地人来管理。

三个月后，苏定方在洛阳为李治献俘，这已经是他第三次献俘了。所有人都用仰望的目光注视着他，而苏定方依然如初，还是那个低调沉稳的白眉老人。

平定三国，俘其三主，在我们千百年后的人看来，苏定方注定会成为那个时代最耀眼的名将，然而我要告诉你，大器晚成的苏定方在当时随着时间的推移，依然回到了他最初的默默无闻。

接下来我们说一说这位经常被人忽视的名将的结局。

平定百济后，苏定方又先后东征高句丽，西讨吐蕃，纵横唐朝东西两端国土，并创下八千骑兵大破吐蕃十万骑兵的奇迹，为开创盛唐最广袤的疆域创建了不朽的功勋。

乾封二年（667 年），苏定方病逝于军中，享年七十五岁！

他的生命最终定格在风沙漫卷的唐朝西部边境，他是在那里扬名于天下，也是在那里落下了传奇一生的帷幕。

按说苏定方生前立下了大功，死后应该得到很高的谥号才对，可是过了很长时间，朝廷并没有任何表示，最后还是李治想起了他，赠谥号曰“庄”。

千百年来，不世出的名将苏定方的名头远不如秦琼、程咬金响亮，人们提起苏定方似乎有些茫然，很多人并不知道他灭三国生擒三主的伟业，也许他命中注定是个被人忽视的角色。

但历史是公正的，泛黄的史书清晰地记录着他的不朽功勋，盛唐武功的传奇故事，注定有他光彩的一页。

白江口之战

虽然苏定方平定了百济，但是关于百济这个小国家的事情还没有说完，李治在完成百济五郡设置后，郎将刘仁愿奉命镇守泗沘城。

在苏定方班师回朝不久，百济国内的和尚道琛和大将扶余信产生了反叛念头，他们暗中派人到倭国（日本）接回了本在那里当了许多年人质的王子扶余丰，然后聚集了一些不安于现状的散兵游勇，忽然发动叛乱，将泗沘城围了个水泄不通。

刘仁愿急忙向朝廷求救，当时所有人都没有想到，事情的发展会不经意间成就了一个中国抗倭第一人，而这段历史至今依然让每个中国人引以为豪。

这个人最初是一个白丁。所谓白丁，是指本无军籍临时征集起来的壮丁。

他的名字叫刘仁轨。

一个白丁怎么会成为中国抗倭第一人？事实上，小人物成就伟业并不稀奇。

刘仁轨是个命不太好的人，不然的话也不会成为白丁。贞观十四年，时任陈仓县尉的他，因为不满上司陈仓折冲都尉鲁宁的辱骂而将其乱棍打死，可见这位仁兄是个一等一的莽撞人。

李世民当时知道后，下令将其处斩，幸亏魏征力保，才免去死罪。后来在魏征的举荐下，刘仁轨一路从县丞升到了青州刺史。

不过，显庆五年，时任青州刺史的他，栽了跟头！

当时唐朝忙于东征高句丽，而刘仁轨的管辖地青州由于紧靠大海，所以他必须承担唐军海上的运输任务，怎料有一天海上狂风大作，唐军的船只被掀翻不少，损失了很多物资。于是倒霉的刘仁轨成了替罪羊，被李治贬掉官职，只能以白丁的身份在军中继续效力。

这一次百济国内发生叛乱，刘仁愿上疏朝廷求救，李治本来想让中郎将王文度前去救援，可是这位仁兄在刚到百济不久，就吃了“伸腿瞪眼丸”一命呜呼了。消息传到唐廷，鉴于目前泗沘城的紧急局势，李治不得已起用刘仁轨，任命他为带方州刺史，征调新罗军队，一起援救泗沘城。

刘仁轨在接到命令后，只说了一句话：上天这是把荣华富贵赐给我啊！

事实证明：机会确实是留给有准备的人的！命运终于向这个年届六十的老

头儿露出了会心的微笑。

刘仁轨虽然是文人，但治军严明。在他的率领下唐军一路重创道琛组织的多次抵抗，歼敌一万余人。不得已道琛只得退守任存城（今韩国西部的任存山），而刘仁轨因为唐军兵力不足，所以暂时停止了进攻，前往泗沘城与刘仁愿会师。双方就此陷入了胶着状态。

然而历史总是有着惊人的相似，和苏定方征讨百济时一样，此时百济内部再一次出现了内讧，先是扶余福信为了总揽大权，一刀结果了道琛。不想螳螂捕蝉，黄雀在后，没过多久从倭国回来的扶余丰又一刀结果了扶余福信。总之一句话，越是在国难当头之际，这个国家反而是管爸爸叫姐夫——越弄越乱！

而此时相比于百济国内的局势，刘仁轨的处境也是好不到哪去。唐军虽然在李勣的率领下东征高句丽取得大捷，但同样遇到了李世民当年遇到的严寒问题，所以不得不撤军回国，而朝鲜半岛上，也只剩下刘仁轨一路唐军坚守在泗沘城。

考虑到唐军孤军深入的危险性，李治特意下诏让刘仁轨撤兵回国，至于百济的地盘，未来还可以再图谋。但刘仁轨却坚守阵地，因为他知道如果就此退缩，苏定方平定百济的功劳会顷刻间功亏一篑。

不放弃，绝不放弃，永不放弃！

当然，在下定决心的那一瞬间，他并不会想到，前方等待他的将是万古功名与无上荣耀！

只因为很长时间以来，那个带给我们深切之痛的国家！

扶余丰在杀掉扶余福信后，并没有沾沾自喜，考虑到百济国小势微，为了巩固自己夺来的权力，扶余丰立即向他的第二故乡日本请求增援。

日本方面在得到扶余丰的请求后，决定染指朝鲜半岛事宜。他们派出了精锐部队将近3万人，在快速登陆朝鲜半岛后，攻陷了唐朝属国新罗很多城池，从新罗腹地直指百济国境。新罗不得已向唐朝求救，李治立即派出将近7000人急速增援新罗。

唐军的7000人在右卫尉将军孙仁师的率领下，雄赳赳，气昂昂地跨过鸭绿江，急速前往泗沘城与刘仁轨和刘仁愿会合。兵合一处后，刘仁轨率领唐军猛攻百济的周留城，可是百济军队顽强抵抗，一连三个月唐军无任何进展，所以刘仁轨率唐和新罗海军驶向白江口，企图溯江北上进逼该城。由于在新罗的日军远水解不了近渴，所以扶余丰再次向日本求救，希望日军从海上增援。

日本方面确实很够意思，立即派出海军赶往周留城。

中日历史上首战一触即发！

龙朔三年（663 年）九月，刘仁轨在白江口（今韩国锦江入海口）遇到了前来增援百济的日本海军，双方在白江口展开了一场海战。

当时双方海军力量对比如下：

日军：兵力一万人，战船 1000 余艘。

唐军：兵力七千人，战船 170 余艘。

兵力对比：10：7。

战船对比:将近 10：1。

对比双方的军事力量，日军占有很大的优势，尤其是战船的数量。但唐军的战舰高大坚固，制造精良。反观日军的战船不仅矮小，而且材料破旧，显然和唐军的战船不在一个档次。

双方在白江口相遇后，最先发现对方的是刘仁轨。唐军的战船虽然高大威猛，但有一个致命的弱点——机动性能差。所以针对这种情况，刘仁轨下令让唐军战船严阵以待，等待日军战船主动进攻。

在唐军刚刚列阵完毕的同时，日军也发现了唐军，于是他们立即调遣 100 余艘战船摆好阵势向着唐军发起了试探性攻击。但是，当日军战船冲到唐军战船面前时，他们发现自己的判断错了，和唐军相比较，日军战船显得矮小而微不足道，本来在发起冲击的时候，日军信心十足，可是现在又有些心里发怵，而打仗最要命的就是思想不统一。

于是，日军的一百多艘战船开始步调不一致，最先冲到唐军战船跟前的，由于势单力孤，战船又不在一个级别，经唐军一通猛打，被迫撤退。而日军后边的战船看到前边的吃了亏，全都吓得不敢再向前。总之一句话，日军的第一次攻击显得杂乱无章，虎头蛇尾。

但是，日本人的性格注定了他们不会轻易放弃，在稍稍平复一下情绪之后，日军的海军将领们一致认为，第一波攻击之所以失败除了自信不足，还有战船太少的原因。在他们看来，对付唐军高大威猛的战船，必须采取狼群咬老虎的战术。

于是，第二波攻击开始！

第二波攻击日军调集了 400 艘战船！

相对于第一波攻击，日军变换了战术，针对唐军的布阵，他们将战船分为几队，目的是集中优势兵力，围歼唐军的战船！

比率约为 4：1。

应该说日军的想法还是切实可行的，可惜他们碰到的是刘仁轨。在日军第二波攻击开始的时候，刘仁轨通过日军的阵形，果断地判断出其战术，于是他下令让唐军的100多艘战船一次排开，刘仁轨的意图很明显，待日军冲上来后，迅速形成包围圈，让日军战船上天无路，入地无门！

战术名词曰为：口袋阵。

刘仁轨的战术很成功！日本人虽然信心十足，但一旦过了头，就成了妄自尊大。他们自作聪明地认为将智兵勇，唐军见之，必然自动退去，于是浩浩荡荡地闯进了唐军的埋伏圈。刘仁轨见日军蜂拥而至，便指挥船队变换阵形，分为左右两队，将日军围在阵中。

“立即缩小包围圈，将倭寇的船紧紧地夹在中间！”刘仁轨下达命令。

当日军发现唐军的变化后，为时已晚，由于他们的船比唐军要小很多，所以和唐军碰撞后，船只不得已只能往中间挤，这就导致他们的船只能在唐军的包围圈内相互碰撞而无法回旋。

“放箭！全歼倭寇！”刘仁轨下了第二道命令！

万箭齐发，如倾盆大雨直落日军船只。所有的倭寇此时才知道，这一仗他们已经败得怎一个“惨”字了得！

值得一提的是，日军指挥朴市田来津虽然仰天而誓，奋勇击杀，直至战死，但亦无力挽回战局。日军落水而死者不计其数。

《新唐书》记载：唐军与日军海战，“四战皆克，焚四百船，海水为丹”。百济王先在岸上守卫，见日军失利，乘乱军之际，逃亡高句丽。

白江口之战，唐军大胜。这也是历史上中国人对日作战的首次胜利！

当然它的意义远不止如此！

白江口之战奠定了七世纪以来东北亚地区的基本格局。百济的灭亡使高句丽失去了南面的屏障，仅仅5年后，唐朝和新罗的联军就灭掉了高句丽。大唐帝国开始了对朝鲜半岛直接的统治，对唐朝来讲，这是经略东北和朝鲜半岛的第一个里程碑。而对新罗来讲，白江口之战奠定了它统一朝鲜半岛的基础，它是最大的受益者。

而对日本来讲，白江口之战使其势力彻底被逐出了朝鲜半岛，使其更加感到了自身落后的社会形态和唐朝先进的政治、军事、文化之间的差距。在此之后的二百多年时间里日本接连派“遣唐使”赴华，对唐朝的经济、文化等各个领域进行了深入的学习研究，将唐朝的律令制度、学术文化陆续传入了自己的国家。

那个时候日本对中国是何等的尊敬，中国人并没有因为日本与自己为敌，而怀恨在心，而是依然以一颗包容之心，帮助这个邻国小弟弟发展进步。

但日本实在很不够意思，他们在中国强大时，像学生一样侍奉着这个学识渊博的老师，但随着岁月的流逝，这帮学生羽翼渐丰，在一千多年后，多次向曾经的恩师施以重拳。

然而，老师依然微笑着，因为他知道他们终究是自己的学生，现在是，未来也是！

只希望学生能够彻底幡然悔悟！

因为老师早已下定决心，在某个时刻，犯我者，虽远必诛！

三箭定天山

薛仁贵是个有个性的人，不然的话李世民东征高句丽时，他也不会以一袭白袍闪亮登场。

薛仁贵更是个猛人，其特点是在百万军中取上将首级犹如探囊取物。

综合以上两点，薛仁贵变成了一个传奇人物，以至于在论功劳不如苏定方的前提下，千百年来却比苏定方的名气大。

自从一袭白袍闪亮登场后，薛仁贵便成了大唐新一代战将的代表，尤其是在李治即位后，唐朝开疆拓土的战将名单上，便有了薛仁贵的名字。

自此之后，薛仁贵的足迹东到白山黑水间，西达塞外边陲上，直到在那个清澈的湖水岸边，他以一种勇猛者不得不低下高傲头颅的方式，结束了戎马一生的传奇经历。

当然，世间流传最广的还是他那三箭定天山的故事。

龙朔二年(662 年)，铁勒部落共聚集将近十万人进犯唐朝边境，李治当即命令左武卫大将军郑仁泰率军征讨，而薛仁贵被任命为副将，随军出征。

事实上，在这次战役中，薛仁贵是名副其实的主角儿！

三月，郑仁泰在天山击败铁勒部落，然后继续进兵，深入铁勒部落腹地。铁勒部落当然不甘心失败，为了抵抗唐军，九姓部落共计十万人一起参战，誓将唐军赶出国境。

当两军对垒时，铁勒部落精选出了几十名彪形大汉，在唐军阵前不断挑战。

坦白地讲，若比较身材，铁勒部士兵确实比唐兵强壮，且不说一巴掌护心毛，至少也是人高马大，威风凛凛！

挑衅依然在继续,几十名彪形大汉的肢体语言,似乎在告诉唐军:有种的就上来,咱们单挑!

不可否认,这种想法是很勇敢的,但又是很幼稚的,因为这是打仗,不是摔跤比赛。

唐军阵营中并没有人出来应战,因为所有人都知道,若论单挑,唐军根本不是其对手。可是如果就这样一窝蜂地冲杀过去,也未必能有胜算,而且还有失天朝大国的风范。

此时最犯难的当数统帅郑仁泰。

"何人前去应战?"郑仁泰高声喊道。

没有人应答。

"何人前去应战?"郑仁泰提高嗓门再一次喊道。

依然无人应答。

不远处唐军的战鼓依然擂得咚咚作响,对面的铁勒彪形大汉依然在挑衅,唐军阵营还是没有半点反应。

郑仁泰的脸已经变成了铁青色。

"没有人去!我去!"郑仁泰已经无可奈何。

就在他准备策马前去应战时,觉得耳边像一阵疾风吹过,只听见"嗖"的一声,郑仁泰的眼睛下意识地往前看,眼见对面的一名铁勒彪形大汉应声倒地。

郑仁泰顿时觉得很诧异,可是就在他还没反应过来时,又听见"嗖"的一声,又一名铁勒彪形大汉应声倒地。

郑仁泰猛然间回望本军阵营,所有人都在原地没有动弹,只有一个人正在张弓搭箭。

是的,薛仁贵!

"嗖",第三箭已经射出,依然是命中目标!

两军阵营立即沸腾!

唐军阵营士气大振,而铁勒部落阵营则是炸开了锅。

在铁勒部落看来,唐军最初无人应战,实在有些孬,可是冷不丁地来了三箭,而且是箭无虚发,这让他们有些惊恐。

人在某种特殊的境遇下,会不由自主地随着客观环境而改变心境。

或许是从来没有见识过这种场面,薛仁贵的三箭过后,铁勒阵营的很多将领和士兵纷纷下马投降。

可此时郑仁泰却做了件愚蠢的事情，将投降将士全部坑杀！

古语云：杀降不祥！

随着时间的推移，会越来越能证明这句话是超级有道理的。

趁着铁勒部落大乱之际，薛仁贵率领唐军一路追击，最终将铁勒部落首领伪叶护三兄弟生擒，从此威胁唐朝边境几十年的铁勒部落一蹶不振。

当时远在长安千里之外的唐军士兵，受到了极大的鼓舞，面对西域腹地的漫卷风沙，面对荒原一片的残阳如血，唐军将士们在凯旋的途中，唱起了胜利之歌。

"将军三箭定天山，将士长歌入汉关！"

这当然是对薛仁贵的溢美赞扬之词，试想战争本来是件残酷的事情，可士兵们能够唱着歌回家，这已经说明了薛仁贵的这三箭注定会流传千古。

这次西征虽然大胜而归，但并不完美。郑仁泰由于冒进，在继续深入铁勒腹地时，不但没有找到敌军，还因为缺乏粮草，损失了许多兵员，以致在回到长安后，立即遭到了言官们的弹劾。

而薛仁贵也跟着受到了牵连，幸好李治还是很开明的，因为唐军在西域的大胜，并没有过分地追究。

三箭定天山，是薛仁贵一生中精彩的神来之笔，后人将他的这段故事无限放大，甚至戏说。

但三箭定天山并不是薛仁贵人生的顶点，在纵横西域之后，接下来他将继续奋马扬鞭，向着东方辽阔的白山黑水间进发。

前方目标：高句丽！

再征高句丽

高句丽始终是中原的心腹大患，从杨广到李世民始终没有征服辽东，现在到了李治这里，他决心要在自己这一代完成前辈们所没有完成的任务。

很快，机会来了。

乾封元年(666年)，曾经阻止了唐太宗李世民进兵高句丽的渊盖苏文病逝，其长子泉男生继任莫离支，与其弟泉男建、泉男产不和。泉男建自称莫离支，发兵讨伐泉男生。泉男生于是派其子泉献诚到唐朝求援。

六月七日，李治任命右骁卫大将军契苾何力为辽东道安抚大使，率军救援泉男生；任命泉献诚为右武卫将军，担任向导；左金吾卫将军庞同善、营州都督高侃为行军总管，共同讨伐高句丽。九月，庞同善大败高句丽军。

同年九月，薛仁贵统兵出征。历史上对于这次薛仁贵出征，有个专用名词叫“薛仁贵东征”。

事实上，这次东征，唐朝前前后后共派出三路人马，前边的契苾何力是一路，现在的薛仁贵是一路，后边的李勣是一路，最终三路兵马兵合一处，将打一家。

十二月，李治命李勣为辽东道行军大总管，司列少常伯郝处俊为副大总管，契苾何力、庞同善亦为副大总管并兼安抚大使，水陆诸军总管和运粮使窦义积、独孤卿云、郭待封等亦受李勣节度，诸路合击高句丽。

乾封二年(667年)初，李勣攻取了高句丽军事重镇新城(今辽宁抚顺北高尔山城)。

前面我们介绍过，新城是一座战略地位极其重要的城市，李勣也说过新城是高句丽的要害之地，如果拿不下来，其他的城池别想得到。

李勣的看法很正确，虽然他也确实拿下了新城，但是在此之后，李勣却忽视了对新城的防守，致使泉男建率领大军夜间偷袭。幸好薛仁贵当时在新城不远处，急忙率军赶来解围，在他的一阵猛冲猛打后，高句丽军大败。新城之围被解。

营救新城是薛仁贵东征的第一次亮相，接下来他还有更精彩的表演。

同年十月，庞同善率领唐军和高句丽十万大军在金山路相遇，由于庞同善的能力实在有限，所以几个回合下来，被打得一败涂地，高句丽大军一路追杀，唐军伤亡惨重。

身在不远处的薛仁贵在听到消息后，立即率领兵马前来营救。在这次东征高句丽战役中，薛仁贵这一路属于机动作战部队，事实上就是：我是大地一块砖，哪里需要哪里搬。

当薛仁贵赶到后，首先做的就是聚集庞同善一路的败退人马，经过整编后，向高句丽的十万大军进行反扑。

这一战是薛仁贵东征打得最为昏天黑地的一战，唐军共计斩杀敌军五万人。据史书记载，高句丽围攻薛仁贵一个人的士兵就有将近上百人，但全都被薛仁贵挑落马下，可见这位仁兄是相当勇猛。

在此之后，薛仁贵一路高歌猛进，唐军乘胜攻占南苏(今辽宁抚顺东苏子河与浑河交流处)、木底(今辽宁新宾西木奇镇)、苍岩(今吉林集安西境)三城，与泉男生部会合，赢得了金山之战的胜利。高宗亲笔写诏书慰劳仁贵：“金山大阵，凶党实繁。卿身先士卒，奋不顾命，左冲右击，所向无敌，诸军贾勇，致斯克捷。宜善建功业，全此令名也。”

金山之战是唐初罕见的大规模遭遇战，是灭高句丽四大战役最关键、最大的一次战役，基本消灭了高句丽精锐部队，为彻底胜利奠定了基础。此战薛仁贵亲自指挥，功不可没。

到现在为止，薛仁贵的精彩表演还没有结束。

乾封二年(667年)十一月，东征高句丽的决定性战役——扶余(今吉林四平)之战即将开打。

正是这一战将薛仁贵推向了人生巅峰。

扶余是高句丽王城平壤的一道外围屏障，所以它的军事地位不言自明。

这一次，李勣将攻取扶余的重任交给了他最为信任的薛仁贵，而薛仁贵只要两千兵马。他的主张立即遭到了绝大多数将领的反对，就连统帅李勣也持怀疑态度。

将领们的反对是有道理的，虽说在此之前的新城之战，薛仁贵重创高句丽十万大军，高句丽已经元气大伤，但扶余的战略地位丝毫不比新城差，相信高句丽在这里的布防一定严密，两千人马就想和人家掰手腕，简直是幻想。

薛仁贵即使你吃了大力丸，也不至于这么强壮啊？

将领们的反对，并没有使薛仁贵产生动摇，在军事会议上，他只说了一句话：兵不在多，顾用之何如。

翻译成白话就是：兵不在多少，就看会不会用了！

面对很多人的将信将疑，薛仁贵终于要到了两千人马。值得一提的是，伴随着他一起出征的是漫天飞舞的大雪。

当时谁也没有想到，正是这场大雪，成就了一个人类战争史上的奇迹！

通向扶余的道路全都是平原，高句丽派出数万大军进行阻截，誓将薛仁贵消灭在旷野平原。

薛仁贵在得到高句丽前来阻截的消息后，这一次并没有立即上前拍砖，而是仔细地分析了敌我形势。唐军由于深入辽东腹地，这一次薛仁贵只带两千人马，是不想过多地分散唐军的兵力，不过眼下兵力不占优势，天气又极端恶劣，两千唐军面对数万高句丽大军的阻截，这场仗究竟该怎么打？

面对白雪皑皑的平原，薛仁贵陷入了思考之中。

伟大的唯物主义辩证法再一次告诉我们，有时候逆境是完全可以转化为坦途的。这一次极端恶劣的天气在薛仁贵这里变成了打败敌人绝好的掩护。

“全部身着白衣，裹紧马蹄，急速进发！”薛仁贵下达了命令。

就这样薛仁贵率领两千唐军在一片白色平原中，开始了纵横驰骋。很多年前他是以一袭白袍成名，很多年后，他将带领两千名身着白袍的将士继续书写白袍传奇。

薛仁贵一路驰骋，高句丽的数万大军迎面而来。当两军相遇时，戏剧性的场景出现了。

由于漫天飞雪，在白色的平原上，高句丽大军忽然看到了“雪崩”，当他们惊诧于眼前的现象时，瞬间就见一大团“白色”飞冲而来。

是的！这是由两千名白袍将士组成的“雪崩”阵容，在其创始人薛仁贵的带领下，急速向高句丽大军冲杀过来。这场平原上的遭遇战共用了七个时辰，唐军斩杀敌军万余人，剩余的高句丽军队四散溃逃。

至此我们终于明白了为什么薛仁贵要让士兵们身着白袍，那绝不是为了搞“形象工程”，而是利用保护色来掩护自己，从而实现以弱胜强的目的。据考证，这是最早利用保护色的战役，它的实践者是薛仁贵。

“兵不在多少，就看会不会用了。”薛仁贵的话绝不是吹牛！

平原遭遇战胜利后，薛仁贵并没有停下脚步，而是率领两千将士继续前进。乾封三年(668 年)，薛仁贵的部队攻占坚固的扶余城，之后高句丽连续 40 多座城市直接向薛仁贵投降。从此这个白袍将军声名鹊起，威震辽海，扬名四方。

薛仁贵大军沿途一路破城抵达平壤城下，与行军大总管李勣等诸路大军会师平壤城下，大军合围，攻破平壤。薛仁贵亲自接受高句丽国王投降，根据史料记载，高句丽国王高藏在向薛仁贵投降签字的时候，连抬头看薛仁贵的勇气都没有，可见薛白袍的威慑力到了何种地步！自此，隋唐几代帝王征服高句丽的愿望终于在高宗这里得到了实现。

如果仔细研读过这段史料的话，大家会很清楚，高句丽实为薛仁贵所灭，他起了关键和决定性的作用，而并非李勣。可后世却将攻灭高句丽的功劳全部算在了李勣的身上，这对于白袍将军实在是不公平的。

薛仁贵在灭高句丽四大战役——新城、金山、扶余、平壤之战中起到了关键性的作用，其中消灭敌人有生兵力最多的金山之战和破城最多的扶余之战，几乎是由薛仁贵独立打胜的，同时他也参加了大部队都参加的平壤战役，并且救援了新城，所以灭高句丽的决定性人物是薛仁贵。后世民间也著写了《薛仁贵征东》以纪念这位英雄人物。

总章二年(669 年)，薛仁贵编撰《周易新本注义》，这是世界上第一部应用辩证法理论的军事著作，那个时候是薛仁贵最风光的时期，是他人生的顶点。但是，人都会有低潮的时候。随后，薛仁贵进入了他人生的最低点。

大非川之战

大非川之战对于李唐王朝来讲具有标志性的意义，对于薛仁贵来讲也是同样。这场战役以唐朝战败告终，这是唐朝建国以来最惨重的一次失败，而白袍将军薛仁贵也因此彻底跌入了人生谷底。

给唐朝造成这次惨重失利的是吐蕃。

大家都知道吐蕃和唐朝曾经有过一段蜜月期，但随着时间的推移，吐蕃开始对唐朝的属国吐谷浑产生了想法。咸亨元年，吐蕃突袭吐谷浑，攻陷白州等十八州以及安西数镇，并把同为大唐女婿的河源郡王诺曷钵及其夫人弘化公主逐出国境。

在得到消息后，李治当即决定，以右威卫大将军薛仁贵为逻娑道行军大总管，右卫员外大将军阿史那道真、左卫将军郭待封为副将，领兵五万还击吐蕃。

表面看来，这似乎是李治无法忍受吐蕃袭击附属国，并且驱逐唐朝公主的行为。实际上，这是吐蕃与唐朝在西北边境上对于战略领土争夺战的爆发。因为无论是唐朝还是吐蕃，谁控制了吐谷浑，谁就不但控制了河西走廊，而且同时也控制了西北边疆的战略有利位置。

薛仁贵于总章三年（670 年）四月率军经鄯州（今青海乐都）到达大非川。大非川就是现在青海共和县西南的切吉平原，如今那里的草原已经严重沙漠化，当年却是重重沼泽，处处水洼，让唐军一筹莫展。

大非川的前边就是乌海（今青海喀拉湖）。

薛仁贵知道自己是孤军深入，吐蕃却是以逸待劳。所以他为此战定下的策略是速战速决，当时唐军带着很多辎重，而从大非川到乌海之间道路泥泞，运送辎重十分麻烦，所以薛仁贵思考再三，决定在大非川解决吐蕃。

要想实现这个目的，必须把吐蕃大军引到大非川才行，为此薛仁贵做了以下安排：

首先他命令副将郭待封（郭孝恪之子）带领两万唐军坚守大非川，保护好辎重。而自己则带领轻骑兵急速向乌海挺进。临走之前，薛仁贵再三叮嘱郭待封一定不能轻举妄动，并让他在大非岭上凭借险要构筑防御工事，使这个地方成为进可攻退可守的战略要地。

由此看来，薛仁贵是想和在高句丽时一样，出奇招战胜敌人，因为他判断出如果在乌海遇到吐蕃主力部队，吐蕃一定会认为自己敢轻装前来，唐军的主力部队一定在身后，相信那个时候吐蕃一定会集结重兵前来。

只要吐蕃来到大非川，自己再杀个回马枪，必将吐蕃大军做成汉堡包！

薛仁贵在一切安排妥当后，率军向乌海进军。两天后，两军于河口（今青海玛多）遭遇。薛仁贵一阵猛冲猛打，吐蕃军猝不及防，伤亡甚众，损失牛羊万余头。薛仁贵乘胜进占乌海城。

就在刚刚进入乌海城不久，薛仁贵得到了一个消息：

郭待封离开大非川，向乌海前来！

这下，薛仁贵急了！

“郭待封坏我大事，杀他一万次都不够！”薛仁贵怒不可遏，“传我将令，放弃乌海城，急速回军！”

薛仁贵十分了解自己的这位副将，虽是名将之后，但并无名将的水平。

就在薛仁贵离开大非川之后，郭待封心里有些郁闷。

“凭什么留我在这儿看守辎重，当年我老爹那可是大唐数一数二的名将。俗话说得好，老子英雄儿好汉，这次出征让我为副将已经是够委屈了，怎么说薛仁贵都应该让我冲锋陷阵去，想自己抢了头功，薛仁贵你是搬着梯子上天——没门！”

心态失衡最终导致郭待封做出了错误的决策。在薛仁贵刚刚离开大非川之后，这位仁兄点齐兵马，一路西去。

唐军就此失去最有利的形势！

郭待封率领唐军迅速前行，他当然希望能在最短的时间内赶上薛仁贵，甚至他眼前似乎出现了薛仁贵在看到自己出现时那种诧异的表情。

想到这里，郭待封笑了。

“加快速度！尽早赶到乌海！”郭待封下达了命令，在他看来，如果让薛仁贵抢了头功，那可是不得了的事情。

前边我们说过，郭待封的任务是看守辎重，现在是携带辎重，所以他目前行军的速度是不可能快的，而对于孤军深入的他来讲，时间是比什么都宝贵的，显然郭待封忽略了这一点。

就是这一点，让他遭到了惨败，进而导致唐朝开国的战争第一败。

很快，吐蕃人发现了郭待封这一路拥有重要辎重且孤军深入的唐军，他们集结了将近 20 万人，从四面八方迅速包围了郭待封。

接下来将是关门打狗！

可以想象，并无名将之实的郭待封面对 20 万吐蕃大军的表现，那是怎一个

"惨"字了得。什么"丢盔弃甲""屁滚尿流""落荒而逃"等,总之一句话,凡是形容惨败的词语用在他身上一点儿也不为过。

不经意间,郭待封已经将薛仁贵放在了铁板上进行烧烤。

薛仁贵率领骑兵行进的速度是相当快的,可还是晚了一步。当他一路向东飞驰时,隐隐看到一路上唐军散落的旗帜和辎重,他顿时感觉大事不妙。

此刻他最担心的是郭待封,幸好他回到大非川时,郭待封正在那里等待他,当然此时的郭待封已基本上是两手空空。

"将军……"郭待封看到薛仁贵回来后,扑通一声跪倒在地,顿时痛哭流涕。

"起来吧,什么也不要说了!吐蕃大军还会再来,立即上大非岭,构筑工事,眼下之计只有先守一段时间,总不能就这样回去见皇上吧!"薛仁贵无奈地说道。

薛仁贵心里非常清楚,这一次大唐和吐蕃的较量已经不可能再有胜算。

八月,吐蕃在其名将钦陵指挥下,以 40 余万大军逼唐军决战。薛仁贵无险可据,更无粮草供应军需,几乎全军覆没。

最终,薛仁贵不得已与钦陵和谈,才得以撤退回长安,回到长安后立即遭到了言官们的弹劾,被李治贬为平民。

大非川之战是唐朝开国以来对外作战中最大的一次失败。战后,吐蕃占据了安西四镇。唐朝被迫撤销四镇建制,安西都护府迁至西州(治高昌,今新疆吐鲁番),吐谷浑亦并入吐蕃,成为其别部。自此,唐蕃间冲突频仍,连年用兵,展开了激烈的攻防战,92 年之后,吐蕃还一度攻陷了长安城。

而薛仁贵在这次战役结束后不久,又曾经到高句丽平叛,后来因为一起杀人案又被贬到了象州。

在我看来,象州却是薛仁贵真正实现人生价值的地方。在那里他有一段鲜为人知的英雄事迹被正史的有限篇幅给去掉了,现在在河东薛氏的家族志以及其他一些史书上清晰地记载着他感人的故事。在被贬象州期间,薛仁贵协助州官,治政安民,首先平息了匪患,又动员富户救济灾民,当久旱逢雨之时,又率领农民拦水浇田,其他打抱不平、调解纠纷、敬老爱幼等仁风义举不胜枚举,州民感激不尽。当薛仁贵奉命再次出征离别象州时,州民当道跪留,哭声震天。

开耀元年(681 年),69 岁高龄的薛仁贵带病冒雪率军北征,和突厥的阿史德元珍作战,以安定北部边境,从而完成了人生最后一击。永淳二年(683 年)二月二十一日,薛仁贵因病于雁门关去世,享年 70 岁。唐高宗追赠他为左骁卫大将军,幽州(治蓟县,今北京城西南)都督。

白袍将军的传奇一生就此大幕落下！

写到这里，是时候评价一下这位个性鲜明的白袍将军了，可我实在不知道该用什么样的语言。多年前我曾翻看《旧唐书·薛仁贵传》，记得上头有这么一段评价：

“仁贵骁悍壮勇，为一时之杰，至忠大略，勃然有立。噫，待封不协，以败全略。孔子曰：‘可与立，未可与权。’上加明命，竟致立功，知臣者君，信哉！”

完全引用原文，丝毫没有改动，我想这是对薛仁贵最好的评价！

是的，薛仁贵的人生是光荣的一生，战斗的一生，虽然他有过失败，但他留给我们的依然是那个时代的光荣与梦想。

我想这就足够了！

万言难书勇烈事，画戟白袍永留香。

第四章
二圣临朝

在大唐帝国开疆拓土的同时，皇宫深处其实并不平静。自从武曌荣登皇后之位，大唐帝国似乎出现了一种异样的氛围，不是来自皇帝，也不是来自朝臣，而是来自武曌内心深处对权力的渴望。

现在，长孙无忌集团已经覆灭，李世民留下的贞观朝臣班底也基本上一个不剩，大唐帝国开疆拓土如火如荼，可是内政方面由于没有新人能够完全像长孙无忌、褚遂良那样挑起大梁，所以李治显得有些郁闷。如果说长孙无忌那个时候让李治有些孤立，那现在李治则是感到有些孤单。

幸好他的身边还有武曌。

这个始终在李治背后的女人，随着贞观托孤重臣的离去，在内心权欲的不断怂恿下，开始走向了内政的前台，进而成为大唐帝国威风八面的人物。

当然，在最初的日子里，武曌的道路走得并不平坦。

废后风波

显庆二年(657 年)十二月，李治手诏改洛阳为东都。从此之后，他和武曌经常出现在洛阳。或许是因为舟车劳顿，李治的身体开始大不如前，具体症状为头痛、视力减退。大家应该还记得在长孙皇后去世后，李治经常痛哭流涕，现在视力减退就是那个时候留下的病根。

李治身体的衰弱，给了武曌充分施展的机会。百官奏事，李治基本上都让皇后武曌协助决策，而武曌由于生性聪慧机敏，自幼涉猎文史，处理政事果断，所以深得李治的赏识。当时只要是武曌建议的事情，李治基本上全都答应，很少驳回。

武曌可以说是越来越得势，而朝廷新贵李义府、许敬宗等人因为在打压长孙无忌集团上和武曌目标一致，所以渐渐地都成了她的亲党。随着武曌逐渐掌握大权，这些亲党也全部得到了升迁。

龙朔二年(662年)二月，朝廷改革官名，改门下省为东台，中书省为西台，尚书省为中台，侍中为左相，中书令为右相。八月，许敬宗就被任命为太子少师，同东西台三品、知西台事，相当于原来的三省总部长。龙朔三年(663年)正月，李义府为右相，仍知选事。

两位朝廷新贵的升迁，让武曌欣喜不已。但是，武皇后显然忘记了一件事，就是告诉两个人要越在得势的时候，越要夹起尾巴做人。果然，很快李义府就惹出了麻烦。

事情的起因完全是因为李义府的猖狂。

这位仁兄在得到升迁后，专以卖官为能，儿子女婿更是横行不法。李治得知后，便将李义府召来询问。本来皇帝大人的态度还是很温和的，没想到李义府反而横眉冷对，质问李治是谁告诉他的。

有句话叫别拿村长不当干部，更何况现在问你话的是皇帝。

李治依然是和颜悦色，只是话语开始凌厉起来："只要我说的是对的，何必询问是谁告诉我的呢?"

李义府并没有接着皇帝的话说下去，而是径直走出了朝堂。

李治的脸已经变成了铁青色!

后来李义府因为在母亲丧假期间，经常爬上坟墓探望皇城的气色，被李治冠以图谋不轨而外贬巂州(今四川西昌)。这位精明了一辈子的"人猫"最终还是糊涂一时，栽在了皇帝大人手里。

但是，事情并没有就此结束!

李义府被外贬，朝廷上下一片赞扬之声，但有一个人却是例外，这个人就是武曌。李义府作为她的亲党，很长时间以来对于武曌在朝廷立足起了至关重要的作用。现在她失去了一只臂膀，所以武曌有些郁闷。她很想在皇帝面前力保李义府，可她实在怕皇帝会把自己当成李义府的同党而一并治罪，所以武曌选择了沉默。

但武曌的内心实在有些说不出的落寞，以致做出了一个荒唐之举，她实在没有想到这个荒唐之举，差点断送了自己的大好前程。

和很多人一样，武曌也是迷信的。一个人迷信表现的形式多种多样，而武曌选择的方式是“厌胜”之术。

刘文静、王皇后等人栽在了“厌胜”这两个字上，武曌这一次也是差一点儿。

当时有个叫郭行真的道士，经常进宫和武曌进行所谓的道术研讨事宜。在外行人看起来，道术和巫术实在相差无几。

没有史料可以证明武曌让郭行真行使巫术是针对谁。很多事情不怕没好事儿，就怕没好人。很快，一个宦官向李治报告了此事。

皇帝最反感的就是此类事件，李治也不例外。不过，此时的朝廷已不再是当年长孙无忌集团掌权时的模样，由于新人尚不能立足，所以李治只能依靠武曌。为了慎重起见，李治决定找自己的近臣上官仪商议对策。

上官仪是隋朝江都宫副监上官弘的儿子，时任秘书监，同东西台三品。

上官仪是个有才能的人，他的诗绮丽婉媚，时人称之为“上官体”，但他同时也恃才傲物，尤其对武曌逐渐掌权有抵触情绪，所以在朝廷中人缘并不好。幸好当时较为孤立的李治对他很赏识，所以成了皇帝的近臣。

君臣二人见面后，李治向上官仪表达了自己的不满。在这样一种情境下，上官仪觉得这正是给武曌以致命打击的绝好机会，于是他不假思索地说出了下边这段话：

“皇后骄横，天下共怨，以臣之见，莫不如将她废掉，以安人心，永保社稷！”

事实证明，上官仪是纯粹的异想天开。

李治当时确实是在气头上，毫不犹豫地同意了上官仪的建议，并下令让上官仪起草诏书，夺回武曌的凤冠，像当年对待王皇后那样将武曌打入冷宫。

八年前，李治确实做到了，那是因为有武曌。

八年后，李治还是很想做到，但他已经力不从心。

当诏书的墨迹还未干时，武曌已经出现在了李治的面前。

于是，一场危机公关开始了！

“听说皇上刚刚起草了一封诏书，是关于臣妾的？”武曌问道。

“没有啊！皇后是听谁说的啊？”李治的语气有些不自然。

面对李治的掩饰，武曌知道对于这位“宽仁孝友“的丈夫如果采取紧逼的战术可能会起反作用，于是在经过短暂的思考后，她决定采用以情感人的方式来打动李治。

事实证明，武曌的这个决策很关键。

"皇上,臣妾知道您受了某些人的蛊惑,认为臣妾是国家的不祥之兆,想废掉臣妾的后位。"说完,武曌开始抽泣起来。

李治实在没有想到会出现如此窘境,为了缓解尴尬的气氛,他急忙安慰武曌说道:"哎呀！怎么会有这等事呢？皇后一定是听错了吧！"

"臣妾倒是希望自己听错了,可是如果我今天不来,一旦诏书到我那里,臣妾将永远见不到陛下了啊！"说完,武曌开始痛哭起来。

女人的眼泪有时真是件好武器！

不过,武曌明白,哭只是打动李治的一种手段,这样只能博得李治的同情,但绝对不能促使李治下定决心收回成命,于是她出了第二招。

"陛下您想一想,自从臣妾重新回宫后,精心服侍陛下,尤其是在国舅(长孙无忌)之乱后,臣妾母仪后宫,而且这两年陛下龙体欠安,臣妾又辅佐您处理朝政,不敢有丝毫的懈怠,这一切陛下都忘了吗?"

总结一下武曌的话,其实就是一句话,李治你离开我,将是寸步难行！当然在她的话语中既有温情的打动,也有委婉的质询。

李治听完后,低头不语。

武曌明白,自己的丈夫已经开始动摇,所以接下来第三招将是至关重要的。如果顺利,不仅可以稳固自己的地位,还可以将政敌置于死地！

武曌渐渐地止住了自己的哭声。在关键时刻,她当然明白不能让李治有丝毫的干扰,于是在沉吟片刻之后,她说道:

"陛下圣明！这一切不是陛下的错,而是陛下身边有小人,他其实已经越过了做臣子的界限,完全插手陛下的私事,破坏我和您多年的夫妻之情！"

一切看起来很平常,其实暗藏杀机。

自古以来皇帝最反感的就是大臣越过做臣子的界限,干预皇家私事。所以武曌的第三招是一箭双雕！

李治坐不住了,他忽然意识到自己被上官仪忽悠了。

"其实这都是上官仪的意思,我一时糊涂,险些酿成大错！"李治急忙说道。

"希望陛下妥善处理此事吧！"

一个万福礼,忽悠完毕,收工！

可怜的上官仪就这样成了替罪羊。在武曌的精心安排下,许敬宗上疏弹劾他,说太子李忠当陈王时,上官仪曾经当过王府的咨议参军,肯定是太子的同党。虽然那个时候李忠已经被废为了庶人,但欲加之罪,何患无辞,上官仪就这样被处死,且全家被没入掖庭。

当时在上官家被没入掖庭的队伍中，一个少妇怀抱着一个女婴走在队伍最后边，这个女人是上官仪的儿媳，怀中的女婴是她的女儿。谁也不会想到，多年后这个女孩长大时，居然会成为武曌的第一贴身秘书。

顺便说一句，这个女孩的名字叫上官婉儿！

武曌凭借着自己的公关能力，渡过了当皇后以来的第一次危机。对于她来讲，这仅仅是个开始，要想得到至高无上的权力，武曌明白自己不能有丝毫的同情之心。收起儿女情长，让自己在这个充满尔虞我诈的宫廷内，变得无比坚强，无比冷酷，无论面对谁，只要是自己的障碍，一定要毫不留情地清除掉，即使是自己的亲人也不例外。

娘家人的末日

武曌已经不再是那个刚刚进宫的武才人了，那个时候她对皇宫内的生活充满幻想，现在她已经变得极度现实。李治的柔弱给了她充分的机会施展才能，渐渐地她习惯于将权力看作人生中最重要的东西。

经历了废后风波，武曌已经下定决心排除万难，无论是谁，阻碍自己，坚决清除。

上官仪是她的第一个祭品，接下来她将面对来自血缘关系层面的挑战。

武曌被册封为皇后以后，除了李义府、许敬宗等亲党得到升迁，其实最大的受益者当数她的娘家人。

首先母亲杨氏被册封为荣国夫人，姐姐被封为韩国夫人。四个异母兄弟元庆、元爽、惟良、怀远全部被提拔为四品以上的官员，真可谓一人得道，鸡犬升天。

武曌这么做并不是因为她是个亲情浓厚的人，母亲和姐姐被册封是理所当然的事情，而武曌将四个异母兄弟全部提拔，是有她深层次考虑的。坦白地讲，武曌和这四个异母兄弟的感情并不好。在武曌的童年记忆中，受尽四个异母兄弟的欺凌，她甚至曾经发誓，任何给予她痛苦的人，总有一天会受到惩罚。

现在她将异母兄弟们全部提拔，并非她忘记了曾经的誓言，只是因为虽然她荣登后位，但在充满险恶的宫廷内，她的力量还很单薄，提拔亲戚以壮声威，是当务之急。

武曌坚信，四个异母兄弟一定会感恩戴德，他们一定会带着往日的愧疚，效忠于自己的，可惜她错了。

事实证明，家庭内部的矛盾可能会成为权力斗争的导火线。

为了知道四个异母兄弟在升迁后的想法，武曌告诉母亲杨氏在家中设宴招待他们，并让杨氏在席间探听他们的态度。

酒过三巡，菜过五味之后，杨氏开始切入正题。

“你们还记得当年的事吗？现在你们升迁了，有什么感想吗？”

四个异母兄弟全都明白杨氏所说的“当年的事”指的是什么，所以杨氏说完后，四个人立即陷入了沉默。

杨氏本以为四个人会立即表示出对武曌的感激，可是当她看到四个人全都沉默时，立即察觉到事情并不像自己想的那么简单。

气氛顿时陷入尴尬！

最终还是武惟良开口说道：“我等兄弟四人能做官，全都是得益于父亲的功劳，惟良知道自己才能低下，不敢想象今后大富大贵。现在我们却由于皇后的缘故，意外得到了升迁，并不引以为荣，相反却深感忧虑啊！”

“是啊！是啊！惟良说得有道理，位高权重，反而令人担忧啊！”其他三兄弟马上应和。

此时杨氏的脸上已经不见了刚才的笑容，四个人不肯逢迎的态度，让她感觉在这个酒席上自己像是个多余的人，所以她勉强应付了几句。没多长时间，一场家宴便不欢而散了。

很快，武曌得到了消息。

武曌意识到，自己与这四个异母兄弟注定是不会同心的，虽然两方从形式上已经走得很近，但心却离得很远。

如不立即决断，日后定会成为祸患！

乾封元年(666年)八月，武曌向李治上了一道关于制止外戚干政的奏疏，以防止恩宠太盛容易生出祸乱为由，请求李治将四个异母兄弟降职。在这封奏疏中，武曌以东汉明德马皇后的事迹为切入点，进而又举出长孙皇后禁止外戚干政的例子，充分表达自己效仿两位贤后的做法，以保全四个异母兄弟。

在奏疏的最后，武曌说了这样一句话：为帝业计，请出惟良等为边远之州刺史。

事实上，这就是传说中的外贬。

武曌的这封奏疏，得到了李治的褒奖，在武曌成功忽悠李治后，武氏四兄弟就这样手牵着手黯然地离开长安了。

但事情远没有结束。

我们来看一看这四个兄弟的最终结局。

武元庆被外贬龙州(今四川平武),距长安两千六百里,由于那里人烟稀少,土地贫瘠,所以武元庆到了那里没多久就得了抑郁症,再加上水土不服,所以三个月后郁郁而终。

武元爽最初被贬往濠州(今安徽凤阳),可是在那里他因一桩官司受到牵连,稀里糊涂地又被贬往振州(今海南三亚),在路上这位仁兄不堪忍受押送人员的折磨,病死于旷野之中。

武元庆、武元爽的结局深刻地印证了一个道理:身体是干事业的本钱。

和武元庆、武元爽比起来,武惟良和武怀远虽然活的时间更长一些,但下场却更惨。当时武惟良被贬为始州(今四川广元)刺史。武怀远被贬为淄州(今山东淄博)刺史。由于这两位仁兄身体倍儿棒,吃嘛嘛香,不像武元庆、武元爽两位很自觉地吃下了“伸腿瞪眼丸”,让武曌落得个轻松,所以接下来武曌只有用自己特有的方法来置二人于死地。

武曌是个手腕高超的政治家,当然说她是阴谋家也并不为过。武曌从来都是杀人于无形,所以这一次也不例外,值得一提的是,这次她的突破口是她的外甥女——贺兰姑娘。

贺兰姑娘是武曌大姐韩国夫人的女儿。自从父亲死后,韩国夫人就经常带着女儿出入武曌的寝宫。韩国夫人虽然已经年过四十,但风韵犹存,这就引起了李治的注意。后来李治就经常召韩国夫人母女进宫聊天,时间一长韩国夫人母女就成了皇帝陛下的枕边伴侣。自从李治有了这母女二人,武曌便受到了冷落。

春风得意的武曌又一次尝到了被冷落的滋味,可经过这么多年的风浪后,武曌虽然当时是妒火中烧,但是没有慌乱,甚至毫无异样的表现。因为她相信自己完全有能力、有办法让皇帝陛下臣服在她的罗裙之下,让一切竞争者身败名裂。

我从手中无权到手握重权,再到现在我与皇帝共同执政,何惧两个仅凭姿色立足的女子?

在李治与韩国夫人母女俩亲热时,武曌依然悄悄地垂帘于后,忠心地辅佐着李治,但同时在那朦胧的珠帘背后,一双多谋的目光也在窥视着一切。

一个报复狂的灵魂在等待时机!

等待着给她所妒恨的人以致命的打击!

或许是天意,很巧合,没过多久韩国夫人暴病身亡。武曌虽然表面悲痛,内心深处却是暗暗庆幸老天帮助自己除掉对手,但在欢欣之余她依然没有忘记自己的外甥女，那个依然受宠的贺兰姑娘。

在韩国夫人去世后，李治为了报答韩国夫人的情谊，加封贺兰姑娘为魏国夫人，而他并不知道事实上他已经将魏国夫人推到了悬崖边上。

这一次武曌为了彻底消除来自娘家人的威胁，在决定除掉武惟良、武怀远的同时，也下定决心将魏国夫人一并捎上。

为了达到自己不可告人的目的，她精心设计了一个连环局。

白鱼杀机

乾封元年(666 年)八月的一天，京城里来了一批刺史。这些刺史是进京向皇帝陛下述职的，在这些人中就有武惟良和武怀远兄弟二人。

地方刺史直接面对皇帝述职，这是李治执政以来的一大新政。地方官员能够见到威严的大唐天子，那是何等的荣幸。只是对于武氏兄弟而言，此次来京他们将是有去无回。

武曌在得到消息后，觉得自己的机会来了，于是他特意选了一个时间和李治、魏国夫人一起前往母亲荣国夫人杨氏那里。

然后，她派人急速召见武氏兄弟。

武氏兄弟来到杨氏府中，当发现皇帝陛下也在这里时，不禁诚惶诚恐，急忙跪倒参拜。在李治刚刚和兄弟二人寒暄过后，武曌便开口说道："听说你们带来很多封地上的特产要献给皇上，现在见到皇上了为什么不献给皇上呢?"

兄弟二人恍然大悟，连忙说道："臣等带来的都是些食品，有柑橘、白鱼、河蟹等，全是些土特产……"

没等兄弟二人说完，武曌就打断他们说道："听说龙州的白鱼味道鲜美，皇上一定会喜欢，何不烹上几条，我兄妹陪皇上共饮几杯，不知皇上意下如何啊？"

很长时间以来，李治对于武曌的意见有一种习惯性的认同，所以这一次也是点头默许。

当下，武氏兄弟连忙派人取来几条白鱼，在武曌的精心挑选下，命人送到厨房，并且她亲自叮嘱厨师要做得味道鲜美些。

……

在一片和谐的气氛中，宴席开始了。

面对席间香喷喷的白鱼，武曌斜眼看了一眼一旁陪坐的魏国夫人，于是在经过谨慎的思考后，她将其中一盘白鱼端到了魏国夫人面前，面带哀容地说道："自从你母亲韩国夫人去世后，作为姨母我当然要更加疼爱你，而且你一心一意服侍皇上也很辛苦，这献给皇上的白鱼，我建议就由你来先吃第一口。"说完后，武曌又将目光转向了李治，继续说道："皇上意下如何呢？"

请注意，武曌所精心设计的每一步，都拿李治作为掩护。因为她知道只有控制住李治，自己的每一步棋才能成为杀着。

"是啊，还是皇后想得周到啊，你就先吃第一口吧。"李治怜惜地说道。

面对既是母仪后宫的皇后，又是自己血亲姨母的一番爱怜，魏国夫人很是感激，连忙起身谢恩说道："家母已逝，姨母远胜于亲母，甥女年幼无知，今后还要靠姨母多多指教。"说罢，便带着一种不可名状的荣誉之感，先尝了一口白鱼。

武曌看着魏国夫人将一块白鱼放进了自己的口中，她的心中充满了一种蔑视一切失败者的快感。

在这个充满尔虞我诈的宫廷深处，要想立足靠的绝不仅仅是闭月羞花之貌和沉鱼落雁之容，更要有深沉的心机和给予竞争者致命打击的决心及手段。

贺兰，现在你已经没有机会了！

魏国夫人在吃下白鱼肉后，便觉腹痛。霎时间，口鼻流血，跌倒在地。随着一声惨叫，便喷出一口鲜血，随即一命呜呼！

而她的眼睛始终没有闭上，也许她在临死的一刹那，似乎明白了什么。

宴席上顿时大乱，李治立即慌了神，稍稍反应过来后便伏在魏国夫人的尸体上号啕大哭，而此时最惊恐的当数武氏兄弟，因为白鱼是他们送来的。

"皇上！这与臣等无关啊！"武氏兄弟立即跪倒在地。

突然，武曌沉下脸来，厉声喝道："两个忘恩负义的贼子，真是恶毒至极，竟想用白鱼毒死皇上，皇上您还不快拿下这两个逆贼！"

可怜的武氏两兄弟，在一片慌乱下，连个申辩的机会也没有，就成了刀下之鬼！

关于白鱼为什么会有毒，相信大家已经很明白了。而关于是怎么下的毒，在武曌叮嘱厨师时，究竟发生了什么，由于史料记载得很是模糊，我们不能妄加猜测，但纵观整个事件，只有武曌有机会下毒。可事情发生后，为什么没有人能够理性地思考一下呢？

归根结底只有一个原因，那就是武曌利用了不同人的弱点。

李治由于性格软弱，面对突发事件，不可能立即冷静，而武氏兄弟由于急于自辩，在外人看起来，反而会显得有些虚假，这一切都在武曌的预料之中。再加上她每一步的精心设计，所以当时没有人怀疑到她，即使有人怀疑，由于没有确切的证据，也不能公开讲明。

武曌就这样轻而易举地除掉了来自娘家人的威胁。后人常常针对她一计杀三亲的事情而大加打击指责，无论从情感角度还是手段来看，武曌确实有些残忍暴虐、妒心过重。但同时从另一方面我们也要明白，武曌之所以这样做并不仅仅是因为嫉妒和报复心的驱使。要理解这一点，我们需要明白武曌的追求。

这个将拥有至高权力作为一生最大追求的女人，是一个不达目的决不罢休的铁腕女人，更是一个时刻被权势欲控制的女人，而走在擅权的道路上，将注定会失去很多，甚至包括亲情。

但是，武曌现在并不在乎，直到多年后她才深切地明白了这个道理！

贺兰敏之

武曌的目的达到了，魏国夫人贺兰氏的生命就这样结束了。在此之前的很长时间，贺兰氏对于武曌而言，代表着整个女性世界全部诱人的内涵，这一点连王皇后都没有做到。那风铃般的歌声，蝶一般轻盈的舞步曾使贺兰氏一度成为李治热切眼神捕捉的尤物，她深知赢得皇帝陛下的宠爱最直接的本钱就是自己年轻妖娆的身体以及鲜活大胆的欲望。

但现在武曌以自己极端的方式告诉贺兰氏，自己才是这个皇宫中真正的主宰者。

按说目的已经达到，事情也就应该结束了，但武曌为了在擅权的道路上不为自己增加任何一个潜在对手，将目光继续延伸，在左看右看，上看下看之后，她发现娘家人的队伍中似乎还有不安定因素，这个因素来自她的外甥贺兰敏之。

贺兰敏之是韩国夫人的儿子，也就是魏国夫人的哥哥。在武曌决定清除掉他之前，他曾经和武曌的关系走得很近。

在武元庆、武惟良等四兄弟死后，谁来继承武士彟的爵位，成为提上日程的问题。本来武士彟的孙子武承嗣、武三思都有资格继承爵位，但武曌却选中了外甥贺兰敏之。

从血缘关系角度来讲，这个选择是值得商榷的，但从政治角度而言，武曌又有自己的考虑。

在姐姐、外甥女、异母兄弟相继被自己除掉后，武曌在娘家人的心目中俨然成了一个凶神恶煞。武曌虽然不在乎，但古代人们还是很看重伦理道德的，而武曌选中贺兰敏之继承武士彟的爵位，就是为了要搞平衡。

和当初提拔异母兄弟一样，武曌依然痴心不改，依然坚信在异母兄弟那里没有达到的目的，在贺兰敏之这里一定能够达到。

于是，在一个漆黑的晚上，武曌独自召见贺兰敏之进宫，宣布让贺兰敏之改名武敏之，继承外祖父武士彟的爵位，袭爵周公，任弘文馆学士、左散骑常侍。对此贺兰敏之本应喜出望外，但在听到姨母亲口授封时，他却一直连连摇头。在他看来这是不可能的事情，因为他的母亲与武曌虽然是亲生姐妹，但相互之间的隔阂早已经是公开的秘密，而且不久之前的白鱼案件还历历在目，现在对于他这样一个人，姨母能够开恩？

贺兰敏之的心里顿时有了沉重的压力，因为他知道这绝不是恩施，恰恰相反，前方或许是万丈深渊。

但贺兰敏之此刻并无选择的权利，面对强势的姨母，他只能接受。贺兰敏之稍稍镇定下来之后，立即跪在地上，表现出了感激涕零的样子，表示未来一定不会忘记姨母的大恩大德，一定会肝脑涂地，光耀武家。

在脑门着地的一瞬间，谁也没有发现贺兰敏之早已经双眉紧锁。

贺兰敏之的表态让武曌很是满意。望着这个跪在面前的年轻貌美的外甥，武曌的嘴角泛起了一丝笑意。作为一个经历了两朝无数凶险斗争的人，武曌深切地明白贺兰敏之的心永远不会向自己靠拢，但她坚信只要施以恩惠，完全可以化敌为友，为我所用。

当然最关键的一点是，现在的贺兰敏之实在是孤立无援！

不过，武曌显然忽略了一个人的存在，这个人完全打乱了武曌笼络贺兰敏之的计划。

这个人就是李治。

自从贺兰敏之得到升迁后，没有人再叫他以前的名字，而改名后的武敏之也得到了许多面见李治的机会。君臣二人见面少不了聊些朝廷之事，当然对于家庭之事自然多有提及，其中就有魏国夫人的死因。每次李治追问，武敏之似乎都有些难言之隐。

君臣二人的议论被太监传到了武曌那里，武曌的心沉了下来。显然武敏之在李治面前的表现说明他的心中早已经种下仇恨，这种仇恨相信迟早有一天会爆发。

武曌已经看出，李治是武敏之唯一的救命稻草。

所以为了不给武敏之报复的机会，武曌决定放弃笼络他的努力，决定找个机会将他拿下。不过，和对待武氏兄弟不同的是，武曌拿下武敏之的方法策略并不是主动出击，而是等待对方出现致命的破绽。

武曌之所以这么做，是因为她十分清楚武敏之的人品。

武敏之因为生得容貌美丽，曾经和太原王（武士彟的封号）妃私通，后来在守王妃的丧时，又私自除掉丧服，弹奏妓乐。

如果仅仅是干了这些事情，武曌还能够容忍，可接下来这位仁兄所干的勾当，恐怕连李治也不能容忍。

司卫少卿杨思俭的女儿长得貌美如花，李治和武曌决定将她选为太子李弘的妃子。在已经定了婚期的情况下，这个未来的皇帝儿媳竟然被武敏之强暴，这下武曌愤怒了。

皇后很生气，后果很严重！

武曌一口气给李治上了三道奏疏，严厉斥责武敏之所犯的罪行。咸亨二年（671 年）六月，李治下令将武敏之流放雷州半岛（今广东雷州）并剥夺武敏之的武姓权利。

被押出长安的武敏之变成了贺兰敏之，只是此贺兰敏之再也不是那个容貌俊美、意气风发的美男子了。

贺兰敏之最终还是没有走到雷州。在到达韶关时，当地的官员用马缰结束了他年轻的生命。我相信在这背后一定是武曌甚至是李治的授意。

贺兰敏之的下场并不冤枉，对于他我只想说，无奈地接受开局，有机会左右过程，却由于心魔所致，只能被动地接受老天早已安排好的惩罚。

武曌的努力又一次失败了，她百思不得其解，为什么在自己想要和解时，所有的人全都不领情，难道自己的诚意不够吗？

权力？金钱？美色？

只要与我合作，这一切都不难得到。可是现在武曌看到的却是自己想与之和解的人那种冷冰冰的眼神，所以她只有用杀戮来解除潜在的威胁。

但武曌依然不死心，她依然要进行第三次的努力，这一次她选中侄子武承嗣。和武氏兄弟、贺兰敏之迥然不同的是，数年后，武承嗣和他的子弟相继成为女皇武曌身边举足轻重的人物，进而影响着大唐王朝的政局。

武承嗣袭爵四个月后，李治下诏称天皇，武曌称天后。就在诏令颁布不久之后，武曌做了一件事，第一次完整地展现出了她的政治才能，也是她协助李治处理政务以来第一次大显身手,更是“二圣临朝”的标志。

史称:建言十二事。

建言十二事

武曌能够在朝廷立足,并非仅仅依靠的是残忍与杀戮。古往今来那些能够名垂青史的人,也许经历过杀戮和血腥,但最终他们的落脚点是才干。

武曌作为女性,这一点丝毫不输给那些男人们。

上元元年(674 年)十二月,荣登天后之位的武曌为李治上了一道奏章,提出了治理国家的十二条意见,分别是:

一、发展农桑、减轻赋税和徭役;

二、京师附近的百姓免除租税和徭役;

三、停止对外用兵,以道德教化天下;

四、普天下不分南北,不论宫内宫外一律禁止浮夸淫邪;

五、避免大兴土木,节省开支和劳动力;

六、广开言路;

七、杜绝谗言;

八、王公以下都要学习《道德经》;

九、父在母亡,为母守孝三年;

十、上元元年以前,有功劳的已发给委任状的人,无须再进行考核;

十一、京官八品以上增加俸禄;

十二、文武百官任职已久,才能高而职位低的,可以越级提拔。

武曌之所以提出上述十二条建议,是因为她敏锐的眼光已经看出了当时大唐王朝一片繁荣之下,所掩盖的一系列问题。可以说这十二条建议完全切中时弊,堪称富国强兵之策。

仔细分析武曌的十二条建议,大体可以分为三点。

第一点:禁止奢华。

这一点历代王朝都很重视。例如,李世民在吸取了隋朝灭亡的惨痛教训后,经常不忘告诫自己和臣下,经过精心治理才有“贞观之治”的盛世局面。武曌当年在李世民身边待了九年,天天耳濡目染,亲身感受到了“治世”的兴盛。但是,在李世民死后的数年里,她也同样感受到了因为李世民“渐不克终”所导致的朝政衰退。李治即位后虽然国情尚且令人满意,但由于长孙无忌集团的覆灭,贞观班底瞬间崩塌,新人无法立即顶上,致使帝国的朝政有些混乱。

而且这几年大唐王朝各地区不断出现灾情,致使米价上涨,不时发生饥荒。对外更是连年用兵,虽然疆域不断扩大,但确实耗费了大量民力物力。此外大兴土木、修建宫殿也让百姓苦不堪言,例如,当时修建长安城的外廓,使用的劳力就有四万多人。这些搞得老百姓怨声载道。

武曌正是以政治家的敏锐嗅觉,嗅到了不利于帝国发展的气息,作为天后的她有义务站出来为帝国的正确向前发展摆渡。后来的事实证明,武曌的这些建议是十分有远见的。

第二点:杜谗纳谏。

沐浴在贞观盛世荣光下的武曌亲身见识到了魏征、房玄龄、马周等谏臣的风采。实事求是地讲,武曌在侍奉李世民的时候,李世民营造的诤谏之风对她是有很深影响的,她也是十分钦佩李世民从谏如流的,并且武曌也深深为近年来纳谏之风远逊于贞观时代而感到担心。她知道朝廷一旦言路堵塞,那将是一件可怕的事情。她提倡广开言路,一方面是提醒李治,同时也是想以此作为自己的行动准则。

当时朝廷有很多新贵已经担任要职,武曌如果想进一步巩固自己在朝廷中的地位,除了凭借皇后的身份,还必须善于听取大臣的意见,而广开言路、杜绝谗言无疑是调动朝廷新贵们积极性的重要举措。

还是那句话:武曌是个有理想的人,权力是她一生向往的东西。

第三点:维护新贵们的利益。

在我看来,这一类建议对于武曌来讲是最重要的。因为她正在悄悄改变帝国高层的运作机制。

太宗时期的中央政务,是"三权分立",即中书省出旨、尚书省执行、门下省封驳(监督)。这样的设置,是怕权力过于集中会产生尾大不掉的权臣,分权后大臣们互相制衡,会好一些。

这样的皇帝更多的时候像是一个"虚君",所有的奏章到皇帝手中时,已是经宰相们审议并有了意见的,皇帝只能批准或否决。如果是否决,也不是皇帝一人说了算,而是要和宰相们共同商议。皇权与相权并未截然分开。

自古以来,皇权和相权之争,都是个长久不衰的话题。李治和长孙无忌的矛盾,事实上也是围绕皇权和相权而展开的斗争。武曌参与朝政后,更是逃避不了这个问题。在武曌看来,限制相权的第一步,必须提高朝廷新贵们的地位。按照武曌的想法,事实上是想架空相权,后来的情况证明,事情确实按照她的设想在进行，宰相的裁决权无形中被取消，仅剩下汇总百官表章上奏的职权，裁决权收归于皇帝。"百官表奏，皆委天后详决。"

现在，我们回过头来看武曌的建言十二事，已经不单单是对朝政的建议了，而是一种改革。

这种改革对中央集权的意义十分重大，当然由于时代所限，我们对武曌的改革不能用现在的民主观念来衡量，不过当时面对纷繁事务、辽阔疆域，加强集权也许就是一种进步。这样的事也一再地在历史上发生。

武曌的"十二事"被李治一一采纳，随之而来的就是旧人们的凋零萎缩和朝廷新贵们的渐渐崛起。

相权的渐渐萎缩，让武曌感到了一丝快慰，但帝国纷繁复杂的事务，还得需要有人去处理。在旧的运作机制需要不断转换时，朝廷的运转不能有丝毫的停留。

当然，武曌也明白帝国纷繁复杂的事务，她自己是不可能处理过来的，也就是说武曌最期望的理想模式是：在自己的身边要有才能之士，但并没有实权。

汇成三个字就是：智囊团！

终于，在"建言十二事"提出的三个月后，上元二年（675年）三月，52岁的武曌又向李治提出了新的建议：召集文学之士来宫中修撰史籍。

事实上，她的内心还隐藏着一个不为人知的秘密！

北门学士

修史是每个朝代都很重视的事情。以唐太宗李世民为例，当年命姚思廉修《梁书》《陈书》，李百药修《北齐书》，魏征等人修《隋书》，房玄龄修《晋书》等。这些修史工作工程浩大，旷日持久，而且当年全都由开国重臣亲自担纲，可见贞观一朝对修史工作是何等的重视。

李世民曾经说过：以铜为镜，可正衣冠；以史为镜，可知兴替；以人为镜，可明得失。

这句话武曌深深地记在了心上。所以这次请求修史，可以说她也是深受李世民当年言行的影响。

对于武曌的请求，李治既没有反对，也没有表示赞同，原因在于当时帝国的东北部和西部战事吃紧，李治实在是无暇顾及修史的事情。前面我们介绍过李治即位后接连对西突厥、高句丽、吐蕃用兵，从显庆二年一直到上元二年，帝国开疆拓土的步伐一直没有停歇。而且上元元年(674 年),新罗收留了高句丽的反唐势力,并吞占了百济的土地与大唐抵抗,对于新罗这只白眼儿狼,李治很是愤怒,于是下令继续让刘仁轨出兵朝鲜半岛。到武曌上疏请求修史的时候,刘仁轨已经出兵数月,而且胜负未知,所以对于修史的事情,李治并不感兴趣。

自从十四年前参与朝政至今,武曌凭借自身出众的才能,深得李治的信赖。随着荣登天后之位,很多事情武曌向李治上疏,不过是在走过场。武曌明白虽然现在是“二圣临朝”,但这个过场必定要走,因为天下只有一个皇帝,那就是李治。在这一点上,武曌远比当年的长孙无忌看得透彻。

李治虽然无暇顾及修史的事情,但他也认为修史是一件利国利民的事情,所以全权委托武曌来处理。

事实上,从某种角度来讲,李治给了武曌控制朝廷舆论的机会。

很快,武曌开始积极行动。她亲自拟定了选人标准,并派专人广选文学之士。没多久,以元万倾、刘祎之、范履冰、苗神客、周思茂、胡楚宾为代表的一批文学之士,被选进了宫中。

由于篇幅所限,在这里对于这五个人我们不一一介绍了。纵观这几个人的经历,简单说这几个人全都很有文学才能,但官职不高。

例如,虽然元万倾当时官任秘书省的著作郎(五品),刘祎之是门下省的起居郎(五品),其他三人的官职更小,但是他们的文学才能却不可小觑。这次能被武曌钦点为修史官员,可见各位功力之深。

那我们不禁要问,和当年李世民重用名臣修史相比,武曌为什么要选这些官职不高的人呢?

在我看来,原因有两个。

一是武曌在朝中的盟友不仅人数少,且已逐渐凋零。当时许敬宗、李义府等人已经倒台的倒台,病逝的病逝。她需要有一批新兴集团化的官僚作为自己的政治基础。二是相权被削弱后,工作更多。武曌一个人承担不了繁重的章表批复,而她又不想重新走回永徽初年的老路——充分给予才能之士以权力。

因此她决定在内廷建立一个智囊班子。这个智囊班子相当于现在的参谋,也就是说有事帮着谋划,但没有决策和执行权。

乾封元年(666 年),武曌特许一批文士从北门(玄武门)出入禁中,朝中大臣嘲讽这些人为“北门学士”,也算有了个称号。

元万顷、范履冰、苗神客、周思茂、胡楚宾则是当时武曌选拔的“北门学士”中的代表人物，他们出入北门，相当于武曌的私人秘书，朝中大臣知道这是为了分割宰相之权，因此就多有讥讽。这些北门学士极受武曌赏识，在武曌后来以太后身份临朝时，北门学士就成了她最基本的政治力量。

当然，值得一说的是，这些人除了为武曌擅权积极献策还前后撰写了《臣轨》《百僚新诫》《列女传》《内轨要略》《孝子传》《乐书》等著作共千余卷，为整顿吏治、树立朝政新风也做出不少贡献。

北门学士成为武曌所依靠的新兴政治力量，事实上她也是变相地掌控了朝廷的舆论，他们的言论具有一种权威性，就像当年李世民建立文学馆一样。据史料记载，当时朝中大臣在上朝议事时，都是先要看“北门学士”的态度，然后再决定自己的态度，甚至连当时的宰相都要让其三分。

当然，我相信在这背后，一定是武曌那咄咄逼人的目光和难以揣摩的神情让所有人感到一丝寒意。

武曌一步步地向着最高权力挺进，不过命运注定她不会是一帆风顺，除了客观环境，最重要的是源于她深重的猜忌之心。

决定

现在，李治身体很不好！

除了头晕目眩、饮食日渐减少，他的视力也是急剧下降，有时走路都需要人搀扶。因为有病，李治这些年已经很少参与朝廷的具体决策事宜，朝廷的事务全都由武曌协助他来处理。这位“宽仁孝友”的皇帝虽然称不上大有作为之君。但他基本上维持了“贞观之治”之后的强盛国势，算得上合格的守成之君。如果李治的身体再健康些，相信他会有更大的作为。

随着自己渐渐老去，李治清楚地知道自己不可能再有大的作为了，这些年他深深地感到武曌绝非寻常女流。她的政见、处理国事的能力都是颇为卓越的。一方面李治为有这样一位贤内助而高兴，另一方面当他看到武曌那强烈的权势欲和千方百计地打压异己的时候，李治也不无担心。

李治虽然性格软弱，但他并非一个没有头脑的人。他的内心一定想到了，如果照此下去，百年之后，究竟谁会是这个帝国的最高权力拥有者，犹未可知。

李治曾经为确保李唐王朝不变色而努力过，他想废掉武曌，但失败了。随着武曌羽翼的日渐丰满,他有些服输了。再加上病痛的折磨,李治开始想彻底地让权,由武曌独掌国政,而自己图个清静,安享晚年。

有时候我们常说,皇帝虽然高高在上,但犹如囚徒一般。李治没有勇气授权武曌而抛开一切不管,因为他还要顾及朝臣的感受,让一个女人来决定帝国的命运,这是史无前例的。这等于毁掉了祖父、父亲辛苦开创的基业。

所以,李治首先要做的是试探。

上元二年(675年)三月,李治将心中的打算含蓄地告诉了几位宰相,话还没说完,就立即遭到了中书侍郎同中书门下三品郝处俊的强烈反对。

郝处俊给出的理由是:大唐帝国是李家开创的,陛下百年之后,也应该是李姓子孙继承帝业,历史上从来都没有把国家赠予外姓的,这根本不合乎法则!

郝处俊之所以敢于直言,是因为在诸多宰相中他是最受皇帝信任的,而他说的话也确实合情合理。他说完后,其他几位宰相同样站在郝处俊这边一起反对李治的想法,李治听了几位宰相的话后,决定放弃自己的决定,不再考虑让权给武曌,决计禅位给太子李弘。

李治也许没有想到,他的这个决定彻底断送了李弘的大好前程。

李弘是李治和武曌生的第一个孩子,显庆元年被立为太子。性情仁孝,谦和有礼是他最大的特点。除此之外,李弘还颇具文采,显庆四年李弘和太子宾客许敬宗、右庶子许圉师等人编撰了一本汇集古今名文的书,取名为《瑶山玉采》,那一年李弘只有六岁。

随着长大成人,李弘到了监国的年龄。这几年李治和武曌每次出幸东都洛阳时,都留下李弘监国。如果照此发展下去,未来的皇位非李弘莫属,但他却偏偏和一个人起了矛盾。

这个人正是她的母亲武曌!

武曌是不怎么喜欢李弘的,因为她认为李弘过于因循守旧,缺少干练的作风和进取的勇气。这一点他倒是和父亲李治有些相似,而和武曌的性格是大不相同的。当然矛盾的聚焦点并不完全在这里,关键的一点是李弘不大支持母亲参与朝政,认为这样有失于礼。

这当然和武曌积极争取权力的想法完全背道而驰,所以母子二人始终处于一种微妙的关系。

如果说在李治准备禅让给李弘之前,母子二人的矛盾还仅仅在于性情不合的话,那么当李治做出禅让的决定后,对于武曌来讲,这无异于一枚重磅炸弹,而她和儿子的关系也最终演变成了政治上的对立。

问题就这样尖锐地摆在了武曌面前。李弘继位意味着她这些年来雄心勃勃的理想就要付诸东流,她绝对不满意走向那个宝座的背后,充当一个位尊而无权的太后。

有人说武曌从14岁进宫开始就有当女皇的野心,我认为这是纯粹的扯淡。在我看来,武曌决定向女皇的宝座迈进的时间应该是在李治决定禅让李弘皇位的时候,因为这个时候李治已经病入膏肓,武曌的手中已经拥有了接近于皇帝的权力,而当时李弘的政治头脑和力量还真是无法和他母亲相比。

当然,最关键的因素则是武曌心中那嗜血的权力欲!

女人要在这个由男人掌握的世界中立足并进而控制这个世界,便必须具备超乎常人的冷酷不可。

李弘,如果你和我在权力的角逐中遭遇,即使你是我的亲生儿子,同样也只有你死我活的斗争。

除此之外,无他!

合璧宫命案

武曌和李弘之间的母子矛盾已经处于一种即将爆发的状态,之所以还暂时保持着一种相对平和的状态,是因为武曌还没找到时机对李弘予以致命的一击。

不过,很快李弘做了件自毁长城的事情,而且是一件完全触碰了武曌敏感神经的事情。

事情的起因是由两位公主引起的。

两位公主的封号分别是义阳和宣城,这两位公主虽然不出名,但是她们有一个很出名的母亲——萧淑妃!

二十年前,萧淑妃在争夺凤冠的斗争中败给了武曌最终获罪身死,当时两位小公主便被没为掖庭宫奴,小小年纪便遭到不幸,在掖庭中卑贱孤独地度日。

二十年来,朝廷多次释放掖庭的宫奴,放出者发给资费并允许另嫁他人。但是,每次释放的宫奴名单中都没有两位公主的名字,所有人都知道这是因为她们的身份实在太特殊,她们是萧淑妃的女儿,只要武曌在这个世界上一天,她们就不会重见天日。

李弘素来以仁慈著称,这么多年来他一直没有忘记始终在那个阴暗潮湿的掖庭中忍辱偷生的两位公主。出于同情之心,李弘向自己的母亲请求释放两位公主,并允许她们另嫁他人。

仁慈在宫廷斗争中只会为自己带来危险，可惜李弘没有看透这一点。

武曌听了李弘的请求，表面上并没有表现出惊诧，但内心深处她感受到了一丝莫名的恐惧。本来母子之间的关系就很微妙，现在李弘居然替仇家的女儿说情，究竟李弘是出于一种什么心理呢？难道是一种挑战？

在武曌看来，就是一种挑战！

武曌给李弘的回复是：太子仁爱之心可以理解，和皇上商量后再做处理！

李弘就这样带着希望离开了母亲的寝宫。望着李弘离去的背影，武曌露出了一丝难以捉摸的微笑，对于她来讲这是个机会。

李弘当时的身体并不好，据史料记载李弘当时得的是痨瘵，也就是现在的肺结核。不过，由于控制得好，再加上年轻，李弘的身体并无大碍。

在武曌看来，这一切都可以加以利用。

两天后，两位公主被两个老宫女领出了掖庭，然后像被卖出的货物一样，交给了两个职位卑微年纪又大的禁军校尉，这两个人就是武曌亲自为两位公主挑选的“如意郎君”。没有隆重的婚礼，没有喜庆的酒宴，更没有往来的宾客，武曌只派人送了点薄礼，并简单交代几句，就算是把两位公主嫁了出去。

就是这样一种做法，李弘也是感激不尽，他亲自前往母亲的寝宫致谢，并表示今后会更加听母亲的话，永保大唐的基业。

武曌的表情依然很平静，在李弘说完后，她只说了一句话：皇上将幸临合璧宫，届时太子可以一同前去。

李弘闻讯后显得很兴奋，因为跟随皇帝出行是无上的荣耀，所以他毫不犹豫地答应了。在他看来，这是缓和母子关系的有利时机。

……

合璧宫是近年来李治最新营造的一座宫殿，建筑豪华，金碧辉煌，配以假山池水，四方花卉，宛若仙境。在这样优雅的环境里，太子李弘和自己的父母相处得很是融洽，一家三口共赴盛宴，极尽欢乐，武曌还亲自赐给李弘食物，以示慈爱。

但让所有人都意想不到的是，就在一家人尽享天伦之乐时，在一个漆黑的晚上，二十四岁的太子李弘忽然死在了合璧宫，当时御医给出的结果是李弘是因为急腹症而死，原因是酒食过量。

这是个理由，却是个让人无法信服的理由！

只因为李弘之死实在太过突然。

《新唐书·李弘传》记载说：

“后将骋志，弘奏请数佛旨。上元二年，从幸合璧宫遇鸩薨，年二十四，天下莫不痛之。”

从这段记载我们隐约可以看出，李弘并非自然死亡，而“天下莫不痛之”这句话则透露出了当时李弘在老百姓心中的地位还是很高的，这对于一个未来继承皇位的人来说，无疑是件好事。但同样，这对于追求最高权力的武曌来讲却不是件好事，因为李弘是她的障碍。

仅凭这段史料我们还无法完全弄清李弘的真正死因，我们再来看看其他史料。

同样是《新唐书》，《高宗本纪》的记载则更加明确，说：“天后杀皇太子！”而《旧唐书》只是说：“太子从幸合璧宫，寻薨！”后来又引用李治的话，把李弘猝死的原因说成是久病。看来李弘之死确实是唐代历史上的一大疑案。

不过，《资治通鉴考异》上记载了在李弘死后100多年的唐肃宗时期，宰相李泌对唐肃宗李亨所说的一段话：

“高宗有八子，睿宗（李旦）最幼。天后所生四子，自为行第，故睿宗第四。长曰孝敬皇帝（李弘），为太子监国，仁明孝悌，天后方图临朝，乃鸩杀孝敬，立雍王贤为太子。”

李泌后来对李亨说这段话的目的，是想让李亨不要听信李辅国、张良娣的谗言而残杀子嗣。李泌说这段话应该是有根据的，因为那个时候还是李唐王朝的天下，如果李泌信口胡言往李亨的老祖宗武曌的身上泼脏水，相信李亨是绝不会答应的。

李弘之死的确有很多弄不清楚的疑团。但是，既然李弘久病，如果此时病重就不应该跟随李治和武曌一起前往合璧宫。

从李治计划让武曌掌管大权被宰相们否决、李治决定禅位李弘，再到李弘请求武曌赦免义阳、宣城两位公主，把这一连串的事件串联起来，李弘的突然死亡就有些巧合，因为谁都知道太子与母亲的关系并不十分融洽，而且武曌那个时候的权势欲已经急剧膨胀。

因此，我依然相信《新唐书·高宗本纪》上的说法，武曌谋杀了李弘！

当年武曌的女儿小公主死在襁褓里，武曌就存在很大的嫌疑，只是没有确切的证据证明是她所为，但后来的事实证明，武曌正是通过小公主之死，彻底扳倒了强敌王皇后，从而顺利登上皇后的宝座。

顺便说一句，不久即将登场的太子李贤也是死在武曌手上的，所以说武曌谋杀了李弘是合情合理的。

李弘的突然死亡让李治悲痛欲绝，除了父子之情，这里边还有大唐帝国政治上的损失。《唐大诏令集》中记载了一篇《册孝敬皇帝文》，是李治全面总结评述李弘一生的文章。

从这篇文章的语气来看，李治并没有发现李弘的真正死因。李弘当时确实有病在身，这一点被武曌所充分利用，进而掩盖了真相。

武曌谋杀了亲生儿子，这为她赢得了短暂的时间，当然她也知道很快就会有新的太子出现。李弘死后的两个月，李治立雍王李贤为太子。

相比于李弘，李贤同样是个才能出众的人，但却更有心计！

新一轮斗争

李贤是李治和武曌所生的第二个儿子，容貌俊秀，举止端庄，自幼喜欢读书，过目不忘，平生的座右铭是孔子门徒子夏的一句名言：贤贤易色。意思是尊重贤人，轻视女色。

就是因为这句话，李贤在李治的心中增加了不少光彩。李治曾经和李勣说过，如果所有的皇子都能像李贤这样，大唐就没有什么可忧患的了。

上元二年(675 年)六月立李贤为太子后，李治便放手让李贤监国，随后便和武曌前往东都洛阳。在这期间李贤不仅将国事处理得井井有条，并做了一件对于修史大有益处的事，那就是召集太子左庶子张大安、太子洗马刘纳言、洛州司户格希元等人注释范晔的《后汉书》。今天我们看到的注释版的《后汉书》，上面依然有李贤的注释。

李贤的做法得到了李治的赞扬和赏赐，李治还号召诸王效仿李贤，要将国家社稷放在心中，此后李贤声名大噪。所有人都认为李贤未来会成为这个帝国的主人，其中也包括李贤自己。

随着自己地位的提高，李贤的心态逐渐发生了变化。他不像李弘那样自始至终都是个超然物外者，而是个看重权力的人，在这一点上他丝毫不逊于他的母亲，只是表现形式不一样。

召集人员修史是李贤做的利国利民的好事，但他也同样有自己的私心，那就是借着修史的名头，在自己的周围形成了一股支持自己的势力，这股势力和支持武曌的“北门学士”本质上没什么区别。由于李贤死后被唐睿宗李旦追谥为“章怀太子”，所以我将当时支持李贤的这些人统称为“章怀党”。除了上述协助他注释《后汉书》的人，当时的学士许书牙、成玄一、史藏诸、周宝宁等人都是“章怀党”的骨干力量。

无论从哪一角度来讲，李贤的渐渐崛起对于武曌都是极大的威胁。李弘没有刻意地培植过自己的势力，尚且逃不过武曌的手掌心，现在李贤一亮相就出手不凡，所以武曌感受到了前所未有的压力。

当然这一切都和当时朝廷的人员结构有关。

当时许敬宗、李义府等武曌的心腹铁杆已经病死，朝中的宰相有戴至德、刘仁轨、李敬玄、高智周、郝处俊、李义琰、张大安等人；这些人大部分兼任东宫的僚属，也就是说他们具有双重身份，一方面是朝廷宰相，另一方面是“章怀党”。

显然武曌当时在朝中的势力大不如前，再加上李治体弱多病，武曌多少显得有些势单力孤。如果此时李治决定禅位给李贤，那么武曌曾经的努力也许就此会付诸东流。

一个成功男人的背后需要一群男人的支持！

自认为已经很成功的李贤和大哥李弘对待母后参政的态度是一样的，都是持反对态度。但是，精明的李贤并没有像李弘那样急于纠正母后的行为，他的策略是软对抗。

武曌曾经将“北门学士”编撰的《少阳正范》和《孝子传》拿去让李贤阅读，还多次以书面形式训诫李贤，目的是让李贤顺从自己的意志，少些对抗。

李贤是个有主见的人，李弘之死使他彻底明白一味地顺从绝不是办法。这是一场实力与智谋的较量，在他看来要想坚守住自己的阵地，唯有选择与母后对抗到底。当然抵抗并不意味着完全决裂，他只是想让母后明白，这个帝国的命运应该由男人来主宰，而不是女人！

事实上，李贤的想法有些过于天真，因为他忽略了一个很重要的因素。

权力在谁的手中！

李贤虽然有很大的权力，但是和母后相比，他的权力实在太小了，而权力的大小就意味着实力的强弱。

仪凤四年(679年)，李治的身体已经到了糟糕透顶的地步，他下令让李贤监国。在武曌看来这是一个危险的信号，于是她下定决心扳倒李贤！

到了该出手的时候了，李贤你是抵挡不住的！

章怀之黜

李贤的悲剧是从谣言开始的！

当时有一个术士叫明崇俨，很受武曌的宠爱，此人看相算卦样样精通，属于前知五百年、后知五百载式的人物。其实明崇俨是个巧言令色之徒，当时他已经看出了武曌和李贤母子之间的危险关系，所以私下里经常取悦武曌，说李贤是个不堪大用的人，而三子李哲（后来的唐中宗）相貌类似于唐太宗李世民，是个当明君的材料，而四子李旦（后来的唐睿宗）相貌富贵无比，后福无穷。

当时朝廷上下非常崇尚道教，而道士明崇俨的这些话无疑具备一种权威性，这些话传到了李贤那里，顿时让他忧心忡忡。这些说辞，可以成为废黜他的理由。相信当时李贤听完这些话后，一定会对明崇俨恨之入骨。

当时宫中还私下传言，说李贤并非武曌亲生儿子，乃韩国夫人的儿子。看来古人八卦的本领并不比现代人差。不可否认，虽然李治曾经宠幸过韩国夫人，但是说李贤是她的亲生儿子的确有些无厘头。假若如此，武曌绝对不能容忍仇人的儿子登上太子的宝座。

对于这些谣言，李贤其实可以完全不必理会。

但偏偏李贤在那种微妙的处境下，是不可能做到的。即使他不相信这些谣言，可从中他也可以获取一个信息，那就是他已经失去了武曌的母爱，至少周围人已经明确地看到了这一点。如果把这些传言和明崇俨的话联系起来，对于李贤来讲，便意味着一种危险。

但李贤真正遇到危险的标志，却是一个人的离奇死亡，这个人正是明崇俨。

调露元年(680年)三月，明崇俨突然被暗杀，凶手无处查找。可想而知，朝廷所有人的目光全都聚集在了李贤的身上，人们认为李贤是杀害明崇俨的最大嫌疑人。几天以后，李贤受命监国，此案便暂时搁置，这使人们更加怀疑是李贤所为。

在我看来，以李贤的智商，在眼下这个紧张局势中，他不可能暗杀明崇俨，因为明崇俨只是个小人物，暗杀他非但于事无补，反而更会增加武曌对自己的恶感，这等于将自己放在了火上烤。

看完史料后，我大胆地做了个推测，明崇俨有可能是武曌所杀！

对于一个连亲生女儿和亲生儿子都可以杀的人，明崇俨又算得了什么？

武曌杀掉明崇俨，事实上吹响了向李贤进攻的号角。

李贤有一位属官名叫韦承庆，在《全唐文》中收录了他的两篇献给李贤的启书，一封《上东宫启》，另一封《重上直言谏东宫启》。这两封启书的大意是让李贤时刻注意自己的言行，并要戒骄戒躁。

韦承庆之所以要上这两封启书，是因为他看到了李贤的一系列言行不符合太子的身份。李贤固然是个有才能的人，但同时他也有另外一面。据史料记载，李贤在当上太子后，昔日琅琅的读书声没有了，取而代之的是无歇的歌舞，并且和奴仆赵道生十分亲近，赏赐大批金钱。两个人的关系类似于同性恋。

相信韦承庆看到的这一切，武曌也是心知肚明。作为老练的政治家，武曌当然不会放过这个机会。

所以武曌再次祭出连环计，将明崇俨的死栽赃给李贤！

永隆元年(680年)八月，决定李贤命运的时刻来到了。

一天，当李贤早上起来准备用膳时，东宫忽然闯进来一队禁军士兵，他们拿着武曌的手谕，将李贤和赵道生全都五花大绑捆了起来，二话不说就往大内押去。

这一切当然是武曌的安排，她以李贤好声色，与赵道生关系不正常为名上报李治，请求彻底清查李贤所在的东宫。李治当即命令宰臣薛元超、裴炎和御史大夫高智周审理此案。

都说福无双至，祸不单行。这句话用在李贤身上实在再恰当不过。就在禁军士兵押着李贤前往大内时，薛元超在东宫里搜出了上百件铠甲，而在审讯李贤的过程中，赵道生一口咬定是李贤指使自己暗杀的明崇俨。看来奴才就是奴才，永远的墙头草！

至此，李贤的谋反罪名已经成立！

武曌的目的已经达到，现在关键的问题是如何处理李贤。

在武曌看来，暂时不必置李贤于死地。因为李贤的政治生涯已经结束。

永隆元年(680年)八月二十三日，李贤被废为庶人，不久又被流放到距离京师两千三百里的巴州，在那里他将迎来人生的最后时光。

万念俱灰，精神抑郁的李贤每天打发着无聊的时光，想起昨天的辉煌，对比今天的落寞，李贤不禁感慨万千，于是他挥笔写下了那首著名的《黄台瓜辞》：

种瓜黄台下，
瓜熟子离离。
一摘使瓜好，

再摘使瓜稀。

三摘犹自可,

摘绝抱蔓归。

李贤万万想不到,正是这首《黄台瓜辞》彻底终结了他的生命。当这首诗传到武曌的耳朵里后,她敏锐地感觉到李贤的内心有怨愤之情。虽然李贤远在千里之外,但武曌依然感受到那笼罩在巴州上方挥之不去的怨气所带来的潜在危险。

嗣圣元年(684 年),武曌派左金吾将军丘神勣前往巴州,将李贤囚禁起来,并最终逼迫李贤自杀身亡。李贤时年仅 32 岁。

李贤虽然死了,但他毕竟曾经是大唐帝国的太子,所以当他的死讯传到长安时,在朝廷还是产生了很大的影响。为了掩人耳目,武曌将一切罪责都推到了丘神勣身上,说他违背使命,故意将李贤杀死,没过多久便将丘神勣调往垒州区当刺史了。

在丘神勣作为凶手被所有人指责时,真正的凶手武曌却在长安显福门为李贤举行了盛大的哀悼仪式。

母子情,君臣意,化作廉价的泪水,伴着祭奠中缭绕的香烟,洒落在冤死者的灵牌前……

第五章
平息叛乱

李贤的《黄台瓜辞》让世人感叹不已。在争夺权力的道路上，武曌迷失本性，终于将李贤送上了一条不归路。但是，李贤直到死其实也并没有看透，那就是武曌争权夺利放手“摘瓜”，但真正抱蔓而归的却是久病在床的父皇李治。

这位“宽仁孝友”的皇帝，完全可以称得上“守文良主”，一生辛苦维护唐太宗李世民创下的贞观盛世基业，在此基础上不断开疆拓土，使唐朝疆域达到极致。但在武曌的控制下，他却莫名其妙地充当了许多不应该充当的角色。

李治可以为王皇后和萧淑妃的悲惨下场大发怜悯之心，可以为魏国夫人的中毒身亡而痛哭流涕，殊不知这一切悲剧都是他自己造成的。同样，虽然他对子女也充满着慈爱之心，但是却不懂得如何保护他们。李弘、李贤死于非命，与萧淑妃所生的两个公主也是历尽苦难，还有一个襁褓中的女儿尚不知人世间的喜怒哀乐便已夭折。这一切他都有不可推卸的责任。

对于李治，我的评价是：既是守成之君中的佼佼者，也是个负心的丈夫、残忍的父亲！

李贤被废让他彻底感到了帝国的命运终于走到了十字路口。遗憾的是这位一生被感情蒙蔽的柔弱皇帝，认识得太晚了，而且直到他生命的最后一刻，也没有采取任何有效的行动。最后，李治立三子李哲为皇太子，让宰臣裴炎辅政，而且他依然没有摆脱掉武曌，下令军国大事有不决者，让武曌裁决。

弘道元年(683 年)十二月四日，五十六岁的李治病逝于东都洛阳贞观殿，庙号高宗。七天后，太子李哲即位。李哲的性格很像他大哥李弘，当他接受群臣的朝拜时，他的目光显得有些迷离。

他感觉自己的命运并不掌握在自己手里。

都是一句话惹的祸

在弘道元年十二月之前作为李治和武曌的第三子，李哲继承皇位的机会是渺茫的。他不像大哥李弘那样具有很高的威望，也不像二哥李贤那样拥有自己的派系，之前也没有得到相当的政治历练的机会，所以李哲即位颇有些朱砂没有、黄土为贵的感觉。

当这位年轻且有些羞涩的皇帝出现在众人面前时，他虽然知道当皇帝要正襟危坐在金銮宝殿上，但他从不拍板决定事情，尽管议事很多。这样的日子一连过了十几天，武曌在这期间也没有在朝廷露过面。

所有的朝臣这些日子全都体验着一种奇怪的感受，他们仿佛感觉就像天主的奴仆，虽然看不见权威，但权威却无处不在。其实所有人都知道这一切背后都有一个人在静静地注视着。

那些日子朝廷就在这样一种状态下，保持着相对的平静。不久，这种平静随着一系列新人的登场而逐渐被打破。

十二月二十一日，刘仁轨被任命为左仆射，裴炎为中书令。九天后的光宅元年(684年)正月初一太子妃韦氏被立为皇后，其父韦玄贞由普州参军被提拔为豫州刺史。

韦氏当时是关陇大姓，按照名门望族的概念来划分的话，韦姓家族丝毫不逊于李唐皇室。韦皇后聪明美丽，尤其是有主见，这正是李哲个性中所缺少的。后来的事实证明，韦皇后对未来朝廷的政局产生了决定性的影响，以至于差一点成为第二个武曌。关于这个女人我们在后边还会详细说到。

李哲在一种迷离的状态下，熬了两个多月后，终于忍耐不住了。这段时间母后武曌那里没有丝毫动静，给李哲造成了一种错觉，在他看来母后由于年龄的原因，可能有些力不从心，也许真的不想参与朝廷的事了。

所以李哲准备放手去干，当一个名副其实的皇帝！

事实上，他错了，而且是大错特错！

为了表明自己对韦皇后的宠爱和关心，李哲决定任命韦玄贞为侍中，这等于让韦玄贞进入了宰相行列，属于破格提拔。问题的关键在于韦玄贞并没有什么功劳，受到提拔仅仅因为他是皇帝的岳父。

消息立即传到了朝臣的耳朵里，中书令裴炎第一个站出来反对。

出身于河东名门望族的裴炎，曾经是李哲的东宫附属，在章怀太子李贤被废的四个月前晋升为同中书门下三品，永隆二年（681年）被任命为侍中。李哲即位前，随着高宗时期一批宰臣病逝的病逝，倒台的倒台，裴炎一下子成为炙手可热的人物。如今已经成为朝廷第一宰臣的他，听到皇帝要将寸功未建的韦玄贞拉进宰相的队伍，立刻感受到了一种莫名的压力。因为裴炎虽然炙手可热，但他并不具备韦玄贞特殊的皇家身份，如果韦玄贞进了宰相行列，未来势必会削弱裴炎的权力。

于是，在经过一番思考后，裴炎向李哲表明了自己的态度，当然要用一个合适的理由。

"陛下！韦豫州寸功未建，如果任命为侍中，恐有不服啊！"

"朕意已决，不用再多言！"

"恕臣直言，陛下当因才赐官，万万不可私授于亲近之人，臣怕这样会引起诸多非议，希望陛下三思而后行！"

我们暂且不论裴炎说这些话的动机，只从字面表述来讲并无不妥之处。

但李哲的回答却有些冒失。

"朕就是把天下送给韦玄贞又怎样？何况是区区一个侍中？"李哲高声喊道。

大祸就此酿成！

看到皇帝陛下即将动怒，裴炎不敢再言语。当他躬身退出殿外时，李哲显得十分焦躁，怒气依然未退。这一切裴炎当然看在眼里，当他回到自己的府邸时，开始坐立不安起来。

多年的政治经验使他敏锐地感觉到今天的事情并不是件小事，显然在皇帝李哲看来，裴炎的话触犯了自己至高无上的权威。接下来皇帝还会有什么动作，裴炎心中并没有底。

幸好在皇帝的背后，还有一个强势的太后！

虽然裴炎并不是武瞾的亲信，但为了自己的利益，他决定向武瞾求救。他坚信权力欲极强的武瞾虽然现在没有现身，但绝不意味着这个一心想拥有至高无上权力的女人真的甘心退居幕后。

在经过反复的权衡后，傍晚裴炎修书一封派人送给武瞾，将今天在朝堂上和李哲的对话告诉了她。这是个标准的投石问路的动作。

很快，武瞾召裴炎进宫协助起草诏书，诏书的内容是：废李哲为庐陵王，拘禁宫中听命！并急召左右羽林军统帅程务挺、张虔勖率领禁军迅速控制整个皇城，以防变故！

李哲依旧在他的寝宫内安稳睡觉，皇城内的一切动作没有人向他报告，他不知道第二天他的皇帝生涯将暂时中止。

光宅元年(684年)二月六日，清晨，阳光明媚。

李哲依旧按部就班地去上朝，当他走进朝堂时，发现气氛有些诡异，所有的朝臣并没有跪倒在地口呼“吾皇万岁”，而是站在原地全都低头不语，然后他看到了那个高高在上的皇帝宝座上坐着一个女人。

武瞾！

李哲的脸色忽然变得苍白，母后的突然出现让他预感事态不妙，该来的终究还是要来的。此刻他只能站在朝堂下，大殿上寂静一片，片刻后倍感尴尬的李哲试图走到武瞾的旁边坐下，却被裴炎拦住。

李哲注意到今天裴炎很是神采奕奕，眼神中透露着一丝轻蔑。

“太后有旨，李哲狂妄自大，有失体统，自今日起废为庐陵王，暂时拘禁宫中听命！钦此！”裴炎的声音很嘹亮，与昨天相比，颇有些翻身当家做主的感觉。

众目睽睽之下，李哲试图做最后的挣扎。

“儿臣有何罪要废掉我？”李哲悲愤地冲着武瞾喊道。

“你都要将天下送给寸功未建的韦玄贞了，难道还说没罪吗？”武瞾沉着脸回答。

至此，李哲恍然大悟，昨天一时的气话，竟换来如此下场。

李哲惊恐地看着四周，此时所有的朝臣已经跪下听诏，禁军已经遍布皇城，他已经无计可施，没有人为他说话。年轻的李哲只做了五十五天的皇帝，就这样当着所有朝臣的面，硬生生地被侍卫们带出了大殿。

坦白地讲，李哲并没有犯下严重的错误，之所以导致今天的局面，在于他并不了解自己的母亲，或者说初登大宝的他还显得十分稚嫩。

当然，他更想不到，不久的将来他还有机会重新坐回那个宝座。

二月七日，李治和武瞾的第四子豫王李旦被立为皇帝，此刻所有人才真正感受到武瞾才是这个帝国的实际决策者！

废掉李哲标志着武瞾真正掌握了大唐帝国的实际权力。这个多谋而刚强的女人，终于在六十一岁时实现了心中的愿望。但武瞾的心里很清楚，前方的道路并不平坦。

最后的阻碍

武曌并不急于求成，至少到现在为止仍然是这样。

在李弘、李贤、李哲相继倒台后，武曌打出的最后一张牌是四子李旦。

李旦生性温和，在看到三个哥哥接连遭受厄运后，他确实感受到了母后那可怕的力量和内心的险恶，和三个哥哥不同的是，李旦选择了沉默，因为他知道唯有沉默才是最好的自保方式。

事实证明，他的这种方式在一定时间段内，确实起到了良好的作用。

在刚刚被立为皇帝后，武曌让李旦居于别殿，暂时不得干预政事，理由是李旦年纪尚轻。李旦明白自己即使变成白胡子老头，只要强势的母亲在，自己就永远年轻，永远是个傀儡。

四月十二日，武曌在武城殿内接受了李旦和文武百官上的尊号。三天后，武曌又命令自己的侄子礼部尚书武承嗣册封李旦。

至高无上的皇帝接受臣子的册封，李旦真觉得这个世界有些荒诞。

在接受完册封起身的一刹那，李旦的脑袋感觉昏昏沉沉，一片空白。他仿佛木偶般走出了大殿，回到了那如同监狱般的寝宫。

对于李旦来讲，这倒是一种解脱，不用再顾及母后那阴沉的面容，不用在朝廷冷酷的斗争中求得生存的一席之地。自此之后李旦暂时完成了使命，开始了傀儡的皇帝生涯，在所有朝臣为国家大事操心费力的时候，李旦只能在寝宫中写写字，读读书，陪伴他的只有自己的皇后刘氏和几个宫女。

那个至高无上的宝座上暂时没有了主人，取而代之的是宝座帷帐后面那个坚韧而多谋的女人。

李旦终于过上了平静的生活，但此时外面的世界却布满了乌云。

自从光宅元年(684 年)以后，武曌大封其族人，除了侄子武承嗣进入宰相班子，又对自己七代祖先进行追封，并建立了武氏七庙。当时所有人都知道只有皇帝才有资格给自己的祖先立庙，武曌的这个做法向世人透露了一个隐含的信息——她要做皇帝！

大臣们全都是人精中的人精，在看到武曌的做法后，有的人开始坐不住了，首先就是裴炎。

不可否认，在废李贤的过程中裴炎主动投靠了武曌，但这并不意味着裴炎自始至终都会和武曌站在同一战线，事实上裴炎本来就不是武曌的嫡系，之所以和武曌联手是怕李贤掌权后自己失去相位。

可是在李贤被废后，裴炎渐渐看到武曌已然实际成为这个帝国的最高统治者，他有些坐不住了。

因为在他的心中始终没有丢掉一个观念，天下是李唐的天下！

所以武曌为七代祖先立庙，裴炎第一个站出来反对，理由是作为太后应该公平，不能偏私娘家宗亲，当年吕后失掉人心便由此而始。

举什么例子不好，偏偏举吕后的例子！显然武曌那敏感的神经受到了强烈的冲击，裴炎也由此开始逐渐走向了毁灭。

他最终毁灭的导火线是一场叛乱。

光宅元年(684 年)八月，扬州李敬业起兵造反！

巧夺兵权

八月的扬州干湿闷热，这样的天气让人感到异常烦躁。

在一个月黑风高的晚上，扬州城内一个酒馆内，几个失意者正在秘密地聚会，他们分别是李敬业、李敬猷兄弟，唐之奇，骆宾王，杜求仁和魏思温。

几个人虽然命运不同，但此时都有一个共同的身份——失意者！因为他们全都由于各种各样的原因被朝廷贬官。

这几个人之中，李敬业是李勣的孙子，名气最大。李勣在总章二年(669 年)去世，李治念及李勣一生功勋卓著，所以令其陪葬昭陵。李勣的一生是光辉的一生，战斗的一生，不过他想不到 20 多年后，自己的一世英名会毁在孙子手里。

几个失意者是在扬州偶遇的，虽然曾经都有过春风得意的经历，但现在他们落魄了。同样的境遇让几个人有了共同语言，他们在一起抨击时政，尤其抨击武曌作为一个女人窃取李唐的天下，甚至为李哲被废而鸣不平。在他们心中始终自认为是李唐皇室的功臣后代，有责任有义务从武曌的手中夺回应该属于李唐王朝的权力。

他们并不是一群空想者！

今天晚上的聚会，他们显得格外激动，尤其是李敬业。

"诸位，新皇(李哲)被废，现在处境十分不好，已成俎上之肉。我等深受先皇大恩，绝不能袖手旁观，让那个妖女(武曌)为所欲为。"李敬业一边说话一边流泪。

李敬业的话打动了在场的所有人,大家全都表示要联名上疏要求李哲复位。

在李敬业看来,这显然是肉包子打狗——有去无回!

“上疏不可能有用,朝廷里上疏的人还少吗? 可是结果呢?”李敬业继续说道。

没有人立即回答他,全都沉默不语。

片刻之后,唐之奇开口问道:“李兄有何打算?”

“为今之计,必须诉诸武力!”李敬业说完用拳头狠狠地敲击了一下桌子,然后以征询的目光环视着在场的所有人。

沉默就此被打破!

大家都明白诉诸武力意味着什么,这些人虽然满腹牢骚,却不曾想到要兴兵造反,所以在李敬业说完后,杜求仁便问道:

“李兄! 那个妖女现在已是大权在握,而且兵多将广,我们几个文弱书生手无寸铁,怎么和她对抗呢?”

“以变通之计夺取扬州兵权!”李敬业坚定地说道。

就在那个夜晚,一群失意者策划了一场叛乱,在最初的阶段,他们是成功者。

李敬业是个很能变通的人,他明白几个文弱书生是万万不能对抗高高在上的武曌的,除非拥有军队。目前情况下招募军队显然是行不通的,所以他只有动用关系,就地将扬州地区的兵权控制在自己手中。

接下来,他将按照自己的计划去实现这一目标。

第一步:剥夺扬州长史陈敬之的官职。

要实现这个目的,仅仅依靠李敬业等几个文弱书生是不行的,李敬业知道他们之中有人依旧和朝廷的高官保持着密切的联系,魏思温就是其中的一个。魏思温曾经是朝廷的监察御史,当时他和朝廷的另一位监察御史依旧保持着亲密的关系,这个人的名字叫薛仲璋。

值得一提的是,薛仲璋是裴炎的外甥。

李敬业让魏思温给薛仲璋修书一封,理由是扬州吏治不清,请求薛仲璋巡察扬州。薛仲璋到达扬州后,李敬业便收买了一个叫韦超的人,向薛仲璋密报陈敬之企图谋反,于是陈敬之被革职查办。

李敬业明白,顺利地拿下陈敬之,并不意味着扬州的兵权就能掌握在自己手中,因为此刻扬州城中还有其他的官员。

所以,李敬业开始实施第二步计划。

几天后,李敬业假冒新到任的扬州司马,在薛仲璋的陪同下来到扬州府。

他把扬州府的官员们集合起来，对他们说在自己赴任之前，曾经得到朝廷的密旨，要他领兵去讨伐谋反作乱的高州酋长冯子猷，并且当众宣读了圣旨。扬州的官员就这样被李敬业一通忽悠，轻而易举地交出了扬州府的大权。

李敬业随即号令全州，调集兵马，以辅佐李哲返宫为名，恢复了其在位时的嗣圣年号，自称匡复上将兼扬州都督，任命唐之奇、杜求仁为左右长史，魏思温为军师，骆宾王为记室，迅速形成了一个与武曌分庭抗礼的国中之国。

李敬业，这个李唐皇室的旧臣、开国名臣李勣的后代，决心与武曌兵戎相见，一较高下！

爱与恨的边缘

李敬业起兵后，在十天之内便募集到兵马将近十万人。如何统率这十万人，使其同仇敌忾，这是摆在李敬业面前的一项重要任务。

自古以来，造反这项事业除了手中有足够的兵力，思想动员工作也是必不可少的。为此李敬业让记室骆宾王写了一篇讨伐武曌的檄文。

是为《代李敬业传檄天下文》！

千百年来，这篇《代李敬业传檄天下文》由于声调铿锵，感情愤懑，已经成为人们争相传诵的名篇佳作，而它的作者骆宾王，虽然此时官职只是一个小小的记室，但其文采却已久负盛名。

骆宾王七岁那年泛舟于湖上，随口便吟出一首《咏鹅》：鹅，鹅，鹅，曲项向天歌。……进入青年后成为当时最为著名的诗人才子之一，和王勃、卢照邻、杨炯共称为“初唐四杰”。

才华横溢、饱富才情的骆宾王久有建功立业的雄心，但命运注定他和李敬业一样是个失意的人。因他性情高傲，愤世嫉俗，所以直到30多岁还只是一个白丁。一直到麟德元年(664年)，李治封禅泰山，骆宾王在人们的推举下写了一篇《请陪封禅表》，得到了李治的赞扬，被封为奉礼郎。虽然官职不高，但骆宾王终于如愿以偿地走上了仕途。

按说经历了诸多挫折后，骆宾王应该看透了官场的凶险，从而收敛自己的性格，可是江山易改，本性难移，骆宾王依然改不了他那高傲的性格。这样的人在官场想不遭贬黜真的很难。仪凤三年(678年)骆宾王被提拔为御史没多久，就被人栽赃陷害而下狱。在狱中他写下了那首著名的《在狱咏蝉》：

西陆蝉声唱，南冠客思深。
不堪玄鬓影，来对白头吟。
露重飞难进，风多响易沉。
无人信高洁，谁为表予心？

狱中的骆宾王借助这样哀怨的诗句表达了自己的苦闷。当时有人将这首诗送到了武曌那里，认为这是一首反诗，请求武曌杀掉骆宾王。但是，武曌却觉得能写出如此出神入化的诗句的一定不是凡人，当她得知是出自骆宾王的笔下时，下令让大理寺重新审查此案，结果证明骆宾王是被冤枉的，遂将其释放出狱并授予临海丞之职。

远离了中央权力机构，骆宾王心灰意懒，不久便辞去了临海丞的官职，从此浪迹天涯，直到他到达扬州，遇到了李敬业。

这一次骆宾王写的《代李敬业传檄天下文》，可谓倾注了他的全部感情，字里行间都发泄着他积郁已久的愤懑之情。这篇檄文既是李敬业起兵的宣言，更是骆宾王内心悲愤的倾诉和对自己仕途受挫的强烈抗议。

檄文很快传到了武曌那里。

对于李敬业起兵造反，武曌的心中很不是滋味。当年武曌荣登皇后之位时，是李勣主持的册封大典，按说李勣也算是武曌的支持者，现在他的孙子竟成了谋反的逆贼，武曌的心中颇有感慨。

“真是世事难料啊！李勣乃开国名臣，备受太宗皇帝倚重，怎么会出了个这样的孙子！”武曌一边说着，一边摇头苦笑。

“念念他写的檄文吧！我听听他是怎样骂我的。”武曌对内侍说道。

“这是逆贼侮辱朝廷之言，还是不读为好吧。”内侍轻声地说道。

“咳！本后已经过了花甲之年，几十年不断听到别人的骂声，其实被别人骂未必是件坏事，因为骂声可以使人坚强。”武曌一边说着，一边侧身躺在锦榻上，然后继续说道，“人只有坚强，才能懂得怎样去对付那些凶恶的敌人。念吧！”说完后，她闭上了眼睛。

“是！”内侍轻声地应道，然后展开文卷，开始读了起来。

“伪临朝武氏者，性非和顺，地实寒微。昔充太宗下陈，曾以更衣入侍，洎乎晚节，秽乱春宫，潜隐先帝之私，阴图后房之嬖……”

读到这里时，内侍抬头看了一眼武曌，偷偷地观察着这位强势太后的表情。

“继续念！不要停！”

“入门见嫉，蛾眉不肯让人；掩袖工谗，狐媚偏能惑主……”

坦白地讲，骆宾王写的这篇檄文言辞实在激烈，从武曌出身寒微写起，什么嫉妒、媚主、败坏人伦、心如蛇蝎、残害骨肉、屠杀忠良、篡夺大权、阴图帝位等，总之一句话，世界上所有的形容人恶毒的词语都一股脑送给了武曌，并且在文章的最后，还引用了西周因褒姒而亡的事例，来说明历史正在重演。

“请看今日之域中，竟是谁家之天下！……”

内侍就这样一直念着，一直念到这最后一句话。念完后，内侍已经是汗流满面，生怕武曌听到这样恶毒的话语，会将自己治罪。

武曌依然紧闭双眼，寝宫中寂静得仿佛能听见心跳声。片刻后，武曌缓缓地睁开了眼睛。

“这篇文章写得很有气势啊！看来叛军在李敬业的带领下，发誓要将本后搞垮喽！呵呵呵！”武曌有些自嘲地说道。

“不过，我相信这篇檄文一定不是李敬业亲自写的，作者笔力深厚，抑扬顿挫，李敬业还没有这样的功力。本后这些年读过无数篇奏章，还没看到过这样高水平的文章。”说完，武曌摇了摇头，似乎有些遗憾。

“你知道这篇檄文是谁写的吗？”武曌问内侍。

“听说是一个叫骆宾王的人写的。”

“骆——宾——王！”武曌口中喃喃自语，仿佛在回想着什么。

“原来是他啊！”刹那间，武曌忽然想起了那首《在狱咏蝉》。

武曌重新回忆起往事，再联系到眼下的这篇檄文，一个才华出众的志士又出现在了她的眼前，她叹了口气说道：

“如此有才能的人流落民间，不得重用，真是宰相之过啊！”言罢，武曌垂首凝神沉思。

“传我旨意，将这篇檄文传阅文武百官，以示楷模！”

“太后，骆宾王现在是个大反贼，您为什么还替他惋惜呢？”内侍不解地问道。

“嗳，世间难得一奇才，明君都是会惜才如金的。当年太宗皇帝就是这样，他用人不论门第、不私亲戚、不计仇怨，所以人才归顺如流水，才开创贞观一朝的盛世。太宗皇帝辛苦开创的一代政风，岂可随意丢掉？”

武曌言罢，命内侍将檄文收起，妥善保存。

内侍退下后，武曌火速地召集宰相们进宫！

当然，武曌召宰相们进宫，并不是责怪他们为什么没将骆宾王这样的人才早些召进宫来做官，相反，此时最重要的事情却是扬州军情紧急，需要迅速商讨对策。

武瞾虽然爱惜人才，但她更痛恨敌人！

人才为我所用，定视之为珍宝。反之，将毫不留情地摧毁！

骆宾王，我爱你其文，但更恨你其人！如今你是我的敌人，在爱与憎之间，我将义无反顾地选择后者。

裴炎之死

在召集宰相进宫后，武瞾针对“扬州兵变”向宰相们征求了意见，其实问题的关键就是镇压的问题。宰相们全都是人精中的人精，对于武瞾的心思，自然是领会得清楚，所以几乎是众口一词，那就是出动大军，全力镇压！

就在武瞾即将决定的时刻，一个人站了出来，这个人便是中书令裴炎。

对于宰相们的观点，裴炎持有不同意见，他认为李敬业叛乱的根源是在于想让太子李哲复位。现在太子已经到了当皇帝的年龄，却不能行使当皇帝的权力，所以李敬业等人才造反。其实平定李敬业叛乱很简单，那就是让李哲复位。

对于裴炎的话，武瞾颇感意外。

武瞾的意外并不仅仅因为裴炎阻止了自己对扬州用兵的意图，而是她嗅出了裴炎的话语有股异样的味道。

李敬业造反虽然是打着恢复李哲帝位的口号，但所有人都能看出来，其实他是想推翻当今政权。对于这样的形势，身为朝廷第一宰相的裴炎你怎会不知道？而现在当着所有宰相的面，裴炎说出用李哲复位的方法来平息叛乱，这等于是在断送大唐的基业。

此时此刻，武瞾已经隐隐地察觉出裴炎的心中一定隐藏着不可告人的秘密！

“裴中书的话也有些道理，今天暂且议到这里，容本后仔细考虑之后，再做打算！”武瞾并没有立即反驳裴炎的意见，因为她需要对裴炎这个人进行重新审视。

望着裴炎离去的背影，武瞾的心中又浮现出当年废李哲的一幕。

当时裴炎的态度很坚决，武瞾明白那是因为他反感李哲加封韦玄贞。但现在武瞾忽然想起来李哲加封韦玄贞为什么裴炎那么反感，而且立即提出要废掉李哲，当时武瞾认为裴炎是忠于自己的，而自己又和裴炎有着废掉李哲的共同目的，所以对于裴炎当时的动机，武曌并没有过多地分析。

武曌想要加封自己七代祖先，裴炎也是持反对态度。由此看来，裴炎想废掉李哲的动机肯定和武曌不同，他有自己的私心，害怕加封韦玄贞后，影响自己的地位！

“这只老狐狸，当时真没看穿他的心思！”武曌心中暗道。

如果事情仅仅是到这里结束，也许武曌只是对裴炎心存不满。武曌虽然心狠，但决定杀掉朝廷第一宰臣，还是需要很大勇气的，而且裴炎作为顾命大臣，还有众多支持者。

为什么事情会急转直下？是什么原因让武曌下定决心杀掉裴炎？在裴炎被杀的背后，究竟隐藏着什么秘密？

我们还是从事件本身入手。

在武曌怀疑裴炎的过程当中，监察御史崔察曾经求见过武曌，并且说出了下面一段话：

“炎受顾托，身总大权，闻乱不讨，乃请太后归政，此必有异图。”

就是因为这句话，裴炎被下入狱中。武曌命御史大夫蹇味道和侍御史鱼承晔审理此案。

位高权重的朝廷第一宰相裴炎一夜之间变成了阶下囚，很多人都不明白这是为什么。虽然目前参与李敬业叛乱的薛仲璋是裴炎的外甥，但没有人相信裴炎会参与谋反，当时除了凤阁舍人李景湛附和崔湜证明裴炎参与谋反，支持裴炎的人还是多数。纳言刘景先、凤阁侍郎胡元范，左卫率蒋俨、右卫大将军程务挺都为裴炎辩护。

这一切武曌概不采纳！

十天后，裴炎被斩于洛阳都亭驿前街。

裴炎之死是武曌改唐为周之前，牵动朝廷政局的一件大案，尤其是它与李敬业扬州起兵在时间上相契合，裴炎外甥薛仲璋又参与了李敬业造反，所以人们对裴炎之死历来意见分歧，争执不一。

据《新唐书·裴炎传》记载：炎谋乘太后游龙门，以兵执之，还政天下。会久雨，太后不出而止。

翻译成白话文就是：裴炎曾经密谋在武曌出游龙门时，领兵突袭，拘禁武曌，然后还政于李旦。只是因为当时下大雨，武曌没有出行，所以没有实现。

而《朝野佥载》的记载则说得更加有鼻子有眼儿，说李敬业起兵之前，裴炎曾经听到过一首童谣，歌词是“一片火，两片火，绯衣小儿当殿坐”。裴炎立即意识到这是说自己会当皇帝,加上反感武瞾当政,所以准备充当李敬业的内应,一起推翻武瞾。

很长时间以来,人们就是凭借这两条史料记载,加上薛仲璋是裴炎的外甥,就断定裴炎是有意谋反的。

事实上,我要告诉你,你被武瞾忽悠了!

在裴炎被杀的背后,其实隐藏着武瞾很深的动机。

实际上,裴炎有自己的私心,这一点从他想废掉李哲就可以看出。但有私心并不意味着就要谋反。其实裴炎的想法并不复杂,那就是维护自己当时第一宰相的地位,所以在废掉李哲的过程中,他主动向武瞾靠拢。

这只是政治强手之间的一次暂时联合,是为了实现自己的利益。

而在根本上,裴炎和武瞾是道不同,志不合!

作为李治的顾命大臣,裴炎的处境颇像当年的长孙无忌,唯一不同的是,他要面对强势的武瞾。

武瞾当权后,其所作所为让裴炎很是反感。例如,武承嗣曾经劝说武瞾对李唐皇室成员大开杀戒,裴炎据理力争,结果虽然保全了李唐皇室,但是在武瞾那里却降低了印象分。

我们常说人作出一个抉择并不容易,原因在于起初的设想和最后的结果经常并不一致。事实上,武瞾决定杀掉裴炎,是一个艰难的选择,而最终下定决心整死裴炎,是因为她看到了裴炎身上具备一样东西:

威胁自己地位的势力!

这才是裴炎之死的奥秘所在!

长孙无忌集团覆灭后,唐朝当时出现了一种窘境,那就是宰相班底不过硬。这种局面的出现与当时朝廷忌惮再次出现长孙无忌之类的人物有关。当时相权在皇权的限制下,已经变成了一股分散的权力,即使是李义府等颇受武瞾信赖的人,也完全没有贞观年间宰相们应有的权力。

但这种局面却在李治去世的时候发生了实质性的转变。这个转变来自李治同样面临当年李世民去世时的境况,因为当时太子李哲年纪尚轻,他也需要进行临终托孤。

在遍视所有朝臣之后,李治选择了裴炎。

裴炎历经御史、起居舍人、黄门侍郎,调露元年(680 年)入相,为同中书门下三品。在当朝大臣之中,特别受到信任和倚重。应该说裴炎是顾命大臣的不二人选。

可惜李治并不像他的父亲李世民做得那么彻底和坚决，在选择裴炎的同时，他依然没有忘记武曌。或许是因为武曌过于出色和当时权势地位已经形成，反正在李治去世的时候，唐朝政局出现了一种奇特的景象：

后权和相权之争！

这是中国历史上很少有的现象！

因为韦玄贞事件，裴炎和武曌暂时实现了联合，但二人的出发点完全不同，裴炎想废掉李哲是为了维护自身地位，但他依然是李唐王朝的守护者。而武曌废掉李哲是源于自身的权势欲。虽然客观结果相同，但本质却不同。尤其是在武曌架空李旦后，裴炎彻底看清了武曌。

所以武曌和裴炎之间的矛盾早晚会爆发！

终于，"扬州之变"成为二人彻底决裂的导火线。

纳言刘景先和凤阁侍郎胡元范在裴炎下狱后，曾经对武曌说过，裴炎是顾命大臣，很多年来一直忠心于大唐，如果现在证明裴炎谋反，那也证明臣等人是跟着谋反了。

显然这是在逼宫！

武曌将裴炎下狱，最初并不想杀掉裴炎，但当她看到来自各个方面的朝臣为裴炎求情，其中还有程务挺那样武将的时候，武曌感受到了极大的压力。

她完全没有预料到，裴炎原来有这么大的能量！

三十多年前，身为宰相的长孙无忌是如何反对立自己为皇后的情景，武曌至今依然没有忘记。

如今裴炎在自己挺进最高权力的道路上，成为第二个长孙无忌，而且已经形成了一股强大的势力，所以裴炎只有死！

只有你死，我才能真的安稳！

所以，在众多朝臣力保裴炎的时候，其实已经决定了裴炎必死无疑。

裴炎是幸运的，因为很多人的力保，他证明了自己的清白，但同时也酿成了他的悲剧，因为力保他的人将他彻底推向了风口浪尖。还是那句话，一切都源于武曌那不可遏止的权势欲！

裴炎的死和长孙无忌的死有着惊人的相似，只是裴炎更加冤枉。

"兄弟官皆自致，炎无分毫之力，今坐炎流窜，不亦悲乎！"这是裴炎留给世间的最后一句话。

在这之后，先前凡是力保裴炎的人，全都受到了武曌的惩处。

继武氏兄弟、李唐皇子之后，以裴炎为首的保唐宰臣成功地被武曌打击掉。

不过，对于武曌而言，内患已止，外患依旧！

反击

李敬业在扬州城越坐越大！

他已经立下誓言，要与武曌血战到底。因为在此之前，他已经得知武曌剥夺了他的官爵，恢复了他的本姓“徐”，还掘了他的祖坟，劈棺鞭尸！

不报此仇，誓不为人！

恢复了本来姓氏的李敬业，不，现在他叫徐敬业，彻底放下了心中的负担，现在他要做的就是率领大军，一步步地逼近最终的目标——洛阳。

徐敬业本来有这个信心，但随着时间的推移，他忽然发现事情并不像他想象的那样顺利。

徐敬业本来以为凭借着《代李敬业传檄天下文》，自己振臂一呼，肯定会一呼百应，但出乎意料的是，当他率军走出扬州城时，只有楚州司马李崇福携山阳、盐城、安宜三县来降。最重要的是，针对未来行军的问题，内部出现了分歧。

魏思温认为既然打出的口号是匡复唐室，就应该全速进军，直取洛阳。而薛仲璋则认为应该采取稳扎稳打的方式，首先南下攻取金陵（今江苏南京），因为金陵有长江天险作为屏障，进可攻，退可守。然后以金陵为根据地，再挥师北进，进军中原。

仔细分析两个人的建议，应该说是战略和战术的分别。

魏思温强调的是战术，而薛仲璋强调的是战略。

虽然两个人的观点都没有错，但是综合徐敬业当时的实力，应该说魏思温的意见最可行。因为和朝廷军事实力相比，徐敬业完全是小巫见大巫，所以应该以迅雷不及掩耳之势，不待朝廷做出任何应对之策，直捣洛阳。

而金陵作为重镇，攻打它一定会遭到顽强抵抗，如果一时不能攻取，可能会陷入朝廷大军的合围。

但徐敬业偏偏选择了进攻金陵！

只因为，攻下金陵可以据地称王。

在称王的极大诱惑面前，徐敬业将兵马分为两路，一路由唐之奇率领，职责是保卫大本营扬州，另一路由他亲自率领，首先攻取通往金陵的必经之地润州（今江苏镇江）。

兵法云：用兵合则强，分则弱。

徐敬业的失败在这一刻就已注定！

润州距离扬州四十八里，刺史李思文是徐敬业的叔父，虽然叔侄二人很多年没有来往，但在徐敬业看来，凭借叔侄这种血缘关系，拿下润州应该不成问题。事实上徐敬业在到达润州之前，曾经给叔父修书一封，希望叔父能够和自己站在同一条战线，但让他意想不到的是，李思文一口回绝了他。

因为李思文是个正统观念很强的人，何况自己干好了还会有升迁的机会，况且以自己现在的身份也没有必要将脑袋别在裤腰带里去干造反的买卖！

处境不同，想法不同！

遭到回绝的徐敬业不再顾忌其他，率领数万大军全力猛攻润州，李思文虽然忠心可嘉，无奈兵力少得可怜，抵抗没多久便兵败城破。

润州被攻取的消息很快传到了洛阳城，武曌随即命令李神通之子李孝逸为左玉钤卫大将军、扬州行军大总管，率领三十万大军前往润州平叛。

魏思温的担心终于变成了现实！

面对李孝逸三十万大军的到来，徐敬业心中很是没底。在经过慎重的思考后，他决定撤出润州，回兵江北，将主力部队部署在高邮（今江苏扬州西北），同时命令弟弟徐敬猷进驻淮阴（今江苏淮安），部将韦超、尉迟昭屯兵都梁山（今江苏盱眙都梁山）。三路兵马摆开阵势，准备与李孝逸拼一场阵地战！

事实证明，徐敬业的部署完全错误！

李孝逸在进入江苏后，先锋部队在临淮（今江苏泗洪）首先与徐敬业交战，由于初来乍到，加上轻敌，李孝逸先锋部队接连受挫。这让李孝逸有些胆怯，于是他打算就地安营扎寨，暂停进军。

为此，李孝逸遭到了参军魏元忠的反对。他的理由很简单，徐敬业起兵虽然势大，但在当地的群众基础很薄弱。而且太后是出于信任，才将平叛的重任交给李孝逸，如果长时间没有结果，太后一定会给李孝逸安上个畏缩不前的罪名。

李孝逸是个聪明人，充分继承了父亲当年作战时的灵活头脑，他接受了魏元忠的建议，率领部队首先向都梁山发起了进攻，部将马敬臣初战告捷，斩尉迟昭于都梁山。

李孝逸终于尝到了甜头，但都梁山依然有韦超把守。李孝逸明白现在还未到高兴的时候，而且部下对于是继续进攻都梁山，还是选择下阿溪、淮阴作为进攻对象有着不同意见。现在摆在李孝逸面前的是决策的问题。

决战

都梁山由于地势崎岖，并不适合大规模的阵地战，而且李孝逸的三十万大军基本都是骑兵部队，进攻都梁山这样的地势，并不擅长。

所以接下来这场仗该如何打，部将们产生了分歧。

有人认为应该进攻高邮，直接寻找徐敬业的主力部队决战，这样都梁山、淮阴两地便成了孤岛，然后再集中优势兵力逐个击破。有的人则主张继续攻打都梁山，因为首战告捷，士气正旺，不能给韦超以喘息的机会。

面对部将们的意见，李孝逸犹豫不决，在他看来，哪种意见都有道理，但似乎都并不完美，于是他将问题抛给了魏元忠。

魏元忠的意见是先攻徐敬猷！

在魏元忠看来，徐敬业的全部精锐都在高邮，朝廷大军远道而来，在没有十足的把握下，如果贸然进攻未必能够取胜。而徐敬业部署的这三路兵马，其中最薄弱的当数驻守淮阴的徐敬猷。

原因在于淮阴距离高邮路途较远，徐敬业鞭长莫及。最重要的是，徐敬猷是个赌徒！

一个赌徒带兵镇守军事要地，如果不失败那实在是没有天理了！

集中优势兵力，先拣最弱的打！

李孝逸在下定决心后，留下部分兵力继续包围都梁山，自己则带着精锐骑兵急速赶往淮阴。

可以想象，当一个赌徒在战场上遇到一位战将会是怎样的一个结果。

李孝逸完胜。淮阴之后，便是高邮！

高邮在扬州的西北不远处，换句话说，朝廷大军已经逼近徐敬业的老巢。面对如此境况，誓将武曌拉下马的徐敬业决定坚守到底，在最初的时候，战况对于徐敬业来讲确实是十分有利的。

由于求胜心切，李孝逸在到达淮阴后，在没有认真备战的情况下，决定趁黑夜派出后军总督苏孝祥，率兵五千乘小舟渡过下阿溪进攻徐敬业。遗憾的是苏孝祥并不是个擅长进攻的战将，加上黑夜无法辨明敌情，所以在渡过下阿溪后，便遭到了徐敬业数万大军的包围。

结果是苏孝祥战死，副将成三郎被擒，五千人马损失殆尽。

消息传到李孝逸那里时，他差点背过气去。对手就在眼前，刚刚打了一个照面,对方就给自己来了个下马威,这让李孝逸心中很是不爽。

在经过这次失利后,李孝逸有些心虚,于是他又想引兵暂退,以避敌军锋芒,然后寻找有利战机再战。

问题的关键是,何为有利战机?

事实证明,有利的战机是主动寻找的,而且是凭借敏锐的洞察力观察发现而来的。

这一点,魏元忠就做得很好。当他听到李孝逸又想撤退时,便急忙向李孝逸献策。在魏元忠看来,打败徐敬业并不困难,因为他发现了一个对朝廷大军相当有利的条件。

风向!

当时正值隆冬时节,刮的是西北风,而朝廷大军正在下阿溪的西北方,也就是说此时的风是刮向敌军的。

这就足够了!

一千八百多年前的赤壁之战,为我们很好地诠释了火攻的威力。

古人能用,我们为什么不能用?

于是,在一个月黑风高的晚上,李孝逸派出一小队士兵渡过下阿溪,在岸边的芦苇丛里放起了大火。

“着火了! 着火了!”徐敬业的士兵看到芦苇丛中火光漫天时,顿时慌乱起来。或许是连日来迎战朝廷大军,让所有人精神过于紧张,当火光四起时,军心一下子大乱。

在看到敌军阵脚已乱时,李孝逸借助风势,率领大军立即渡过下阿溪,直扑徐敬业中军大营,一阵冲杀过后,徐敬业的人马溃不成军。

面对如此窘境,徐敬业已经完全没有能力再组织起有效的抵抗。虽然他明白失败已经无可挽回,但是他并不死心,乱军之中他带领几十名亲兵杀出重围,向东北方逃去。

只要活着,我依然会东山再起!

这是徐敬业当时最直接的想法。不可否认,徐敬业虽然大败而逃,但他依然有自己的计划,那就是东渡投奔高句丽。

可是命运并没有眷顾这个意志坚定者。当他走到海陵县(今江苏泰州)时,因遇到大风,不能及时渡海,结果被急欲邀功赎罪的部将王那相杀死,陪同他一起赴死的还有徐敬猷、骆宾王等人。

徐敬业的叛乱轰动一时,起一州之地,拥兵数十万,占据三州,号令天下。这是唐朝开国以来首次大规模的叛乱。与后来唐朝的多次起义、叛乱不同，徐敬业作为开国名臣之后，打出的口号是“匡复唐室”。

就是这样的口号，千百年来让很多人对他抱以同情的态度，但事实上，徐敬业的叛乱并不得人心，因为当时唐朝建国已经70余年，百姓早已安居乐业，对于朝廷的权力斗争并不感兴趣。从这一点来看，也能说明武曌虽然身陷权力斗争，但治国是没有问题的。

所以徐敬业虽然最初声势浩大，历时四十余天，但终究逃脱不了失败的命运！

不得民心者，终究得不了天下！

当时朝廷的麟台正字陈子昂曾经评价过扬州叛乱：百姓思安久矣，故扬州构逆，殆有五旬，而海内晏然，纤尘不动！

没有带来疾风骤雨，也没有留下点点露珠，如风吹云雾般飘散于天际！

警告

平定徐敬业的叛乱让武曌很是得意。为了庆祝胜利，武曌特意在宫中举行了盛大的宴会。在宴会上武曌喝了很多酒，当脸上泛起红晕时，所有人都在恭维她青春永驻。

的确，此时61岁的武曌，由于平常十分注意保养，所以看起来并不显得老态。当然除了保养，这也与她多年来练就了宽广的胸怀有着很大的关系。几十年来，她一直在政治风浪中挣扎、搏击，宫廷斗争的险恶环境锤炼了她的意志，似乎也强健了她的体魄。

但万众瞩目的她，是不可能完全放下某些事情的，表面上看起来她总是显得轻松、愉快、怡然自得，但她的心中却是一个不平静的世界。她时刻没有忘记和停止过政治上的精心构划，每天都在思考如何给她的敌人以无情的打击，以便清除任何潜在的威胁！

此刻在这场宴会上，一个新的计划在她心中形成了！

三天后，洛阳乾元宫里，一场没有歌舞、没有酒宴、没有欢声笑语的朝臣集会开始了。武曌端坐在御座上，用逼人的目光扫视着在场的所有人，没有人敢抬头注视她的目光，气氛紧张得让人有些窒息。

“本后自亲政以来，自以为无负于诸卿，无负于天下，众卿觉得呢？”武曌的语气有些尖刻。

“太后功高德厚，天下尽知！”所有人一齐跪倒在地，应声答道。

武曌叹了口气，缓缓说道：“本后侍奉先帝二十余年，心忧天下。众卿的富贵是本后赏赐给你们的，天下人的太平，是本后努力的结果。先帝驾崩后，将天下托付于本后，本后唯恐不能上承天意，下顺民愿，所以尽量爱护百姓和众卿，可是众卿为什么偏偏辜负我呢？”

说完，她便用凌厉的眼神环视所有的大臣，似乎要猎杀每一个人！

朝堂之下一片寂静，大臣们低头屏息，谁也不敢吱声。朝臣们明白，太后发怒，一定事出有因，在此之前裴炎、徐敬业等人刚刚被杀，今天太后发怒，显然是要以裴、徐二人为例，对所有人进行训诫！

很长时间以来，大臣们实在是太了解这位强势的太后了，每一次除了对政敌的成功镇压，还要利用一切机会对所有大臣进行训诫，显然，这位强势的太后不放心每一个人。

果然，在大臣们心里反复揣摩之际，武曌开始切入正题。

“你们中间有先朝老臣，可是像裴炎那么倔强的人有几个？你们中间也有很多名将之后，可是有像徐敬业那么胆大妄为的吗？他们与本后为敌，本后轻而易举地就将他们杀掉。敢问诸位谁能比他们更厉害？如果没有，就请你们老老实实的，免得身败名裂，贻笑天下！”

武曌的话语铿锵有力，犹如重锤一样敲击在朝臣们的心上，他们浑身颤抖，大汗淋漓，高声说道：“太后天威，臣等愿效犬马之劳！”

这个女人那无畏的气概，那藐视一切的神情，足以让任何人臣服在她的脚下！

武曌的嘴角露出了笑容，她早已经习惯于大臣们那恭维的话语。在她看来，除了话语要有震慑力，还需要用行动去敲击每个人的心灵。

于是在集会之后，她带着所有朝臣前往一个很久没有人去的朝堂。之所以要去那里，是因为裴炎、徐敬业的首级在那里。

推开厚重的大门，一股霉臭味扑面而来，借着光亮，所有人依稀可以看到堂前摆放着两个人头，虽然那人头早已经不再流血，但殷红的血光似乎依旧闪动在每个人的面前。

这是血的教训，是令人胆战心惊的警告。

一切人，不论有多高的地位和名誉，与本后为敌者，必定付出血的代价！

“回宫！”空旷的朝堂里刺耳的声音响起，所有人立即像得到赦免令一样，跟着武曌急速走出朝堂。随着厚重大门的关闭，一切归于平静。

……

用“人头”现身说法地警告大臣，这是武曌独有的创意，而且这种做法产生的强大震慑作用让武曌感到十分满意。

但在朝臣们散去后，静下心来的武曌似乎觉得还缺少些什么。徐敬业叛军的呐喊声、刀剑的撞击声似乎依然回响在耳畔。她清醒地认识到，李唐皇族的势力依然不可低估，他们绝不会甘心服从于她这样一个出身并不高贵的女人的统治之下。

现在的偃旗息鼓，绝非万事太平！

在武曌看来，自己虽然身居高位，但远没达到“普天之下，莫非王土；率土之滨，莫非王臣”的理想状态，她的身边依然布满了荆棘和陷阱。

所以，既为天下尊，斗争不能停！

独怆然而涕下

徐敬业的叛乱虽然已经平定，但武曌从中却总结出了一条深刻的教训，那就是上情下达的重要性。徐敬业这样一伙官职级别很低的人居然在扬州扯旗造反，而朝廷居然在敌人已经聚众十万之后才得知消息，这件事充分暴露出朝廷之外各地方政府反应的迟钝，以及由此而导致的情报梗塞。

如果这个问题不解决，依然会有隐患！

为了有效改变这种情况，垂拱二年(686年)，武曌下令制造了四个铜匦。所谓铜匦就是信箱之类的盒子。武曌命人将四个铜匦分别置于朝堂的四周，东边为“延恩匦”，用来投放劝农务本以及吏治的信件；南边为“招谏匦”，用来投放批评朝政得失意见的信件；西边为“申冤匦”，专门为有冤者投诉申冤；北边为“通玄匦”，专门收集天象灾变或军事机密之类的报告。

武曌设立专人来管理这四个铜匦，每天的投书都要在傍晚之前进行分类和整理，然后进呈给武曌。

四个铜匦的设立对于武曌能够更多地了解朝政和民情，起到了积极作用，但这四个铜匦却无法和另一个铜匦相比。

这个铜匦的名字叫告密匦！

徐敬业的叛乱依然让武曌心有余悸。在武曌看来，仅仅设立四个铜匦，还不足以让她了解每一个地方的动向。要做到对各地的动向全都了如指掌，告密之风应该大力提倡，于是告密匦应运而生。

为了保护告密者的安全，告密匦的制造方法有别于其他四个铜匦，具体就是中间分为四格，各开一个小洞，信件可入不可出，只有管理告密匦的专人才能打开，而这个人直接接受武瞾的命令。

除此之外，武瞾还规定，凡是进京告密的人，任何人不得阻拦，并且各地官府应予以保护，告密之人沿途享受五品官的待遇。如果揭发的事情属实，将破格提拔，授予官职，如果不属实也不追究责任。

有人说，武周的统治特色在于告密之风，我要说告密之风兴于此时！

从"人头警告"到"告密匦"的设立，为了巩固自己的地位，武瞾的创意的确是不少。武瞾大开告密之门，的确让她比以前更加了解各地的动向，但这也让大臣们胆战心惊。很多人却是敢怒不敢言，因为先前的"人头警告"依旧历历在目。

不过，这个世界上总不会缺少个别者。在告密之风盛行的那段日子里，有一个胆大的年轻官员，居然给武瞾上了一道奏疏，大加指责告密之风的害处。

这个人就是我们前边提到过的，时任麟台正字的陈子昂。

陈子昂，字伯玉，四川射洪人，文明元年(684年)中进士，因为善诗书，颇受武瞾的赏识，官拜麟台正字时，年二十四岁。可谓年轻有为。

虽然陈子昂是个有才华的年轻人，但是有才华并不意味着会做官。在武瞾大开告密之风，所有大臣全都沉默不语时，年轻的陈子昂凭借着书生意气果敢地站了出来。他在奏疏中指出，现在告密成风，很多人都被诬陷入狱，如果这样下去恐怕天下再难安定。当年隋朝的杨玄感作乱，时间并不长就被平定了，而隋炀帝却因此大开杀戒，致使天下大乱，以致丢了江山，希望太后杜绝告密之风，避免再生祸乱！

陈子昂的上疏言真意切，但丝毫没有打动武瞾，原因在于年轻的陈子昂并不懂得武瞾作为一个女人，这些年来凭借自己的智慧和权术走到今天，她是多么在意所得到的一切。

为了巩固自己的统治地位，任何手段都可以用！

陈子昂的上疏就这样被武瞾束之高阁，在我看来，能够保住性命，陈子昂已经实属幸运。

自此，陈子昂渐渐受到了武瞾的冷落，但耿直的他依然没有放弃作为一个有良知的官员所抱有的理想。后来他因为直言敢谏，一度为武瞾视为"逆党"而被下狱。官场失意的他，心中充满了苦闷。

这样失意的人生状态，一直持续了十几年。在这期间，陈子昂只有通过诗歌来表达自己内心的苦闷和烦躁。由于本来他就善诗文,加上内心深处颇多感慨,所以陈子昂留给世人的财富并不是他做官时有多大的政绩,而是他一生写的那400多首诗。

万岁通天二年(697年),陈子昂跟随建安王武攸宜北征契丹,由于战况不利,陈子昂请求遣万人作前驱以击敌,被武攸宜拒绝。稍后,陈子昂又向武进言,结果被固执的武攸宜贬为军曹。

愤愤不平的陈子昂自感报国无门,苦闷之下他登上了蓟北城楼(今北京境内),在遍览壮丽山色之后,他慷慨悲壮地写下了组诗《蓟丘览古》七首。其中第六首《邹衍》是我最喜欢的:

大运沦三代,
天人罕有窥。
邹子何寥廓,
漫说九瀛垂。
兴亡已千载,
今也则无推。

悲愤的陈子昂以一种强烈的进取精神,追思古人的丰功伟绩,并对道德、命运等一系列根本问题进行了深入的思考。因此,这组诗也是陈子昂实践其提倡的“兴寄”“风骨”诗学理论的代表作品。

也许在陈子昂看来,这样的诗句还不足以表达出自己的全部情感,以及对古人的追思之情。稍后,震惊千古的《登幽州台歌》应运而生:

前不见古人,
后不见来者。
念天地之悠悠,
独怆然而涕下!

千百年来,这首短诗以情满宇宙、气盖天地、高亢悲壮的气势彪炳诗史。人们在诗中仿佛看到了矗立于幽州台上的诗人的高大身影,也感受到了他那孤独遗世、苍茫落寞的情怀。

圣历元年(698年),陈子昂因父老解官回乡。父死居丧期间,权臣武三思指使射洪县令段简罗织罪名，加以迫害，陈子昂冤死狱中。

诗人终究没有摆脱悲剧的结局，或许正是因为悲剧的结局反而衬托出了千百年来陈子昂作为诗人的价值。

独怆然而涕下！

是的，因为他的遭遇，更因为他的不朽价值！

第六章

改唐为周

在告密成风的那段日子里，武曌每天需要利用很多时间，翻阅告密匦中的信件。这些告密信为她提供了许多重要的线索，使她对敌对者的动向了如指掌。她十分感谢这些告密者，无论这些人的出身和资历如何，武曌都一律破格提拔。

武曌虽然刚强坚毅，深谋大略，但她毕竟是个女人，而且是一个名不正、言不顺的掌权者，她面对着众多的、或明或暗的敌手。为了巩固自己的地位，多年来她一直在布满荆棘的政治斗争中寻求依靠。现在随着告密之门的打开，她终于找到了一种可以让她继续打击异己的强大力量。

于是，一股新兴力量产生了，这些人专管告密之事，并在武曌的授权下，用非常残忍的手段帮助武曌镇压异己，他们是武曌手中的刀斧，凭借这柄刀斧，武曌让敌对者更加闻风丧胆。

这股力量的名字叫酷吏！

酷吏的春天

武曌时代的酷吏们都是些龌龊小人和无赖之徒，为了自己的功名利禄，以告密为己任，主动向武曌投靠。这是一群政治投机者，同时也是武曌对付政敌的有力工具。

这群被利用的工具们常常是互相帮助，一同行动，以搞臭太后的政敌为荣。

他们每寻找到一个目标,便立即捏造出统一的理由,一起告发,使被诬告者百口莫辩。而武曌对酷吏们的揭发坚信不疑,特地在洛阳丽景门设置了一个审判机构——推事院,也叫新开狱。

凡是进了新开狱的人,基本上是十死无生!

因为在这里,酷吏们的审判手段就是严刑逼供。新开狱里仅是为犯人准备的枷锁就有十套,酷吏们将这十套枷锁分别起了名字,一曰定百脉;二曰喘不得;三曰突地吼;四曰著即承;五曰失魂胆;六曰实同反;七曰反是实;八曰死猪愁;九曰求即死;十曰求破家。

仅是听到这些枷锁名就足以令人为之胆寒。

除此之外,酷吏们的刑罚手段也是名目繁多、花样百出。例如,将犯人的手足捆绑在一根横木上旋转,名曰"凤凰展翅";又如,将绳索捆住犯人的腰,然后再把套在脖子上的枷锁向前牵引,名曰"驴驹拔撅";有的让犯人立在高木之上,牵着枷锁往后拽,叫作"玉女登梯";有的几天几夜不给犯人吃东西,昼夜进行逼供,并连续不断地摇晃犯人的身体,不让睡觉,这叫作"宿囚";更有甚者将铁笼套在犯人的头上,再一个一个地加楔子,直到脑浆迸裂,名叫"狱持";还有的把犯人放在瓮里,禁止饮食,并用火在四周烘烤,致使犯人惨叫不止。

总之:来到新开狱,除了死别无选择。

武曌对于酷吏们的做法是鼎力支持,并多次加以赏赐,这更增强了酷吏们做好严刑逼供工作的动力。在那个特殊的时代,很多人争相效仿,所以酷吏们越来越多。接下来我们介绍一下武曌统治之下几个比较知名的酷吏。

第一个:索元礼。

索元礼是个胡人,在当时来讲一个外国人不远万里来到中国从事伟大的刑讯逼供工作,也算是具有国际主义精神了。顺便说一句,索元礼是武曌的"面首"薛怀义的干爹(关于"面首"问题将在后边详细讲述)。索元礼经干儿子推荐入宫后,便以告密之事为进身之阶。尤其在徐敬业兵败后,武曌极力清除其余党之时,索元礼充分揣摩武曌的心思,率先上疏告密,被武曌提拔为游击将军。

索元礼生性残忍,上边提到的"狱持"和"宿囚"之刑便是他的创意。索元礼的出现是酷吏时代到来的标志,他堪称中国"酷吏第一人"。他经手的第一个案子就是审讯为徐敬业制造过兵器的鱼保家(告密匦的设计制作也是其创意),当时鱼保家死活不肯承认,索元礼便大喝一声:"来呀!取我的铁笼子来!"准备套在鱼保家的脑袋上,结果吓得鱼保家赶紧招供,不久被判斩首。

而"来呀!取我的铁笼子来!"这句话,自此便成为索元礼的口头禅。

第二个:来俊臣。

来俊臣,雍州万年(今陕西西安)人。父亲来操是个赌徒,曾经和乡人蔡本的妻子通奸,后来赢了蔡本很多钱,蔡本因为还不起,所以把妻子送给了来操。当时蔡妻已经身怀有孕,到了来操家后,不久便生下了来俊臣,所以来俊臣的生身之父其实是蔡本。

出身无赖世家的来俊臣能够留下千古骂名,也算是对得起生身之父了。其性情的凶悍程度比起索元礼有过之而无不及,是个典型的迫害狂。被他定罪冤杀的有一千多家,按当时一人治罪牵连几十人或上百人的情况来推算,被他冤杀的有几万到十几万人。

除了打击异己,他还有一个恶癖,那就是以霸占别人的妻子为荣,这一点他倒是深得养父的遗传。别人妻子有漂亮的他就千方百计地夺取,惯用的手法是指使别人罗织罪名上告,然后他便采用酷刑迫使其认罪。《历代通鉴》中记载,自宰相以下,来俊臣都登记姓名按顺序夺取他们的妻妾。他还厚颜无耻地说自己采花求色之才可比石勒。

和索元礼"酷吏资质"相比,来俊臣虽然资历稍浅,但对于当时酷吏政治的"贡献"却大于索元礼,其标志就是他和当时的另一个酷吏万国俊合著了一套刑讯逼供的教材,取名《罗织经》。

这是一部专门讲罗织罪名、角谋斗智、构人以罪、整人治人的书,在我看来是来俊臣变态心理的产物。传说武曌看后也很感叹,她说:"如此心机,朕亦未必过也!"台湾学者柏杨先生在注疏《资治通鉴》时,对此书作过这样的评价:"武周王朝,在历史上出现短短十六年,对人类文化最大的贡献,就是一部《罗织经》。"

来俊臣由于身世不明,他的心中始终有阴影,随着时间的推移,逐渐演变成一种病态心理,最终导致人格扭曲。具体表现就是利用武曌打击异己的机会,成为一名俯首帖耳的酷吏,通过实施酷刑,去实现报复的快感。上述的很多种刑罚手段都是出自来俊臣的创意。

酷刑之下,多有冤魂。热衷于酷刑的人,则是人格恶劣的小人,丧失人性的恶人,心理变态的病人。

第三个:周兴。

周兴,雍州长安(今陕西西安)人。年少时明习法律,为尚书省都事。和索元礼、来俊臣比起来,周兴是法律专业出身。他之所以能够得到武曌的信任,是因为他曾经上疏要求取消李唐宗室的皇族身份,被擢任尚书左丞。周兴的狠劲儿丝毫不亚于索元礼、来俊臣,据说被他冤杀的少说也有几千人,而且很多都是功臣名将。

垂拱四年(688 年),太子通事舍人郝象贤被家奴诬告,武曌让周兴审讯,最后将其判诛灭家族。周兴与宰相魏玄同有私怨,便在永昌元年(689 年)闰九月,向武则天诬奏魏玄同曾说:“太后老矣,需复皇嗣。”武则天闻言大怒,即赐死于家。同年十月,周兴等又诬告右武卫大将军黑齿常之(百济人)与右鹰扬将军赵怀节等人谋反,二人下狱后受不了酷刑,被迫自杀。史称周兴:“屡决制狱,文深峭,妄杀数千人。”

前面提到的把犯人装在瓮里用火烤的刑罚就出自周兴的创意,不过让他意想不到的是,他的这个刑罚创意,最后居然也给他自己用上了。

通过介绍三个知名酷吏,你应该明白酷吏在当时的身份是什么,那就是合法的杀人者,而且是毫无顾忌的杀人者。这是一批毫无治国才能的官员,但对于武曌来讲,却是最实用的官员。

正所谓:有用即真理!

不过,武曌和酷吏们完全是一种利用关系,酷吏政治是武曌时代的特殊产物,是这个强势女人与政敌斗争中产生的畸形儿。

不过,我们也可以理解,权力斗争本来就是残酷的、血腥的,双方都要用最残忍、最有力的手段置对方于死地。武曌利用酷吏其实是在险境中采取的一种强硬措施。后来的事实证明,武曌利用酷吏完全是权宜之计,待她的权位稳固之后,待这些鹰犬们完成了自己的使命后,酷吏们便一个个地朝着武曌为他们安排好的归宿走去。

他们的结局只有一个字——死!

皇族大反叛

目前酷吏们依然是春风得意,武曌这个强势太后的支持使他们如鱼得水,当然最终的受益者还是武曌,在放倒一个又一个的政敌之后,武曌越来越渴望迈向最高权力——加冕称帝!

虽然在此之前,武曌实际上已经有了皇帝的权力,但如果不称帝,就不能说自己是君临天下的君主。武曌明白实现称帝这个关键步骤需要循序渐进地进行,首先便是制造舆论。

垂拱四年(688 年)四月,武曌让侄子武承嗣指使雍州人唐同泰拿着一块刻有"圣母降临人间，帝业永远昌盛"字样的紫石进宫面献，说是在洛水边得到的。显然这是武曌制造舆论的一种方式。唐同泰只是个普通得不能再普通的百姓，但只有这样身份的人忽然之间进献一块带有上天启示的"奇石"，才能说明问题。

武曌对于唐同泰进献"奇石"大喜过望，立即将"奇石"命名为"宝图"，同时决定选个良辰吉日要亲自祭拜洛水。

当然她并没有忘记让所有的朝臣、各地方官、李唐宗室诸王、各州都督等相关人员一同随行。武曌命令这些人在前往洛水祭拜的前十天务必在洛阳城外集合完毕。

就是这样的一个决定，让李唐宗室诸王的部分成员感受到了强烈的恐惧。

皇室诸王是李唐王朝的忠实守护者，武曌对他们早有戒心。早在徐敬业叛乱的时候，武曌就曾经派人监视过诸王的一举一动，因为她明白宗室诸王是永远不可能和自己站在同一条战线上的，而且随着政敌一个个地接连倒下，未来自己最大的阻碍就是这些宗室诸王。

武曌明白这个道理，诸王也同样明白。

在诸多王室成员中，有很多平庸之辈，但也有很多有识之士，例如，高祖李渊第十一子韩王李元嘉、十四子霍王李元轨，太宗李世民第八子越王李贞、第十子纪王李慎以及李贞长子琅琊王李冲等。

上述诸人是宗室诸王的佼佼者，同样也是很长时间以来武曌重点防范的对象。当武曌将政敌一个个扳倒的时候，事实上这些王室成员也在暗中互相串联，准备在合适的时机将武曌一举拿下。

这次武曌要祭拜洛水，召集所有人提前十天在洛阳集合，在诸王看来这是武曌想要一网打尽他们，或许先前他们暗中串联的事，早已经被那些告密者传到了武曌的耳朵里。

诸王并不十分清楚武曌这次祭拜洛水的真正动机，为了自保，他们相约在武曌祭拜洛水之前共同举事，推翻武曌，夺回李唐皇室应有的权力。

于是，继徐敬业叛乱后，又一场诸王叛乱开始了。

这场叛乱由一封书信开始。

垂拱四年(688 年)四月，韩王李元嘉的儿子通州刺史李撰给越王李贞写了这样一封信：

"内人病浸重，当速疗之，若至今冬，恐成痼疾。"

信上只有短短的这几句话，表面上似乎是李撰在说自己妻子的病应该尽快治疗，但实际上这封信所写的都是暗语，真正的意思是：我们的情况越来越不妙，应该尽早想办法，否则必将成为武曌下一个清除的对象。

应该说李撰的信很有预见性，而且也很有蛊惑性。恰巧在这之后不久武曌又下令让诸王前往洛阳新建成的明堂，在那里举行祭祀先王的大礼，再综合这次的祭拜洛水事件，李撰的这封蛊惑人心的信一时间让诸王大为惶恐。

李撰就是这样抓住有利时机，煽动诸王联手叛乱。

李撰首先假造一封皇帝玺书，密送和他关系甚密的琅琊王李冲，大意是现在皇帝被囚，希望诸王发兵相救。李撰之所以要首先煽动李冲，除了他和李冲的关系非同一般，还因为李冲是在诸王中反对武曌最激烈的人，可以说是久有异志。

李冲在得到假玺书之后，大喜过望，于是便又伪造了一封玺书，大意是：太后欲倾覆李家天下，移国祚于武氏。李冲将这封假玺书连同李撰那封一齐遍传诸王。并特别告知李元嘉、李贞、李慎等人，与他们约定各自起兵，最终会师洛阳。

李冲的想法有些简单，做法有些幼稚。因为当时他不可能摸透诸王的真正想法，有的人信誓旦旦，但真的加入将脑袋绑在裤腰带上的造反事业，很多人会就此退缩。

不能说是谁的错，人性使然！

李冲的为人正像他的名字那样，实在是很有冲劲儿，在没有和诸王明确很多事宜的情况下，仓促招募五千余人。天真的李冲认为诸王都是李唐皇室的子孙，而且已经约定好共同起事，只要他率先振臂一呼，肯定会四方响应。求胜心切的他不等诸王做出任何反应，便贸然在博州起兵。

但起兵之后，他忽然发现往前冲的只有他自己！

真正与他站在同一条战线上的是自己的父亲李贞。

打虎亲兄弟，上阵父子兵。此言非虚！

短命的匡复

目前只有李贞和李冲起兵，其他诸王全都持观望态度。由于李贞和李冲当时也不在一地，所以彼此之间的联系也并不畅通，两路兵马看似声势浩大，事实上完全是纸老虎。

我们先说李冲。

李冲起兵后准备先攻取武水县作为根据地，然后渡过黄河攻打济州。武水县是个不大的县城，县令郭务悌自知难以抵挡李冲的大军，便向不远处的魏州莘县县令马玄素求救。

马玄素在接到求救信后不敢怠慢，急忙率领仅有的一千七百人前往武水救援。他本意是想在半路上截杀李冲的大军，却又担心由于兵力过少不能对抗，所以便率军急速直入武水城，与郭务悌合兵一处，然后关闭城门准备死守。

连同马玄素的一千七百人，武水城的防守兵力达到将近四千人。而且在郭务悌和马玄素的动员下，除了士兵，城中的百姓全都参与了守城。青壮年男子协助士兵作战，除了老弱病残，所有人全都充当搬运工，加固城墙。

此刻武水城已经笼罩在紧张的战争氛围之中，守兵们在每一处垛口用警惕的眼神注视着城外的一切。

很快，李冲率领着大军来到武水县城。在李冲看来，武水县地少人稀，应该不会遇到强烈的抵抗，于是没让大军做任何战前准备，就下令士兵攻城。

一次攻击，失败！

两次攻击，还是失败！

三次攻击，依然失败！

李冲郁闷了。他万万没有想到自己起兵的第一仗居然会是这样的开头，连一个小小的武水县都攻不下来。前边那么多重镇，还怎么去攻克？

作为主帅的李冲明白，此时是考验自己智慧的时刻。在几次强攻不利后，他想到了火攻。当时刮的是南风，李冲打算借助风势，火烧武水县南门，进而乘势突入城中。

应该说火攻的确是个不错的选择，当时火攻的条件也已经具备。可是上天却没有站在李冲这一边。

就在李冲命士兵点燃柴草车，冲向南门的时候，风向忽然改变了，南风变成了北风。士兵们推着柴草车还没到南门，柴草已经烧得精光，不仅南门的木板完好无损，而且李冲的很多士兵被灼伤。

此时，李冲简直是欲哭无泪。随着火攻的失败，军中士气开始低落下来。不过，如果此时李冲能够凝聚人心，或许还可再战。但是，他却犯了一个愚蠢的错误，正是这个错误导致了他最终的失败。

在李冲起兵的时候，有个叫董玄寂的人私下说：琅琊王现在这样做是反叛，属于大逆不道。当时李冲由于急忙进兵武水县，所以无暇处置此事。此时随着攻城的失败，李冲固执地认为是董玄寂涣散了军心，所以他当着士兵的面，砍下了董玄寂的头。李冲的想法很明显，就是企图以此来警告那些想要临阵退缩的人。

显然,他忽略了一个很关键的问题,正像董玄寂所说的那样,他现在的身份是叛乱者,如果出兵顺利,将会赢得人心,而要是不顺利,很多人就会开始想后路。

一个反贼还这么强势,老子不干了!

于是很多本来就不愿意参战的士兵开始动摇了,他们在一天夜里趁着李冲熟睡之际,成群结伙地逃离了军营。就这样,仓促组建起来的部队一下子如鸟兽散。

五千兵马顷刻间化为乌有。当李冲早上醒来时,身边只剩下几个贴身家童。李冲无奈之下,心灰意懒地返回了博州城。此时博州城的士兵已经知道了李冲是假造玺书,自感被愚弄的士兵们假意迎接李冲进城,然后趁其不备将他杀死。

朝廷前来平叛的左金吾将军丘神勣来到博州后,亲自割下了李冲的首级,派人送到武曌那里邀功请赏。

李冲从起兵到失败仅仅七天,匆匆起兵,草草收场。

说完李冲,我们再来说说他的父亲,时任豫州刺史的越王李贞。

李冲起兵时,本来和诸王已经约定共同起事,但当他起兵后,竟然没有响应者。作为李冲的父亲李贞看到此种情景,当然不能袖手旁观。

李冲攻打武水县时,李贞进兵蔡县,他的想法是渡过黄河后父子二人合兵攻打济州。

可是就在李贞正要攻打蔡县时,忽然传来了李冲兵败的消息,这一下李贞没了主意,究竟是继续干下去,还是迷途知返?

在综合考虑当前局势后,李贞决定解散部队,只身前往洛阳向武曌负荆请罪,却被赶来相助的新蔡县令傅延庆制止。

傅延庆的理由很简单:造反的行为已经属实,以武曌的性格怎么可能会宽恕你呢?

为今之计,只有拼死一战!

在傅延庆的鼓动下,李贞重拾信心。为了号召和鼓励大家,他对士兵谎称儿子李冲已经攻破了魏、相二州,聚集兵马20万人。然后,他又征召所属县的兵马七千人,加上傅延庆带来的两千人,共计将近一万余人部署成五个方阵营。

不可否认,李贞做得很有声势,但战场上只有声势是远远不够的,关键是士兵的意愿和综合战斗力。纵观李贞的这一万人马,大多数都不是发自内心参战的,所以当朝廷左韬卫大将军麹崇裕率领十万大军前来平叛时,问题就出来了。

首先是人心惶惶，然后是乱作一团。

趟崇裕的十万大军基本上没费什么力气，就攻破了蔡州城。

和儿子李冲的下场比起来，李贞更加悲惨。

城陷后，李贞觉得大势已去，首先服毒自尽，然后小儿子李规勒死母亲后，自杀身亡，女儿和女婿也全都自缢身亡，趜崇裕入城后割下李贞一家所有人的首级，和丘神勣一样，回到洛阳邀功请赏。

李贞从起兵到失败仅仅比儿子李冲多了十四天，和徐敬业叛乱一样，他们尽管打出了匡复李唐的称号，但事实上并没有得到人心。可以看出，当时社会的普通阶层，对于武曌的当权并不反感，甚至可以说已经把她当成了李唐王朝的代表。

从这一点来讲，武曌当权完全符合当时历史发展的潮流！

血腥清洗

叛乱已经平定，但事情远没有结束。

一场穷追诸王叛乱余党的捕杀就此开始，一场针对李唐宗室进行的大规模清洗即将来临。

在趜崇裕将李贞的首级送到洛阳的第二天，武曌就命令监察御史苏珦调查这场叛乱诸王是否暗中有串联。苏珦秉公办事，经过调查后没有什么证据，所以如实复命。

苏珦是个耿直的好官员。面对苏珦的复命，武曌找不出什么理由指责苏珦。但对于武曌来讲，苏珦实在是个死脑筋。因此在苏珦没有充分理解自己意图的前提下，武曌想到了那些酷吏。

经过反复思考后，武曌决定将这个案子交给周兴办理。

前边我们介绍过周兴的为人，嗜杀是周兴的本性。对于此类案件，周兴犹如猫嗅到了鱼腥。很快他施展起了罗织罪名的本领，没过多久便捏造出了诸王暗中串联的证据，将李元嘉、李撰等人全都抓捕起来，逼令他们自杀。

受到这次叛乱牵连的李唐宗室成员和相关官员有：

鲁王李灵夔（李渊第十九子）、常乐长公主（李渊第七女）、霍王李元轨（李渊第十四子）、李元轨之子江都王李绪、虢王李风（李治之子）、李风之子李融、纪王李慎（李世民第十子）、济州刺史薛颛及其弟薛绪、薛绍。

这些人在周兴的精心“照料”下，或被处死，或被杖责流放，到了流放地也会莫名其妙地死去。

面对上述这一连串的名单，武曌对周兴的高效率办案，深表满意。但同时对于各地方是否还有诸王的余党，她也深表怀疑。

为了充分利用这次诸王叛乱的由头，借此彻底击垮李唐宗室，为自己登上权力的顶峰铺平道路，武曌决定派人到各地方继续追查诸王的余党。但她也意识到已经除掉了这么多宗室成员，其他宗室成员肯定是人心惶惶，如果继续任用那些酷吏来办这些事情，搞不好会出乱子，所以当前她需要一个能够维护稳定的人来替自己办这件事。

谁是合适的人选呢？

答：时任文昌左丞的狄仁杰！

狄仁杰，字怀英，并州太原人，博通经史。贞观年间经工部尚书阎立本推荐，被任命为并州都督府法曹，高宗仪凤年间升任大理丞，在任期间公正地处理了很多难案，判决了大量的积压案件，涉及人数达一万余人，其中没有一人再上诉申冤，其处事公正可见一斑。狄仁杰也由此名声渐盛。

李治死后，狄仁杰继续受到武曌的重用，在经过短暂的宁州刺史经历后，升为冬官（工部）侍郎，充江南巡抚使。在当地，狄仁杰针对当时吴、楚多淫祠的弊俗，毅然拒绝了当地官员的贿赂，奏请焚毁祠庙1700余所，唯留夏禹、吴太伯、季札、伍员四祠。

狄仁杰以断案公正和敢于进谏出名。能够做到这两点需要的是高尚的道德，之所以李治和武曌都重用他，是因为他们看出狄仁杰是个道德高尚的人。

巩固权力可以利用酷吏那样嗜血残暴的人，但治国却需要“圣人无常心，以百姓心为心”的品德高尚的官员，在这一点上武曌并不糊涂。

武曌任命狄仁杰接替李贞豫州刺史的职务，前往豫州追查李贞的余党。

在接到命令后，狄仁杰颇感棘手。

狄仁杰的心始终很纠结，作为李唐王朝的忠诚官员，狄仁杰对于李唐宗室成员的遭遇很是同情，但他现在所处的职位，又迫使他必须执行命令。两难之间的狄仁杰就这样踏上了前往豫州的路。

前方路途漫漫，豫州将是他入仕以来面临的第一次重大考验！

当狄仁杰到达豫州时，领兵在豫州平叛的宰相张光弼已经拘捕了六七百家人，并准备将五千余人的财物没入官府，而且朝廷派来掌管刑狱的官署刑寺催促张光弼赶快处斩这六七百家人。

如果不是狄仁杰及时来到豫州，相信很多无辜的人早已经是人头落地。面对如此情况，狄仁杰冒着风险下令将这六七百家的人全部去掉枷锁，并同时起草奏章，飞报武曌。

为了能够打动武曌，狄仁杰在奏章中表达了自己恳切的态度，他说现在豫州已经成了万众瞩目的地方，目前这里关押了很多人，但很多不是李贞的同党，请求太后释放这些人。现在自己上报奏章，好像是替叛逆申辩，事实上是为了太后打算，如果自己沉默不语，一旦处斩了这些人，太后就会失去民心。

不久，狄仁杰接到了复旨，武曌命令将这些人免去死罪，发配充军。

狄仁杰以一己之力，挽救了众多性命。但同时他也得罪了张光弼。

张光弼本来想借助处斩六七百家人，然后上报武曌说全都是李贞的同党来邀功请赏，没想到却被不知深浅的狄仁杰坏了好事。

而且狄仁杰到达豫州时，张光弼作为平叛大元帅依然驻守在豫州，他的部下倚仗平叛有功，大肆搜刮民财。狄仁杰到来后坚决制止，由此便引起了张光弼部下的强烈不满，他们在张光弼面前大肆诋毁狄仁杰。加上狄仁杰这一次坏了张光弼的好事，所以张光弼决定找狄仁杰问个明白。

“我现在是平叛的元帅，你不过是一州的刺史，怎么如此轻视我？”张光弼质问道。

狄仁杰毫不退缩，不卑不亢地说道：“作乱河南的只有李贞，现在李贞已死，难道还要再生出一万个李贞吗？”

“你这话是什么意思？”显然，张光弼听出了狄仁杰的弦外之音。

“公率军平叛，现在叛乱已平，公居然不停止杀伐，反而纵兵暴掠，这难道不是又出现了一万个李贞吗？只怕这样会引起民愤。我奉命前来豫州是为了稳定大局，如果我现在手中有尚方宝剑，斩了你我也不后悔！”狄仁杰说完，狠狠地瞪着张光弼。

“狄仁杰！你记住你今天说过的话，你会后悔的！”张光弼大声说道。说完头也不回地走了。

数日后，狄仁杰接到圣旨，说他违抗圣命，被迁为复州刺史，不久被贬为洛州司马，谁都知道这是张光弼进了谗言。

狄仁杰公正治案，光明磊落，并使数千人免受屠戮之灾，虽被贬官，但他依然不后悔，因为他知道在这个世界上什么都可以抛弃，唯有两样东西不能丢。

理想和良知！

此时身在洛州的狄仁杰依然没有放弃自己的理想，作为李唐王朝的忠诚官员，未来他要用自己独特的方式，完成李唐王朝再生的职责。

后来的事实证明，上天终于让他如愿以偿。

舆论很给力

李唐宗室成员该杀的杀，该流放的流放，叛乱已经过去，武曌的心总算安定下来。当然她并没有忘记半年多前计划的那件事——祭拜洛水。

垂拱四年(688年)十二月二十五日，武曌率领着一支浩浩荡荡的队伍前往洛水，漫长的队伍中有久未谋面的皇帝李旦、皇太子李成器以及文武百官和四夷酋长。队伍中各色的鸾卫仪仗让人目不暇接，各种羽扇、团扇，遮天蔽日，车辆、乘马、鼓吹长龙一般，侍卫、宫娥身着鲜艳的服装组成一组色彩斑斓的人流，绵延数里，引来了众多百姓围观，可谓盛况空前。

洛水岸边，已经建起了一座高大的祭坛，坛上设立了洛水神像。礼设之时，乐歌《昭和》声起：

九玄眷命，
三圣基隆。
奉成先旨，
明台毕功。
宗祀展敬，
冀表深衷。
永昌帝业，
式播淳风。

《昭和》乐后是《致和》乐：

神功不测兮运阴阳，
包藏万宇兮孕八荒。
天符既出兮帝业昌，
愿临明祀兮降祯祥。

在一片气势恢宏的乐声中，武曌在众人的拥护下一直至坛前下舆，稍事休息后，便由宫娥彩女簇拥着徐步登坛，皇帝李旦和太子李成器随行而上，文武百官分左右立于坛下。

站在祭坛上的武曌忽然感受到了自己的渺小，虽然她明知道这一切不过是自己的精心安排，但是当她身处这种颇有些神秘色彩的氛围中，竟然有些真的相信这是上天的启示。

武曌在宫娥的搀扶下缓缓地跪了下去，向着洛水神像拜了三拜。

此时《拜洛》歌声起：

菲躬承睿顾，
薄德忝坤仪。
乾乾遵后命，
翼翼奉先规。
抚俗勤虽切，
还淳化尚亏。
未能弘至道，
何以契明祇。

祭拜洛水神像后，便是受图仪式。武曌面对着神像并没有起身，她要用最虔诚的态度，完成整个拜洛受图的仪式。

在受图之前，宣祝官首先宣读祭文，接着将案上的"天授圣图"（刻着字的那块石头）恭敬地捧在手心，然后移置到新建造的受图亭中。

至此拜洛受图仪式算是礼成。

拜洛受图仪式是武曌为自己通往最高权力制造的第一种舆论手段，从整个效果来看，达到了武曌想要的目的。因为仪式过后，"天授圣图"成了朝野上下议论的话题，种种离奇的传闻，蛊惑人心的说教，编织成一张神秘的、具有非凡控制力的大网。在这张网的笼罩下，人们的意识开始出现了一些奇异的改变，当皇帝不仅是男人们的事儿，女人照样可以穿龙袍，戴皇冠。

因为这是天意，所谓天意就是天然合理。

武曌满意至极，但她觉得似乎还缺点什么。在她看来制造天意的舆论远远不够，她还需要借助一个力量，来彻底转变所有人的观念。

这种力量的名字叫佛旨。

笃信佛教的武曌当然不会忽略这种手段。不过，在武曌付诸行动之前，有人猜到了她的意图。

武曌身边总是不缺乏一帮时常揣摩上意的人。

永昌元年(689 年)七月，有法明等十余名僧人联名向武曌进献了一部《大云经》，据传这部经书是后凉时期昙无谶所译。僧人们之所以要向武曌进献这部经书，是因为其内容有两段经文谈到了女人当皇帝的事情。

限于本文篇幅，就不把原文罗列出来了。大意就是女人做皇帝不是个新鲜事儿，佛经上就有。而且女人不仅可以当皇帝，还可以成佛。

《大云经》的进献终于让武曌从佛那里找到了女人做皇帝的依据。为了感谢那九位僧人，武曌对他们大加封赏，其位之尊据说可以与当朝三品官员相比。后来在天授元年(690 年)，武曌下令在各州都要建立大云寺，各寺都要珍藏一部《大云经》。

既得"天意"，又领"佛旨"，武曌的这两种制造舆论的手段，不经意间改变了很多人的观念，至此，武曌登基当女皇只不过是时间问题。

君临天下

用两种手段制造舆论，并取得不错的效果，这让武曌看到了登基的希望。现在只差一招——捧臭脚。

大家应该还记得，70 多年前，李渊登基的时候，裴寂当时是怎样做的？他不仅率领群臣上表请求李渊立即登基，而且在登基大典上，为群臣做了表率，第一个跪了下去。如今武曌也同样需要这样的人来为自己登基铺路。

很快，这样的人也出现了。

载初元年(690 年)九月，侍御史傅游艺率领关中百姓九百多人到宫中上疏，请求武曌改唐为周。之所以要以"周"为国号，是因为武曌看到《周书》中有《武成》一篇，与她自己的姓氏相吻合，所以就视为祥谶，下令遵照周朝的历法，改永昌元年十一月为正月，这是唐朝使用周朝正月的开始。

傅游艺率领这九百人在宫门前集体请愿，高声呼喊请武曌立即登基，而且他写的上表言辞华美，对武曌极尽恭维，说武曌乃千古一人(这倒是实话)，古往今来任何贤明的皇帝都不可与之相比，李唐气数已尽，应该速革唐命，上应天意，下顺民愿。

傅游艺是个典型的投机分子，不过他的表现立即得到了武曌的赞扬和奖赏，因此在那段日子里，效仿傅游艺成了一种时尚。文武百官、皇室宗亲、远近百姓、四夷酋长、僧人、道士，总之，是个人就到皇宫门口进行请愿，一时间人们仿佛看到了这是一个低投入、高回报的发家致富的捷径。

那些日子，武曌听人汇报说宫外请愿的人络绎不绝，她踌躇满志，意气风发，全然不像一个六七十岁的老人，她高兴地看到天意、佛旨昭然，民心、民意笃诚，登基称帝的时机已经到来。她要建立以自己为天子的新王朝，既不沿袭李唐的旧制，也不效仿古代的模式，她要清除李唐的旧迹，在这个属于自己的帝国打上武氏烙印；她要向世人宣示，这是她武曌的新王朝，一个女人坐拥天下当皇帝的史无前例的国度。

在这种思想支配下，她批准了群臣的要求，计划在明堂举行登基大典。

明堂，一座矗立于洛阳乾元殿基址上宏伟而高大的建筑物。明堂是自古以来各个朝代发布政令、祭祀天地的地方，是古代国家的政治中心。唐朝开国以来，唐太宗李世民和高宗李治都十分重视明堂的建设。到了武曌这里，新改建的明堂规模宏大，并具有独特的艺术风格。

这座明堂共分三层，整个建筑高一百余米，四周用镶金装饰，在阳光下闪闪发光，数十里外即可望见。武曌因其宏伟、富丽、绚烂夺目，所以称之为“万象神宫”。

这是一座宏伟瑰丽的神宫，武曌要让它成为自己登基称帝的见证。

天授元年(690 年)九月十九日，清晨。

这是大唐王朝历史值得特别描写的一笔，甚至是中国历史上值得浓墨重彩的一笔，在这一天，中国历史上唯一的一位女皇即将登上皇帝的宝座。

五更过后，皇宫大门开启，百官相继进入，各依序列排好，等待禁门开启后入朝。不多时，禁门开启，文武百官依次进入。此时明堂已是守卫森严，武曌在羽扇的屏障下端端坐在明堂之上。仔细看上去，武曌是经过精心梳妆的，头戴朱红花冠，身穿黄色龙纹长袍，佩戴十三环金玉革带，脸上神采奕奕，俯视着堂下所有人。

文武百官按品级排列两厢后，只听见三声炮响，十二面金鼓齐鸣，武曌登基大典宣告开始。

宣祝官首先宣读新皇帝即位的诏书，然后宣布改唐为周，改元为“天授”，正应天意授予之意。紧接着，献上皇帝宝玺，然后高呼“拜贺”后，文武百官、皇室宗亲、四夷酋长，依次向女皇拜贺。当所有人用虔诚恭敬的态度向女皇行过大礼时，武曌脸上的笑容是那样的灿烂。

典礼结束后，武曌下诏书宣布大赦天下，全国大宴七天，并加自己为圣神皇帝，降皇帝为皇嗣。当然武曌并没有忘记带领民众为自己登基请愿的傅游艺，武曌将他由侍御史（从六品下）提拔为给事中（正五品上），继而又任命为鸾台侍郎，加以同平章事的官职。

傅游艺以一个投机者的身份，抓住武曌即将登基的有利时机，终于跻身宰相之列。与那些在基层埋头苦干、多年熬资历被提拔起来的宰相们相比，傅游艺的成功向我们说明了一个亘古不变的道理：巴结上司是获得提拔必不可少的功课。

可惜，傅游艺好景不长，一年后被人告发心怀不轨而下狱，最终因为郁闷而自杀身亡。

大道之行，心正乃其根本！

六十七岁的武曌那些日子处在极度兴奋中，她像是年轻了许多。这些年来她本来是很少饮酒和观看歌舞的，而此时她完全陶醉在歌舞美酒的状态中。

仔细想想也可以理解，她从29岁由感业寺第二次进宫后，近四十年来，没有支援，没有照应，独自一人在宫廷的险恶的政治环境中奋斗，饱尝苦难，历尽艰辛。为了实现心中的理想，她运筹帷幄，机关算尽，不知闯过了多少风险，战胜了多少劲敌。宫廷中的残酷斗争不亚于战场上的刀光剑影的嗜血厮杀。

如今在即将古稀之年，武曌成功了，她不再是一个没有名分的帝国皇帝，而已经是名正言顺的武氏女皇，是中国自古以来唯一的女皇。在男尊女卑的社会里，作为一个女人登上了皇帝宝座，仅此一点就足以光耀千古！

在一片歌舞声中，武曌凝视着明堂下的一切，虽然她陶醉在歌舞声中，但是她并没有得意忘形。

现在，仅仅是个开始。

我知道更遥远的路在等待着我去艰难地跋涉，更艰巨的使命在等待我去完成。

皇帝？明君？

我会像太宗李世民那样，将这个帝国的盛世局面延续下去，将贞观精神发扬光大！

第七章
清　除

武曌能当上皇帝，对于李唐旧臣来说简直有些不可思议，不过能够在有生之年，看到女人当皇帝，这辈子也算是开了眼。因为在这些人的头脑里，“雌代雄鸣则家尽，妇夺夫政则国亡”的儒家古训已经打下了深刻的印记。

大唐是李家的天下，现在李家的儿媳妇当了政，成何体统！

很多人想不通，愤愤不平。于是他们充分发挥书生的攻击策略，明里暗里攻击指责，甚至指桑骂槐。武曌当然能够理解他们，所以只要不是出格的行为，武曌基本上是睁一只眼闭一只眼。因为此时非彼时，在成功登基后，武曌明白现在的主要任务是和谐与稳定。

要想实现这个目的，有一些事情武曌必须提防。

当然也有一些人必须清除！

“牡丹事件”与“三十六名家”

武曌自始至终也没有放松对反对者的提防，在她成功登基的转年便发生了两起密谋推翻武周政权的事件。

先说第一件：牡丹事件。

天授二年(691 年)除夕，武曌正在洛阳宫守岁，太监忽然送来一封信，一封未署名的信。信的内容大致是说，武曌以妇人而登大宝，这是亘古未有的事情。古人云：圣主临朝，而今真的应验了，现在上林苑出现了一桩奇事，牡丹像蜡梅那样，凌寒傲雪居然开花了，这是新春之时本朝一大奇景，说明天降吉兆，请陛下前往上林苑观看。

冬天开牡丹花？在忽悠的世界中真的可以没底线。

坦白地讲，有些男子性格的武曌虽然不像很多女人那样喜爱花草，但对于牡丹花却情有独钟。当年在长安，无论是宫廷还是民间都以种植和欣赏牡丹为最大爱好。每年的三月十五日，长安满街看牡丹，车水马龙，游人如织。武曌正是受了这种时尚的影响，在洛阳花圃中广植牡丹，花期时节会定期前往观看。

可现在是隆冬时节，除了蜡梅、松树，其他植物基本已经“冬眠”，现在信上却说上林苑牡丹花开，这的确勾起了武曌的好奇心，但多年来练就的敏锐洞察力让武曌觉得这事有蹊跷。

为什么信中没有署名？

多疑的武曌虽然在乍一看到内容时，精神一振，但经过短暂的思考后，她马上意识到这可能是个阴谋，草木生长都有一定的时令，牡丹怎么会在隆冬时节开花呢。即使是献媚邀宠，也不至于编个这么低水准的谎言来骗聪明的武曌。

所以结论只有一个：有人利用武曌的爱好来诱骗她去上林苑，然后采取阴谋行动。

武曌的判断不无道理。当权以来，在她的周围始终弥漫着不满和敌对的情绪，虽然经过自己残酷的镇压，徐敬业、诸王叛乱已经平定，但这绝不意味着敌对势力已经甘于失败，因此武曌不得不防。

因此她暗中派人前往上林苑查看，果然发现牡丹花开是假。由此也印证了她的判断是正确的。

在洞悉了这个阴谋之后，武曌的额头上浸出了冷汗，她心情沉重地意识到，虽然已经君临天下，但绝不可高枕无忧，她必须打起十二分精神，警惕那些敌对的势力在暗中图谋。

刀绝对不可入鞘！

思虑万千的武曌挥笔写下了一首诗：

明朝游上苑，
火急报春知。
花须连夜发，
莫待晓风吹。

关于这首诗，古往今来有不少传说，并且敷衍出许多离奇的故事。事实上，武曌当时作这首诗不过是一道不露声色的密令，其暗含的意思是：明天早上我要到上林苑观赏隆冬花开的牡丹，请将这个消息及时通知禁军卫兵，要连夜做好准备，确保万无一失。

关于“牡丹事件”的元凶及平息过程，史料上没有详细的记载，但本人翻阅诸多史料，发现在《全唐诗》收录这首诗时，有这样一句记载：

“天授二年腊，卿相欲诈称花发，请幸上苑，有所谋也。许之，寻疑有异图，乃遣史宣召云云。”

限于史料，我们无法对这个事件多加描述。武曌后来到达上林苑，由于戒备森严，图谋者并没有得逞，但图谋者究竟是谁，史料记载仅仅说是卿相，说明在武曌登基的最初阶段，朝廷并不安宁，宰相之中依然有武曌的反对者，武曌的皇位坐得并不安稳。

当然，纵观武周政权整个历史，即使是在武曌已经当了多年的皇帝后，类似于这样的事件也还是会出现。

第二件事：三十六名家。

“牡丹事件”的七年后，神功元年(697 年)，“三十六名家”图谋叛乱。

事情的起因是一次算命。

箕州刺史刘思礼请术士张憬藏为自己算命，这位张术士为了迎合刘刺史的心理，多赚些钱财，便说出了“刺史有贵相，将来一定位至太师”的话。

俗话说得好：色迷看照片儿，倒霉上卦摊儿！

刘思礼听后大喜，在完全没有开动脑筋，仔细思考自己是否有当太师的能力和机遇的情况下，就秘密和洛州的录事参军綦连耀取得联系，准备和他共同起事。

事实证明：找合作者也是门高深的学问，显然刘思礼找的这位录事参军无论是官职还是智商都不是一般的低。

綦连耀接着做了件很愚蠢的事儿，四处散布自己有天命，只要跟着自己干定会得到荣华富贵。

于是，他被人盯上了。

不是一般人，是来俊臣！

结果可想而知。武曌在得到消息后，立即撒开大网，开始了大规模的清洗。神功元年的武曌，早已经是牢牢掌握大权的女皇了，她当即命令河内王武懿宗查办此案。武懿宗逮捕刘思礼后，顺藤摸瓜地牵出了时任宰相的李元素、孙元亨及大臣石抱忠、刘奇、周潘等共计三十六人，这些人全部被灭族。由于这些人出身望族，全都是海内名士。所以称之为“三十六名家”叛乱。

只要敢对抗女皇，就一定要斩草除根，即使是名士也不例外！

通过上述两次未遂的密谋事件，我们可以看出自裴炎死后，当初的“后权”和“相权”之争，依然余波未平，只是当初双方可能势均力敌，而现在天平则完全倾斜于武曌一头。

摆脱危机

武曌始终在提防反对势力，但同样她还必须维护稳定的局面。虽然她利用酷吏凶狠地镇压了一批又一批的反对者，最终坐稳了女皇的宝座，但在她如愿以偿之后，却又发现酷吏们的诬告和滥杀所造成的民心不稳，这是严重制约自己要延续贞观盛世局面的。

她曾经是告密的狂热鼓吹者，虽然告密者让她的敌人一个个地坠入刑网，但同样也使那些酷吏小人投机其间，将告密当成了牟取私利、诬陷好人的工具。这种情况，使武曌目前陷入了一种自己布下的危机之中。

最关键的是当时的告密者已经渗入了各个层面，就连皇族家庭也不能幸免，搞得“家贼层出”。

驸马崔宣本是清正耿直之士，当时有人和崔宣的奴婢私通，怕事情败露，结果将崔家的奴婢偷偷地藏起来，然后诬告说崔宣蓄意谋反，家中奴婢知道崔宣全部的阴谋，崔宣怕阴谋败露，将奴婢杀害，把尸体投进水里。

武曌得到消息后，派御史张行岌调查此案。张行岌是个正直之人，调查了半天也没有找到崔家奴婢的尸体。得到复命之后，武曌很不满意，想让来俊臣审理此案。结果张行岌因为害怕来俊臣刑讯逼供将自己牵连进去，便在武曌面前拍胸脯保证十天之内破案。最终在张行岌费尽周折的情况下，才将藏匿崔家奴婢的真凶找了出来。

不仅如此，告密者就连寺庙里的和尚也不放过。

恒州鹿泉寺净满和尚是个德行高深之人，深得方丈的器重，由此也引起了其他僧人的嫉妒。嫉妒他的人为了陷害他，就偷偷地画了一幅画，画中一个和尚拿着弓箭向着一个女人射去，然后携带画卷进宫告密。

显然这幅画的寓意是净满拿着弓箭射武曌，所以武曌看到这幅画后，立刻大怒，马上命令御史裴怀古调查此事，并叮嘱裴怀古必要时可以先斩后奏，但裴怀古是和张行岌一样正直的人，在经过调查后发现是诬告，所以就原原本本地回复了武曌。

当时像崔宣、净满这样的事例还有很多，幸好朝廷里还有一批刚正不阿的御史，不然的话，真不知道那些酷吏会将整个国家搞成什么样。

武曌在坐稳皇帝宝座后，首先面临的最大问题就是酷吏们扰得朝廷乌烟瘴气，显然她所倡导的告密之风，在她消除政敌时起到了积极推动作用。可是现在告密之风已经成了严重的不安定因素，作为皇帝，武曌显然不希望皇位处于一种社会危机之中。所以，从天授元年以后，她逐渐认清了现实，渐渐地，她开始利用一些手段，让那些告密者失望而回，甚至威信扫地。

长寿元年（692 年）五月，武曌佛心笃诚，下令天下人禁止屠杀牲畜。恰在这时右拾遗张德喜得贵子，为了庆贺杀了一只羊宴请同僚，补阙杜素应邀赴宴，但在酒足饭饱后，这位仁兄却向武曌上奏说张德违反女皇禁令，罪大恶极。

俗话说：拿了人家的手短，吃了人家的嘴短。显然，杜素的做法很不仗义。

第二天，武曌将张德召入宫中，询问他杀羊一事，吓得张德连忙叩头，武曌并没有处罚张德，而且在张德临走时，提醒他以后宴请客人一定要看人品，切莫将好饭菜喂到狗肚子里去。

张德临走时，武曌将杜素的告密书信送给了他。

虽然武曌经常利用这种手段让告密者无地自容，但是她明白由于此前自己的纵容，如果不采取有效的措施加以禁止，仅仅是让告密者出丑是不可能遏制此风的，因为那些告密者基本上全是些利益至上、脸皮至下的主儿。

要想遏止告密之风，需要有一套循序渐进的方法，首先要做的就是迅速形成一股与告密之风相对抗的"风气"。

这股风气的名字叫"秉公之风"。

为此，武曌开始起用一批刚直不阿的官员来断案，其中重用徐有功是武曌遏止告密之风的标志。

三任徐有功

徐有功名宏敏，字有功，因避孝敬皇帝李弘的讳，以字行世。河南济源青龙里人，青年时期举明经及第。历经蒲州司法参军、司刑（大理）寺丞、秋官（刑部）郎中、侍御史、司刑寺少卿等。长期在司法任上，是历史上罕见的一位以命守法的官员。

历数徐有功一生的经历,可以用一个词来形容——三起三落。

因为他经常有一个让皇帝非常不舒服的举动——面折廷争!

早在武曌大肆追捕李贞、李冲的同党时,徐有功就显示出了他那股“牛脾气”,当着众多朝臣和武曌据理力争,要不是武曌钦佩他以死谏言的勇气和他仅仅是个六品官员的缘故,恐怕他早已经人头落地了。

总不给上司面子的人,仕途道路基本上都会遭受挫折,随着徐有功官职的不断升迁,他的仕途之路布满荆棘。

天授元年间,道州刺史李行褒兄弟二人遭到了酷吏的诬告,被判处灭族之罪,时任秋官郎中的徐有功坚决反对这个不合理的判决,结果和顶头上司时任秋官侍郎的周兴吵了起来。

得罪谁不好,偏偏得罪周兴。

周兴的处置方法很简单,密报武曌说徐有功是李贞的同党,建议杀掉。

坦白地讲,武曌对徐有功有欣赏的一面,因为他忠心守法护法而且很有才干,但同时她对徐有功又有不满的情绪,因为徐有功常常不给她面子,阻碍她除尽敌对势力的目的。她对徐有功的态度始终在这二者之间摇摆。

对于周兴状告徐有功,武曌并没有轻易听信,因为此时她对酷吏们已经怀有一种戒备之心,思虑再三她下诏:“禁止逮捕审讯徐有功,罢免他的官职,削职为民。”徐有功这次连当面与武曌争辩的机会都没有,在家中接旨以后,便被除去了乌纱帽。不过,武曌对徐有功还是另眼相看的,如果落到周兴手里,不判死罪也会被打个半死。

这是徐有功仕途道路上第一次被罢官,他本以为这一次将彻底告别官场,但令他想不到的是,仅仅半年后,武曌便再次起用了他。

值得一提的是,二次起用徐有功的时候,正是武曌处置周兴之时,关于周兴的事情,我们后边会详细讲到。

重新回到皇城内的徐有功,继续自己以命护法的事业,没有丝毫的改变,在长寿二年(693年)间,因为润州刺史窦孝谌妻子庞氏被家中奴婢密报谋反的案件,徐有功又一次遭到了贬黜。

同样,这一次依然是徐有功反对判庞氏死罪,结果被给事中薛永昶诬告为袒护逆党,最初被判为绞刑,失望的徐有功面对人生如此的境遇,叹息地说道:“难道我一人之死,别人就永远不会死了吗?”说完,在狱中倒头便睡!

对于死刑犯在临死之前的表现,狱卒们很是清楚,基本上不是吓得屁滚尿流，就是痛哭流涕，而徐有功的表现实在有些反常，好奇的狱卒们将这一情况上报给了武曌，武曌也表现出了极大的好奇心，于是下令召见徐有功。

在朝堂之上，武曌问徐有功说道："你通常断案错放的人不在少数，你自己说说该怎么定罪呢？"

徐有功缓缓地说道："错放了有罪的人，不过是人臣的小过，而好生恶杀才是圣人的大德。"

声音不大，却字字有力。

武曌呆住了，她实在没有想到一个即将走到人生终点的人，说出的话居然如此蕴含哲理，武曌被深深地打动了。

片刻之后，她下令免除庞氏的死刑，同时免去徐有功的死罪，改为废为庶民。

徐有功又一次离开了皇城，这一次他相信自己不可能再回到官场中了，或许长安都要成为自己梦中的记忆。

对于自己的性格，徐有功有着清醒的认识，之所以在那段酷吏横行天下的日子里，他没有随波逐流，是因为他是一个有良心的人，虽然两次被贬，但他始终不后悔。

因为他坚信，自己那弱小的身躯虽然已经远离朝廷，但他那不畏艰险、舍生护法的精神，一定会成燎原之势，在那个黑暗的夜里点燃黎明的曙光。

一个徐有功倒下了，千万个徐有功一定会站起来！

事实证明，徐有功的判断是正确的。这一次在"秉公之风"与"告密之风"形成对抗之时，武曌又一次想起了他。

于是，徐有功作为"秉公之风"的旗帜性人物，被武曌再一次推到了前台，这一次这面旗帜没有再倒下，而是在酷吏们制造种种诬陷冤告中傲然挺立，迎风飘扬。

关于徐有功秉公执法的事例还有很多，他任法官前后执法大案六七百件，救人数以万计。而他既不为己谋利，也不为君主之私欲所动摇，因为他是一位守正不阿的清官，在他身上也找不到他与案犯有什么特殊关系。

公正、忠诚、无私、才干、勇气，太多太多的词汇可以形容他。

"尔所言者私忿，我所守者公法，不可以私害公。"徐有功说。

在这个世界上，公法必将战胜私欲！

请君入瓮

酷吏政治是武曌当权时的一大政治特色，甚至成了武周政权的代名词。通过前边介绍三任徐有功的事情，相信大家可以清楚地看到，在武周政权时期，除了酷吏，还有诸多秉公执法的、有良心的官员，当然他们之所以能够存在，是因为他们背后有一个强大的支持者——武曌！

所以我要说，维护大唐盛世的局面，绝不是仅仅依靠几个酷吏就能实现的，我都能有这样的觉悟，何况是千年以来绝无仅有的女皇武曌。

在重用徐有功等一批秉公执法的官员后，朝廷的空气的确清朗了很多，但武曌明白酷吏一日不除，始终是威胁国家稳定发展的不安定因素，所以在重用一批秉公执法的大臣的同时，她决心要对酷吏们施以重拳！

在武曌利用酷吏打倒诸多政敌之后，接下来这些酷吏将成为武曌逐一打击的目标。

正所谓：兔死狗烹！

第一个目标：周兴。

工于心计、心狠手辣的周兴始终充当着武曌打击异己的马前卒，自垂拱年间以来，被他陷害的多达千余人，天官侍郎魏玄同、地官尚书韦方质、左领军将军黑齿常之等一批朝廷重臣全都被他陷害，或贬或杀。

天授元年九月武曌称帝后，周兴便不失时机地上疏武曌请求清除李唐皇室的宗正属籍，其为人凶狠狡诈可见一斑。

武曌之所以选择周兴为终结酷吏政治的第一个目标，是因为有人给了她这样的机会。

天授二年(691年)间，左金吾卫将军丘神勣因为与人谋逆，获罪被杀。恰在这时有人上报武曌说周兴曾经与丘神勣同谋，请求朝廷调查此事。

我猜想当时连周兴他自己也不会想到，一辈子以诬告别人为专长的他，今天愣是被别人反咬一口，恰恰应了那句话：常在河边走，哪有不湿鞋。

而周兴更不会想到，武曌在得到消息后，居然会派另一个与自己齐名的酷吏来俊臣审讯自己，而且审讯的方式大大出乎周兴的意料。

相比于周兴而言，我倒是认为来俊臣在审讯案件的技巧上更胜周兴。

一个酷吏即将栽在另一个酷吏手里，而且场景很是戏剧化！

这天，来俊臣派人将周兴请到家中饮酒。酒过三巡后，来俊臣装出一副为难的样子对周兴说道：

“兄弟我现在遇到一桩案子，罪犯不肯认罪，大哥你说我该怎么办啊？”

听到来俊臣的提问，周兴抿了口酒，然后有些调侃地说道：“兄弟你是在说笑话吧，就凭你那十号大枷，还怕犯人不认罪？如果真不认罪，那就先把他砍了，然后再立个假案，奏报给女皇不就得了？”周兴说完，夹了一大口菜放进了自己的嘴里。

面对周兴的回答，来俊臣知道直到现在为止，周兴对于武曌让自己审讯他的事情，还全然被蒙在鼓里，为了让周兴最终认罪，来俊臣要用一种周兴曾经特有的方式来审讯周兴，所以接下来他不慌不忙地为周兴斟上一杯酒，然后开口缓缓说道：

“那十个枷虽然厉害，但对那种死硬的囚徒也无可奈何啊！天底下虽然有不少软骨头，但宁折不弯之人，也大有人在啊，如郝象贤不就是这样的人吗？”来俊臣说完，瞥了一眼周兴。

提到郝象贤，周兴那频频夹菜的手，刹那间停住了！

郝象贤是大臣郝处俊的孙子，曾经担任过东宫太子舍人，在垂拱四年间，郝象贤的家奴告发他蓄意谋反，这个案子武曌交给了周兴审理，周兴在审讯的过程中，无论动用什么样的刑具，郝象贤就是不招，结果周兴定了他灭族之罪。

在行刑的当天，郝象贤破口大骂武曌，并挣扎着夺过街上人的木棒击打行刑人，士兵将他杀死后，武曌下令肢解他的身体，掘开祖坟，毁棺焚尸。

在周兴审理过的无数案件中，郝象贤这桩案子给他的印象是最为深刻的，他自认为这是他接手的最棘手的一桩案子，他曾对郝象贤受刑时的表现惊愕不已，因为在周兴的头脑中，从来都是那些犯人一经酷刑便瘫坐一团，魂飞魄散。但很长时间以来郝象贤那临死时不屈的眼神，始终印刻在周兴的脑海中，并且常常使他感到不安。

每当周兴想起郝象贤时，都会感到毛骨悚然。今天当来俊臣重新提起他时，周兴的心一阵紧缩。

在稍稍平复下情绪后，周兴将杯中酒一饮而尽，像是要把郝象贤的案子忘得一干二净，他挥挥手说：“过去的事不提也罢，郝象贤那么死硬，最后还不是落个粉身碎骨，脖子再硬也硬不过钢刀啊！哈哈哈！”

“嗯！大哥说得极有道理！”来俊臣缓缓说道，沉吟片刻过后，来俊臣冲着周兴神秘地一笑，然后凑近周兴的耳边轻声说道：“大哥是个很有办法的人，那就为老弟出出主意吧！”

或许是周兴过于信任来俊臣，此刻他完全没有意识到危险已向自己袭来，当来俊臣说完后，他完全不假思索地说出了那个他自认为很高明的审判方法。

周兴将一个空酒壶往桌子上一蹾，然后又把几根筷子摆在酒壶周围，说道："这酒壶好比一个大瓮，这几根筷子好比一堆木柴，先把木柴点着，然后嘛，"说到这里，他停顿了一下，顺手夹起一块肉扔进酒壶内，接着说道，"然后就像这块肉一样，将罪犯放进大瓮里，还怕他不开口啊！哈哈哈哈！"

周兴说完后，疯狂地大笑着，仿佛他是这个世界上最聪明的人。事实证明，人一旦自以为是个天才，往往他已经变成了蠢材。

"哈哈哈！大哥不愧是高手啊！小弟今天学习了！"来俊臣说完拱手一揖。

"哪里！哪里！兄弟你也不赖，哈哈哈哈！"周兴的笑声依然不断，甚至有些前仰后合。

"将院内的大瓮抬进来！"在周兴大笑之时，来俊臣收住了笑容。

不一会儿，手下人将大瓮抬进来放在了来俊臣和周兴面前。

"点火！"来俊臣吩咐道。

当周兴看到火光四起时，他感到有些奇怪，他不明白来俊臣为什么要当着自己的面做这些事情。

即使审讯犯人，也不急于这一时啊！

"兄弟！你想在这儿审讯犯人啊！回头再实验吧！"周兴依然和颜悦色地对来俊臣说道。

面对周兴的笑容，来俊臣狡黠地一笑。忽然间他紧紧拉住周兴的手，然后温和地说道："罪犯远在天边，近在眼前，兄弟我刚才接到密旨，有人密报你和丘神勣通谋，陛下让我审讯你。可是我又怕大哥不招啊，所以就用你教给我的方法试试喽！"

霎时间，周兴呆若木鸡，过了好半天他才结结巴巴地说道："兄弟，别开玩笑啊！我们接……接……接着喝酒吧！"

来俊臣依然不失温和的态度，说道："大哥别执迷不悟了，有圣旨在此，岂是笑谈！"

此时，温和是最顶级的暴力！

在看到来俊臣拿出圣旨的一刹那，周兴顿时如遭五雷轰顶，六神无主的他终于低下了高傲的头颅。

"皇命难违！"

这是来俊臣留给周兴的最后一句话。

在来俊臣的“精心照料”下，周兴被判了死罪，武曌念在他曾经帮助自己搞垮政敌的分儿上，赦免了他的死罪，改判流放岭南。

天授二年（691 年）二月，在流放的路上，周兴被仇家暗杀！

致命黑手

在扳倒周兴的同时，另一个知名酷吏索元礼因为收受贿赂被人告发，结果武曌不失时机地将索元礼诛杀，现在时人并称“来索”的酷吏双子星座，只剩下了来俊臣。

在看到与自己齐名的两大酷吏接连落马后，来俊臣的心中不禁泛起一丝寒意，他明显感觉到，武曌在当上皇帝后，对于先前这些帮助她打击异己的酷吏，态度表现出了极大的反差。

不过，在来俊臣看来，这并不是因为酷吏们失去了作用，而是因为周兴、索元礼等人妄自尊大触犯禁忌才导致最终被杀。而来俊臣坚信，自己绝不会重蹈周兴、索元礼的覆辙，只要认真替女皇做事，未来前途依旧光明。

事实上，当来俊臣下定决心时，他已经走上了一条不归之路。

来俊臣继续着自己告密、诬陷的事业，而武曌却在暗中密切注视着他的一举一动，她之所以暂时没有对来俊臣动手，是因为她已经为来俊臣挖下了一个巨大的坑。

欲使其灭亡，必先使其疯狂！

来俊臣的表现也恰恰说明了这一点。

现在来俊臣的胃口越来越大，他已经完全不满足于扳倒那些微不足道的小人物，因为他知道只有扳倒那些大人物，自己才能踩着他们的肩膀一步步地向上攀登。

而狄仁杰就是他在实现这个愿望的道路上，一个很重要的猎物。

自从狄仁杰因为追查李冲的同党，被张光弼进谗贬官后，没过多久，武曌又将他召了回来。

天授元年（691 年），狄仁杰升为地官侍郎，同时参与政事，等于进入了宰相班子。重新回到朝廷的狄仁杰，依旧是兢兢业业地做好自己的本职工作。

不可否认，狄仁杰是个胸襟坦荡的人，武曌曾经对他说有人在自己面前打过他的小报告，问狄仁杰想不想知道是谁，狄仁杰的回答是：

“陛下如果认为我有错误，臣愿意改正，陛下如果认为臣没有错误，那是臣的幸运，所以臣实在不愿意知道谁是打小报告的人。”

这样大方得体，光明磊落的回答，让武曌深深折服，也就是从这时开始，狄仁杰成为武曌最信任的人，但让狄仁杰想不到的是，就是他这样一个光明磊落之人，居然遭到了来俊臣的黑手。

不久，一顶蓄意谋反的“大帽子”被来俊臣扣在了狄仁杰的头顶上，一同受到牵连的还有司礼卿崔宣礼、御史中丞魏元忠等人，在来俊臣看来，这些人全都是朝廷内的大人物。

当无边的黑暗向狄仁杰袭来时，他便猜到了会出现的结果，他知道如果稍有不慎，自己的结局或许比郝象贤还要惨，他更明白如果在“新开狱”里，自己向来俊臣“宁死不屈”，或许他连在武曌面前申冤的机会都没有。

事实证明，狄仁杰的判断是对的，在新开狱中狄仁杰遭到了毒打和刑讯逼供，在濒临死亡之前，狄仁杰一直在思考对策，他一直在寻找一条不同于常人的对抗方式。

很快，机会来了。

为了显示自己的“宽宏大量”，来俊臣告诉狄仁杰如果他承认谋反的事实，可以免去死罪，减刑一等处置，在来俊臣看来，狄仁杰是万万不可能承认的，而这样他就找到了继续向狄仁杰施以毒手的机会。

但让来俊臣意想不到的是，狄仁杰居然承认了。

“大周革命，万物维新，唐朝旧臣，甘从诛戮，我承认谋反的事实！”当来俊臣听到这话从狄仁杰口中说出时，他笑了。

你们全都抵挡不住我的严刑逼供，即使是正人君子的狄仁杰也不例外！

既然已经承认谋反，接下来的事情将是如何以狄仁杰为突破口，牵出来更多的人。所以他没有继续向狄仁杰刑讯逼供，而是先将他暂时放在了死囚牢里。

在我看来，来俊臣此时已经犯下了一个严重的错误，那就是他完全没有仔细思考这桩自己一手捏造、连自己都不相信的案子，狄仁杰为什么会这么轻易地就承认了。

人在得意时，真的会变成傻子！

不过，对于狄仁杰来讲，这是个自救的机会。

一天，狄仁杰向监狱看守提了个请求：天气热了，请把我的棉衣送回家，改成单衣。

看守同意了。

当然，看守并不知道，这件棉衣里有狄仁杰给家人写的诉冤状。

当狄仁杰的儿子狄光远看到诉冤状后，立即上报武曌，狄仁杰终于有了沉冤昭雪的机会。可是这个机会却暂时被经验丰富的来俊臣给化解了。

“你不是说狄仁杰已经认罪了吗？怎么他还会写这诉冤状。”面对跪在自己面前的来俊臣，武曌厉声问道。

此刻来俊臣意识到是自己的疏忽，才给了狄仁杰以申冤的机会，眼下如何补救，将是至关重要的。在经过瞬间的思考后，来俊臣做出了滴水不漏的回答：

“陛下！自从狄仁杰下狱后，臣等对他照顾得很好，他确实是想谋反，不然的话谁会承认自己谋反呢？这可是要掉脑袋的啊！”

显然，来俊臣是在用顺势思维来引导武曌！

坦白地讲，此刻武曌内心是矛盾的，一个女人篡夺了李唐王朝的最高权力，她时刻在怀疑身边的所有人，所以她任用酷吏打击异己。但同时她对狄仁杰谋反这件事又是将信将疑，作为治国良臣，胸襟坦荡的狄仁杰真的会谋反吗？

是不是来俊臣从中做了手脚？

如果是这样，那国家岂不是失去了栋梁之材？今后谁还会效忠武周？

“嗯！朕相信你说的话，不过朕还是派人随你一同去看看吧！”武曌在沉吟半晌过后，缓缓地对来俊臣说道。

担当这个任务的是通事舍人周綝 。

顺便说一句，周綝是个不折不扣的胆小鬼。

当他跟随来俊臣进入新开狱后，已经变成了腿肚子朝前，当然这是来俊臣最希望看到的，因为他知道现在大臣们全都不敢得罪自己，周綝的这种表现其实也是一种讨好。

在来俊臣的精心安排下，狄仁杰被一帮人穿戴整齐，然后“精神抖擞”地出现在了周綝面前，当然他已经被事先警告不许讲话。

“怎么样？周大人，我没有说谎吧？”来俊臣问周綝，话语间带有一丝强势。

“没有，没有！来大人一心为国，怎么会说谎呢？呵呵呵！”周綝连忙答道，事实上他根本没有抬头看狄仁杰。

“那周大人知道该怎样回禀陛下了？”

“知道，请来大人放心，一切包在我身上。”周綝怯生生地回答道。

“哈哈哈！有劳周大人了！”来俊臣言罢，拱手一揖。

“那我就告辞了。”

“等一等，请周大人把这个带上。”在周綝转身即将离去的时候，来俊臣忽然叫住了他，递给了周綝一封书信。

名曰:《谢死表》。

所谓《谢死表》就是被判死刑的人,临死前表达自己对所犯之罪的一种忏悔。

当然,这份《谢死表》是来俊臣为狄仁杰伪造的,栽赃诬陷也是要有水准的。

周綝接过那份伪造的《谢死表》,他向来俊臣点了点头,仿佛悟出了什么,然后转身离去。

此时谁也没有注意到,站在一旁的狄仁杰,心已经沉到了谷底。他知道,自己已经没有挽回的可能,除非有奇迹发生。

事实证明,在这个世界上,总是会有奇迹发生的!

逆转

重新回到死囚牢的狄仁杰已经认命,现在他终于相信了什么叫好人不长命,满腹经纶的狄仁杰此时很迷茫,他百思不得其解,为什么这个世界上好人总是斗不过坏人呢?为什么忠诚君子总是会败给奸诈小人呢?

最终他得出了一个结论:君子有自己的底线,而小人则没有!

狄仁杰此时已经想不出任何办法来解救自己,即使是那个《通天帝国》中武艺高超的狄仁杰,相信此刻也是想不出任何办法的。

现在他唯一能做的只有两个字——等死!

狄仁杰日复一日地等待着酷吏们结束自己的性命,但让他意想不到的是,他等来的却是转机。

谁也不会想到,给狄仁杰以转机的居然是一个八岁的小男孩!

我曾经说过,不要鄙视小人物,在某些关键时刻,小人物常常能左右历史进程。

在史书上,这个小男孩没有留下名字,我们只知道他姓乐,姑且叫他乐兄弟吧!

乐兄弟本来和狄仁杰的案子毫无关联,事实上他也根本没有想解救狄仁杰,之所以他会为狄仁杰带来转机,完全是因为他对酷吏的憎恨。

乐兄弟是大臣乐思晦的儿子,父亲被来俊臣等酷吏们联手诬告,结果被判死刑,而他则被罚入司农寺为奴。

很长时间以来,只要一提到“酷吏”两个字,乐兄弟便血灌瞳仁,恨得咬牙切齿,在他幼小的心灵中早已经发下重誓,那就是要用自己的方式狠狠地教训这群酷吏。

当看到来俊臣将朝廷一批批忠臣良将打入死囚牢时，乐兄弟坐不住了，他勇敢地前往朝堂，准备向武曌控诉来俊臣的罪行。

狄仁杰的转机就此到来。

如此看来，我们还应该感谢武曌当初鼓励不分男女老幼的告密，如若不然，一个八岁的孩童怎么可能见到高高在上的女皇？

当乐兄弟站在武曌面前，先前的愤懑之心让他没有丝毫的紧张。相反，他对武曌却说出了在我看来超出其实际年龄一大截的话语：

“陛下！我的父亲已经被处死了，我的家庭也已经支离破碎了，我今天对您说这些，不是为了自己的家事，而是为了国家的法律是否能实现真正的公平，这是关系到国家命运的所在。”

乐兄弟的话点燃了武曌的好奇心，她实在没有想到一个八岁的小男孩居然会说出如此成熟的话。

“继续说下去！”武曌示意道。

“陛下！现在国家的法律已经被来俊臣等人玩弄于股掌之间，国家之法现在完全成了来俊臣的家法，陛下如果不信，可以挑一个信得过的人交给来俊臣审判，我保证他最后会被来俊臣折磨得认罪服法。”

武曌被这个八岁男孩的话震住了，不过她没有丝毫的反感，这么长时间以来，酷吏们的存在已经成了威胁民生的严重问题，当然她也知道酷吏之所以能够存在，完全是因为她的支持。她虽然意识到了问题的严重性，只是在此之前没有人会像乐兄弟那样直言不讳，而人性的自私心理，又让武曌有些回避自己亲手造成的局面。

今天，当乐兄弟直言不讳地指出酷吏们的危害时，那一句句话就像刀子一样扎进了武曌的内心。于是她果断地想到了狄仁杰。

“传朕旨意，朕要前往新开狱亲自看看狄仁杰！”

……

在见到狄仁杰的一瞬间，武曌惊呆了，那浑身血污和散发出的霉臭味让武曌有些想呕吐，白痴都能看得出来，这些日子狄仁杰在狱中受了多少苦。

当然，武曌也明白了一切。

所以在稍稍稳定心神之后，武曌开门见山地说道：“为什么要承认自己谋反啊？”

这句话等于洗刷了狄仁杰的冤情！

“如果不承认谋反，臣恐怕早已经死在了酷吏们的刑具之下了。”狄仁杰有些自嘲地说道。

“那《谢死表》是怎么回事？真的是你写的吗？”

“臣从未写过《谢死表》！”

武曌看着狄仁杰，眼神中透露出一丝怜悯，可她知道狄仁杰今天之所以会到这个地步，与自己纵容酷吏有着不可分割的关系。

高高在上的女皇怎么能向臣子低头？

“即使没有谋反，恐怕也有些非分之想吧！”武曌叹了口气，然后继续说道：“朕赦卿等死罪，但也不要在长安了。”

武曌的意思很明显，贬狄仁杰等人出长安。

“谢陛下隆恩！”……

狄仁杰没有任何的反驳和表白，因为他知道在这个特殊的时刻，太多的语言只会引起强势女皇的反感。

不久，狄仁杰、魏元忠等人被贬出长安，狄仁杰的目的地是三百多年前陶渊明曾经待过的彭泽（今江西九江彭泽县），在那里他将出任彭泽县令。

当狄仁杰走出长安城时，顿时体会到了一种久违的轻松，这么长时间所经历的一切，让他切身感受到了什么叫“山重水复疑无路，柳暗花明又一村”。

身心俱疲的狄仁杰此时真的想像当年的陶渊明那样，纵情于山水之间，从此不再过问世事。但复兴李唐的理想又怎能让他彻底地做到了无牵挂呢？

事实证明，不久的将来，他又重新回到那久违的皇城，为着自己的理想而不断奋斗！

反来联盟

狄仁杰等人侥幸从自己的虎口逃出，让来俊臣十分郁闷，这么多年来，只要是他来俊臣盯上的人，基本上是“十死无生”，可偏偏这次狄仁杰等人是个例外，在来俊臣看来，这绝对是个意外。

不过，在我看来，这是一个标志，酷吏政治即将终结的标志。

或者说是酷吏们气数已尽！

神功元年（697 年），来俊臣升任为司仆少卿（从三品），此时的来俊臣已经达到了他人生的顶点，随之而来的将是急转直下。

让他做梦也没有想到的是，最终的结果会是万劫不复！

据史书记载，在来俊臣的家中，有一本他亲手做的名册，这本名册中汇集了所有朝臣、王公贵族的名字，来俊臣每次心血来潮，都采取抽签的方法，抽到哪个他就陷害哪个。

这天，来俊臣回到家中，忽然心血来潮，于是他拿出了那个名册，望着眼前这本名册，来俊臣的心中很是自豪，在他看来，除了高高在上的武曌，所有人的命运都掌握在自己手里，每当来俊臣抽出一个名字，那个人就将像刀俎上的鱼肉那样，等待着他一点点地宰割，而来俊臣的成就感就来自他那瞬间抽出名字的快感和征服的欲望。

现在，他的手又伸进了那本名册中，在经过短暂的停留后，他连续抽出了三个人，虽然现在他不知道是谁，但是一想到又会有人被自己玩弄和宰割，他就开始不知不觉地兴奋起来。

于是，他打开了那写有三个人名字的纸条，上边写着两个男人和一个女人的名字，分别是：武旦、太平公主、武承嗣。

全是武曌的血亲！

武旦就是李旦，在武曌称帝后被迫改名，武承嗣是武曌异母兄弟武元爽之子，在武曌登基后，劝武曌对李唐皇室成员大开杀戒。

在这三个人中，值得注意的是太平公主！

太平公主是李治与武曌所生子女中最小的，本名李令月，生下来备受宠爱。8 岁时，以替已经去世的外祖母荣国夫人杨氏祈福为名，出家为女道士，太平一名，乃她的道号。

虽然号称出家，她却一直住在宫中。一直到吐蕃派使者前来求婚，点名要娶太平公主。李治和武曌不想让爱女嫁到远方去，又不好直接拒绝吐蕃，便修建了太平观让她入住，正式出家，借口公主已经出家来避免“和亲”。

太平公主约 16 岁时，下嫁李治的嫡亲外甥，城阳公主的二儿子薛绍，后来薛绍因为李冲谋反而被牵连，下狱后饿死狱中，这段短暂婚姻被迫终结。

天授元年(690 年)，太平公主改嫁武曌的伯父武士让的孙子武攸暨。这次婚姻被认为是武曌为了保护太平公主而采取的手段，而在这段婚姻开始的两个月后，武曌便正式登基，太平公主因为成了武家的儿媳，避免了因是李唐皇室成员而被清洗的危险。

据史书记载，太平公主“喜权势”，武曌认为她的长相、性格都像自己，常与她商议政事，但武曌从不让太平公主将她参与政事的事情外泄。

在强势的母亲面前，精明的太平公主知道如何收敛自己的行为，所以在武周政权时期，太平公主亮相的机会并不多，但这并不意味着太平公主就此一直沉默下去，事实上，她的时代开始于武周政权的结束。

而现在来俊臣选中了太平公主作为诬陷对象，这也给了太平公主在武周政权时唯一亮相的机会，事实证明，心机深沉的太平公主一亮相便展示出了不凡的手段。

当来俊臣看着手里的这三个人名时，他忽然笑了起来，这对他来讲绝对是个挑战，而酷吏残忍的本性，促使他那贪婪之心继续不断地膨胀。

他坚信，这一次他会成功！同时，他也坚信随着成功的到来，他将会开创他人生史无前例的光明前途。

信心膨胀的来俊臣开始了认真的准备，不过让他想不到的是或许是太过自信，或许是过于疏忽，他秘密诬告三个人的消息不胫而走，最先知道消息的是武承嗣。

坦白地讲，武承嗣没有得罪过来俊臣，现在来俊臣偏偏将自己写入了黑名单，一想到新开狱那阴森恐怖的景象，武承嗣便不寒而栗。最重要的是，作为武曌女皇的侄子，在皇帝年龄渐老的情况下，武承嗣有着内心深处不为人知的想法。

如果不先下手，一旦让来俊臣占得先机，一切都将是镜中花，水中月！

此时的武承嗣决心要抢在来俊臣之前，以其人之道，还治其人之身。但是，他明显地感觉到，虽然他是皇亲国戚，但自己的力量或许有些单薄。

于是，他决定联合武旦和太平公主，一起发动对来俊臣的绝地反击！

也就是从此时开始，反来联盟正式形成！

有人说来俊臣的灭亡起于诬陷女皇血亲之心，我则要说酷吏政治的终结始于反来联盟的形成！

做局

当武承嗣找到武旦和太平公主的时候，其实武旦和太平公主的心也在七上八下。在三个人之中，武承嗣是武家的人，武旦虽然姓武，但实质上是李家的人，而只有太平公主兼有李家和武家的双重身份。虽然武周政权时期，李家和武家矛盾极端突出，但此时面对酷吏来俊臣的挑战，三个人不约而同地结成了同盟，当然也是为了自己的利益。

既然已经结盟，接下来要做的就是商量如何反击来俊臣，准确地说是反击到什么程度。

是仅仅出于自保？还是扳倒来俊臣？

武承嗣和武旦的意见是自保，因为来俊臣深受武曌的信任，在他们两人看来，置来俊臣于死地是不可能完成的任务。

而太平公主并不这么认为。

在太平公主看来，此时正好是扳倒来俊臣的绝好机会，这是因为他们三个人的身份。

一个是皇帝儿子，一个是皇帝侄子，一个既是皇帝女儿又是武家媳妇的人，来俊臣你是不是想要武曌的命啊？

目前唯一可以击败来俊臣的，就是以三个人的身份为切入点，当然一切要从武曌那里开始。于是三个人研究了一个切实可行的计划。

第一招：群起而攻之！

首先，三个人联合其他皇室宗亲，不管是武家还是李家，团结一切可以团结的力量，共同上疏武曌，揭露来俊臣这些年的一切罪过，是谓"群贬战术"。

但是，上疏的人中不能有太平公主！

当然，所有人都知道，这些年来揭露来俊臣罪过的人绝不在少数，仅凭这一招还不能扳倒来俊臣，而使出这一招的目的是制造舆论，接下来要想打动武曌，必须使出第二招。

第二招：攻心术！

完成这个任务，就不能再是一帮人一窝蜂地到武曌面前唠唠叨叨，而是要让一个有能力的人，而且是武曌颇为信任的人去游说武曌，综观所有人，只有太平公主最合适。

毕竟女儿是娘的贴心小棉袄！

而是否能扳倒来俊臣，全部在于第二招是不是能够完成，准确地说是太平公主是不是能够完成这个任务。

所有的人都将希望寄托在太平公主身上，而事实证明，这个任务她完成得很出色。

一天早朝过后，太平公主跟随武曌回到了内殿。

在落座之后，娘俩说了些海阔天空的话，然后太平公主忽然之间发出了哀叹之声。

面对女儿的哀叹，武曌警觉地看了她一眼，然后开口问道：

“太平,为什么唉声叹气啊?”

太平公主并没有马上回答,在武曌问话之后,她的眼眶湿润了。事实上,这是她今天完成攻心术的一种手段,因为太平公主明白,女人的眼泪有时是最厉害的武器。

果然,武曌很是不解,于是她急切地问道:“看来是有什么事让你伤心啊,能否和朕说来听听?”

机会来了,太平公主当然不肯错过,只是她加上了一点儿表演手段。

“皇上,您知不知道您辛苦建立的大周,又要重新回到李唐皇室的手上了?”在武曌问话过后,太平公主立即跪在武曌的面前,声音颤抖地说道。

显然,武曌被太平公主的话所震惊,因为她知道如果没有发生什么大事,自己的宝贝女儿断然不会说出这样的话。

武曌的脸开始有些阴沉,她缓缓地问道:“难道又有哪个地方出现徐敬业那样的人了?”

“不是! 皇上现在是万民归心,要窃取您基业的人,不是在外边,而是在朝内。”太平公主说道。

“朝内?”武曌用疑惑的眼神看着太平公主。

坦白地讲,这么多年武曌只要听到有谁反对自己,便神经质般想要置对方于死地,现在她最信任的女儿在她面前再次说出了有人反对自己,武曌的内心开始不安起来。

“自从先帝在位,朕荣登后位之时,就一直有人反对朕,女人为什么就不能当皇帝,朕现在不是当得好好的,百姓们不是都安居乐业吗? 太平你说说是谁反对朕?”武曌开始有些激动。

此时此刻,太平公主已经让武曌一点点地进入了自己设计的局内,事实上,并不是她比武曌更有手段,而是她成功利用了武曌的弱点——猜忌心。

“皇上,现在窃取您基业的人,是比徐敬业更为狠毒的人,徐敬业公开反叛,那是在明处,而这个人是在暗处。”

“是谁?”武曌凝神厉声问道。

按说,到现在为止,太平公主完全可以说出来俊臣的名字,但有的时候不到最后一刻,是不能揭锅的。

“皇上,最近这几天很多人都在给您上疏,揭露来俊臣的罪过,您相信这些人的话吗?”太平公主巧妙地避开了武曌的问话,开始靠近问题的中心。

“朕知道你们都恨来俊臣他们,但他们确实帮着朕铲除了很多异己,当然朕知道他们狠毒了些，朕也在着手改变他们，比如周兴，朕不就是顺应民心处理了他吗？"

武曌说完，看着太平公主，然后她犹疑地补充了一句："太平，你到底想说什么啊？难道窃取朕基业的人是来俊臣？"

"儿臣不敢说来俊臣有意为之，但他的行为已经惹得众怒，所有人都知道您是来俊臣背后的强力支持者，儿臣真的担心，因为一个小小的来俊臣，所有人会思念李唐，盼望李唐重兴，如果真是这样，皇上辛苦创下的基业岂不毁在来俊臣之手？"太平公主说到最后，几乎快要哭出声来。

武曌听太平公主说完，闭上眼睛静静地待在那里，片刻之后，她轻声地说道："朕要是将来俊臣打入冷宫，是不是会赢得众人的心？"

"是！"太平公主斩钉截铁地说道。

"是时候了，该结束了……"武曌不断轻轻地点着头说道。显然，她也想彻底终结酷吏们的为所欲为，在朝廷内重新塑造武周政权的形象。

"皇上圣明！"太平公主一边说着，一边跪了下去，虽然此刻她的眼角还带着泪痕，但是跪下去低头的瞬间，她的嘴角已经露出了一丝微笑。

来俊臣！你的败局已定。我用你的方式还击了你，可我的方法比你不知高明多少倍。

灭族

直到被下狱的那一天，来俊臣也没有弄明白到底是谁在背后给自己拍了黑砖，不过武曌最初并没有想置来俊臣于死地，她的内心很矛盾，毕竟这么多年来，在所有酷吏中，来俊臣是为自己出力最多的，虽然狠毒，但说实话对武曌确实是死心塌地。

武曌内心很矛盾。当来俊臣被下狱的消息不断传开后，要求处死来俊臣的奏疏犹如雪花般飞到了武曌的面前，都说众意不可违，坦白地讲，对酷吏政治，她真的想迅速终结，但对来俊臣个人，她确实有些不舍。

如果照此下去，来俊臣虽然不能再为所欲为，但或许还可以保住性命，但此时一个人的出现，将来俊臣彻底推向了万丈深渊。

说起来这个人并不是什么大人物，当时他的官职是明堂尉，也就是专门管理明堂一切事务的人，这个人的名字叫吉顼。

在我看来，来俊臣做梦也不会想到，他从前最不重视的那些小人物，居然会给他最致命的一击。

据史书记载，吉顼虽然官职不高，但“阴毒敢言事”，从品质上来说，其实和来俊臣很相似。

而最终让武曌下定决心除掉来俊臣，源于武曌和吉顼的一番对话。

一天，吉顼为武曌牵着马在明堂里观赏，武曌问吉顼：“如今朝廷有什么动向吗？”

“其他的倒没什么，就是对陛下迟迟不判来俊臣死罪而议论纷纷。”吉顼回答得很直接，也很干脆，说完后像没事儿人一样继续牵着马往前走。

“朕知道，来俊臣于我有功，我需要谨慎对待啊！”武曌叹了口气说道。

“以前于安远说李贞要谋反，后来李贞果真谋反了，于安远这么有功劳的人，到现在为止也不过当到成州司马，来俊臣作为三品大员，女皇陛下这么信任他，他还结交不法之人，收受贿赂，陷害忠良，简直是国家的祸害，我觉得不值得同情。”

吉顼一边说着，一边牵着马继续往前走，他说的话似有心，又似无心。

无论如何，这一次吉顼的话让武曌陷入了深深的思考之中，来俊臣对武曌个人的功绩和他现在对整个国家的危害，武曌的心中现在有一个天平，天平两端之间，武曌发现来俊臣对国家的危害远远重于天平另一端那份对自己的功绩，现在连一个小小的明堂尉，都对来俊臣产生了极大的怨恨，更何况那些支撑武周政权不断延续的朝廷大臣。

而前边那些雪花般的奏疏已经充分证明了这一点。

“我知道该怎么做了。”武曌已经下定决心。

而此时吉顼依然牵着马往前走，脸上没有任何表情。

……

神功元年(697年)六月三日，来俊臣被处斩，值得一提的是，当他刚刚咽下最后一口气时，已经等得迫不及待的民众一拥而上，挑出眼珠，剥下面皮，开腹掏心，最终将来俊臣的尸体剁成肉酱。

当天，长安城内流行最广的一句话就是：从今天开始可以睡个安稳觉了。

来俊臣的死，标志着武周政权时期酷吏政治的结束，虽然此后酷吏依然存在，但风光不再。

武曌下定决心处死来俊臣，既是对酷吏的宣判，也是其政策改变的宣言，因为政治的需要她重用酷吏，同样因为政治的需要，她又毫不手软地将酷吏们一个个地送进了坟墓，她借助酷吏之手消灭了政敌，现在她需要酷吏这些鹰犬们的头颅来平息民怨。

对于来俊臣这样的酷吏来讲,我想说的是,这是一群嗜血的投机分子,同时又是“官场上的特种兵”,之所以这样说,是因为他们丧失了做人的底线,为武曌实现内心的权欲而充当马前卒,从而完成在正常人看来有些心理变态的任务。

残忍是他们的本性,杀戮是他们的手段,看到被自己诬陷的人在临死前的痛苦状,他们变态地感受到了快慰,但他们或许不知道这一切都只能盛极一时,而最终他们都逃不过上天的惩罚。

在知道人们争先恐后地践踏来俊臣的尸体时,武曌坐在皇帝宝座上,不断回味着自己高明的权术,然后她下诏痛骂来俊臣祸国殃民,下令将其灭族。

但是,武曌同时也明白,终结了酷吏政治这只是个开始,深宫的帷幕之内,雄才大略的女皇已经开始筹划治国安邦的大计。

第八章

励精图治

如果不是囿于某种偏见，如果不是出自狭隘的政治需要，大凡总可以得出这样一个较为公正的结论：武曌是一位颇具政治才能的女人，她的才能不仅表现在以令人惊异的谋略击败强大的敌对势力，还表现在她对人才的利用上，她能将各种不同类型的人笼络在自己的周围，为巩固自己的皇权而效力。前边说过的酷吏不过是武曌用人的一种类型，他们是一群卑劣小人，或许根本就谈不上什么人才，这些人限于价值的局限性不可能得到更大的权力，而只有一种单一的使用价值，待价值失去意义之时，便被武曌如弃敝屣般抛弃。

历史再一次告诉我们，真金不怕火炼，能够长盛不衰的，是那些国之栋梁。

武周政权不仅是只有酷吏的残忍嗜杀，更有武曌的励精图治和“贞观之治”后大唐一步步走向中国历史巅峰王朝的坚实烙印。

放手招贤

武曌曾经说过，天子的责任，莫过于选贤任能；臣子的功劳，莫过于进献忠言。招收有才能的人一定要放眼四海之内、山林草泽，希望本朝人才之多能够比得上强盛的周朝。

有人说武曌的这番表白，有些作秀的味道。而我并不这么看。事实上，武曌的这些想法基本上都付诸了实际行动，从文人、儒生、孝子、贞洁者乃至勇敢善战者，无不在她的任用范围之内，这等于为当时各阶层的人打开了入仕之门，使许多湮没无闻者能够跻身到参与治理国家中来。

当然，武曌对于选拔出优秀的人才，也有着自己独特的方式，而正是她的这些发明创造在不经意间成就了中国历史上诸多个“第一”。

首先便是自创殿试先例。

这是武曌完善发展科举制度的一项重大举措。在前边由于篇幅所限，我们一直没有机会详细说说我们祖先这项选拔人才的伟大发明创造，现在我们就来说一说。

魏晋南北朝时期，实行的九品中正制，当时由于士族势力强大，常影响中正官考核人才，后来甚至所凭准则仅限于门第出身。于是造成“上品无寒门、下品无士族”的现象。不但堵塞了民间人才，还让士族得以把持朝廷人事，影响皇帝的权力。隋朝统一全国后，隋文帝为了适应封建经济和政治关系的发展变化，为了适应底层人才参与政权的要求，加强中央集权，把选拔官吏的权力收归中央，废除九品中正制，开始采用分科考试的方式选拔官员，他令“诸州岁贡三人”参加考试，合格者可以做官。

到了唐代，科举考试为时人所重，唐朝许多宰相大多是进士出身。常科的考生有两个来源：一个是生徒，另一个是乡贡。由京师及州县学馆出身，而送往尚书省受试者叫生徒；不由学馆而先经州县考试，及第后再送尚书省应试者叫乡贡。由乡贡入京应试者通称举人。州县考试称为解试，尚书省的考试通称省试，或礼部试。礼部试都在春季举行，故又称春闱，闱也就是考场的意思。

武曌发明的殿试则是省去礼部试，亲自面试举人，有十分优秀的，当场任命官职。

举人们通常将省试作为自己的终极目标而奋斗，因为过了省试，等于算是朝廷的候补官员了，但要想一睹皇帝的真容，那还得熬些资历。不过，生活在武周政权时期的举人们肯定想不到，他们居然有机会直接接受皇帝的面试。

载初元年(690 年)二月十四日，武曌在洛阳殿前第一次举行了规模宏大的殿试，全国诸多举人全都应召前来，由武曌亲自面试。据史书记载，这场殿试经过了很多天才结束，而考查的内容十分广泛，从外貌、学识、人品、德行，甚至连走路的姿态都一一考查。

这是一次别开生面的考试，也是中国历史上开创先河的考试，正所谓：是骡子是马拉出来遛遛。习惯于在书斋中舞文弄墨的举人们，当面对神圣的女皇时，可以想象心里是何等的紧张。这种考试打破了那种沉闷、呆板的作文章的考试形式，使选拔人才的形式更加灵活和多样。

同样这也是对科举制度很好的完善和发展！

在武曌死后三百年的宋太祖开宝八年(975 年)，赵匡胤在东京汴梁讲武殿策试贡院合格举人，并颁定名次，自此殿试始为常制。后来明清殿试后分为三甲：一甲三名赐进士及第，通称状元、榜眼、探花；二甲赐进士出身，第一名通称传胪；三甲赐同进士出身。

可以说，后来科举制度之所以形成了一个完备的体系而流传了千年，并且让那些古代的读书人视为终生的奋斗目标，不能不说与人们能够让皇帝亲眼见识到自身的才能有关，而一旦梦想成真，便可一飞冲天，光宗耀祖。

如此看来，武曌十分理解那些十年寒窗苦读的学子们，所以她充分给这些人机会，只要是人才，绝不埋没。

抛开地位的尊卑而言，为了实现心中的理想，而不断艰苦努力，从这一点来讲，她和他们是一样的。

所以，她感同身受！

官员是多种方式产生的

通过科举制度选拔人才充实到官员队伍是中国古代选官制度的主要方式，但在武周政权时期，武曌为了给人才充分施展的机会和出于不断巩固政权的需要，其选官制度有着多种多样的形式。

科举是其中一个组成部分，但绝不仅仅是这些。

我们所理解的科举主要是选拔文官，那么武官是怎么产生的呢？

唐初有很多名将，这些人基本上都是通过从军，在战场上摸爬滚打出来的，而武曌为了打造一支有文化、有思想、高素质、高水平的武官队伍，并实现建立与选拔文官一样的选拔武官制度，特地设立了“武举”考试。当时要想成为朝廷的一名武官，参加武举考试一共要过七关，分别为射长垛、骑射、马枪、步射、才貌、言语、举重；也就是说除了武功高强，外部形象和自身素质也是考查的重点。

说得通俗一点，比的是综合实力！

如果你顺利通过“武举”的七关考试，那么恭喜你，你将和那些顺利通过科举考试的进士们一样，成为朝廷的官员，同样可以一飞冲天，光宗耀祖。

当然，如果你科举考试没中举，武举考试也落榜，在那个时候，也没有关系，如果你执着地将做官视为实现自己价值的唯一道路，你可以向朝廷自荐，申请做官。

而这种自荐的方式，也是武曌的首创，名为“自举”。

前边提到过武曌设立的“延恩匦”，接受“自举”便是其中的功能之一。李世民在位时，曾经有意让人毛遂自荐，但被魏征谏阻，他认为认识别人为智，认识自己为明，知人难，知己更难，打开自荐这扇大门，容易使那些浮夸虚伪的人有机可乘。结果魏征的话让李世民打消了这个念头。

不可否认，李世民作为一代明君，尚且对“自举制度”的推行心存狐疑，而武曌则一反先帝所为，大胆地令人自举，足见其气度不凡。

如果你没有“自举”的勇气，也请你不要放弃努力，因为女皇在怎样得到人才为我所用这一点上，是着实费了脑筋的。科举、武举、自举，三举之后还有试官制度。

所谓试官制度就是武曌专门派人到全国各地搜寻人才，觉得合适的，武曌亲自面试，通过考试的，可以临时出任某些官职，也就是“挂职锻炼”，任期内如果政绩突出，就会正式任命，如果政绩平平，则卷铺盖回家。

总之，武周政权时期，如果你是个人才，做官的机会很多，而武曌也充分认识到，一个人究竟是不是人才，通过考试认定，只是其中的一种方式，而有些人才不是应试型的，就需要给他们以施展的空间，在实践中去考察，去衡量。

如此看来，武曌发明的这些选官制度，即使在今天看来依然有其实用价值！

在武曌死后半个世纪出生的陆贽曾经对武曌的用人之道给予了很高的评价，他说武曌掌权后，“开汲引之门，进用不疑，求访无倦，非但人得荐士，亦许自举其才，所荐必行，所举辄试……是以当代谓知人之明，累朝赖多士之用”。

事实上，陆贽的话并不过分，武曌从她执政伊始就在全国范围内搜罗人才，而且她曾经还在改元赦文中说过求访贤才是治世之要务，并命令凡是九品以上的官员，州县的官员都要亲自举荐一名贤才。渴望人才之情，溢于言表。

武曌广开汲引之门，不计门第，不欺无名，甚至不避仇怨。

重用上官婉儿便是其中最好的证明！

自从上官仪被杀后，上官婉儿跟着母亲没入掖庭，随着年龄的增长，上官婉儿逐渐展露出了善写诗文的天赋。有一次，武曌忽然发现上官婉儿写了一首七言诗，在仔细阅读后，武曌发现其诗文辞华美，酣畅淋漓。虽然武曌读出了诗中有对自己的愤恨之情，但她并不计较，反而将上官婉儿召到自己身边，赐封昭容（正二品），协助自己批阅奏章，起草诏书，相当于贴身秘书。

值得一提的是，上官婉儿被起用时，只有 14 岁。从此，上官婉儿对武曌由仇恨转变成了拥护。

不过，所有人都不会想到，正所谓成也武曌，败也武曌，上官婉儿能够在历史上留下惊鸿一瞥，源自她的提拔，但也因为如此，上官婉儿被迫地走上了一条不归路。

言路畅达

前边我们说过“贞观之治”之所以在历史长河中留下光彩照人的一页，当时形成的诤谏之风功不可没。武曌当权时，虽然无法和李世民的“贞观之治”相比，但完全可以称得上言路畅达。

知人与纳谏是相互关联的两个方面，称得上知人善任的皇帝大都能够兼听博采，广开言路，充分发挥贤才的作用。在这方面李世民固然是做得十分突出的，他采取了诸如使谏官随宰相一起入朝议事、重赏进谏官员、鼓励官员直谏等许多措施，使朝廷内部十分开明，言论相对自由。

武曌当年在李世民身边做才人的时候，也经常能够听到李世民接纳直言进谏的事例，潜移默化中肯定会受到影响，以至于若干年后依然记忆犹新，为她执政时，实现言路畅达打下了坚实的基础。虽然从性格上说武曌不像李世民那么宽容、豁达，而是有些固执，甚至是独断专行，但她并不是个不能接受谏言的人，这一点从后来她采纳很多朝臣关于立嗣问题的进言就可以看出来。大臣的进谏如果有利于国家的发展和帝国稳定，她还是很愿意接受的。

宰相刘仁轨曾经向武曌上了一道奏疏，其中引述了西汉吕后的所作所为引来后世的耻笑和诸吕为汉朝带来祸患的事，劝武曌引以为鉴，而且奏疏措辞很尖锐，提出的问题也切中要害，让武曌沉思良久。

自从白江口一战成名后，刘仁轨一路升迁，这些年由于年事渐高，武曌不再让他参与军队之事，专门留守长安，负责全城的管理事务。刘仁轨在奏疏中提到的问题，恰恰是武曌最不愿意看到和面对的，虽然刘仁轨没有丝毫的异心，但如此表达方式，还是让武曌心里有些不爽。而刘仁轨这次上这道言辞激烈的奏疏，事实上除了性格因素，也是有意辞去官职，回家养老。

武曌明白刘仁轨奏疏所要表达的意思，无非是说现在的朝廷和当年吕后的时候差不多。刘仁轨虽然没有不臣之心，但武曌看得出言语暗含讥讽。虽然心中不爽，然而武曌并没有发怒，因为她知道这是一个忠诚老臣的一片披肝沥胆之言。

都知道忠言逆耳利于行，但能接受逆耳忠言的人其实并不多。而能够接受的，大多是不凡之人。

李世民是其中的一个，武曌也是。

在看完奏疏后，武曌立即下令嘉奖刘仁轨，这和她对待那些政敌的态度完全不同。而且让武承嗣带着玺书亲自到长安慰劳刘仁轨。自此之后，武曌一直重用刘仁轨，刘仁轨逝世后，武曌废朝三日，让留守长安的京官全部前往吊唁，并追赠开府仪同三司、并州大都督、陪葬乾陵。

武曌重视刘仁轨这样老臣的谏言，同样也虚心听取年轻谏官的意见。

右补阙朱敬则在酷吏横行的那段日子里，曾经上疏武曌，他指出现在天下太平，不应该再实行严刑峻法，秦朝在战国时采用严刑峻法是为了巩固国之根本，排除私人势力的干扰，结果国富民强，终于一统天下。可是在统一之后，秦朝仍沿用旧策，所以国家很快灭亡。他希望武曌能够引以为戒，及时改变法度，广布恩德，使天下人消除恐惧。

朱敬则的奏疏刚刚递上去，就得到了武曌的重赏！

武曌对官位品阶并不高的朱敬则给予了赞美之词，并且提拔他进入宰相班子，之后每逢朝廷决策之事，武曌的身边都少不了朱敬则的身影。

重视老臣的谏言和充分汲取年轻谏官的意见是武曌的特点，在她看来只要对国家发展有利、能够巩固自己的权位，站出来直言进谏的人是不分年龄的，同样官职也不分品级。

天册万岁元年(695 年)，武曌接到了嘉县主簿(九品官)刘知几的奏表。一个小小九品官上的奏表，女皇会重视吗？

答案是：没错！

武曌并没有轻视这个位卑职低的地方官的奏表，相反在接到奏表后，认认真真地读了起来。

当细细品读字里行间时，武曌不由得发出了钦佩之情，因为刘知几在奏表中提出了四个颇有见地的意见：

一、赦令不可太滥。(防止坏人、恶人有可乘之机。)

二、不要随便提拔官员。(防止“东郭先生”混入朝廷。)

三、淘汰朝廷冗员，节制恩赏。(避免混吃混喝之人，占着茅坑不拉屎。)

四、地方州县官员不可调动频繁。(避免地方民事产生混乱。)

应该说作为一个地方九品官员，能够提出从朝廷最上层到地方基层一整套完整的建议，不能不说是个难得的人才。并且意见是中肯而切中时弊的。当然，对于这样的人才，武曌是不会错过的。

在读过奏表之后，武曌采纳了刘知几的谏言。这对于刘知几而言，好运才刚刚开始。

圣历二年(699年)，刘知几被武曌调进了长安城，奉命和其他官员一起编撰一部融合儒、释、道三教典故的书籍《三教珠英》。在刘知几等人近两年的努力下，这本书终于修成，而刘知几也凭借这本书在两年后进入了国史馆，先后担任著作左郎、左史、著作郎、秘书少监等职，参与编修国史、起居注、实录等。

从长安二年(702年)一直到中宗李显重登皇位后的景龙三年(709年)，整整八年的时间，刘知几通过自己不懈的努力，又编写了一部中国及全世界首部系统性的史学理论专著。

这就是著名的《史通》!

《史通》包括的范围十分广泛，基本上可以概括为史学理论和史学批评两大类。史学理论指有关史学体例、编纂方法以及史官制度的论述;史学批评则包括评论史事、研讨史籍得失、考订史事正误异同等。由于总结了唐以前史学的全部问题，因而《史通》拥有极高的史学地位，对后世影响深远。

而刘知几能有这样的成就，追根溯源与武曌当年对他的大胆起用不无关系。

清朝人赵翼曾经评价武曌说:纳谏知人，自有不可及者。应该说赵翼这句评价并不过分。虽然武曌在知人纳谏的问题上，还无法达到太宗李世民那样的水平，但作为中国历史上唯一的女皇帝，能够在“贞观之治”的耀眼光芒下，其知人纳谏依然能为人们所称道，足以证明武曌是个开明的君主。

力倡均田

在介绍武曌励精图治的过程中，我们需要打破时间的界限，从武周政权的整体来把握，接下来让我们暂时先进入久视元年(700年)。

这一年武曌已是77岁的高龄了，尽管已接近耄耋之年，但看上去并不显得特别衰老。在正月间，武曌先是游览了嵩山，接着又去汝州视察民情，在她刚刚回到洛阳后，又得知三阳宫竣工，于是兴奋的武曌顾不上一路的疲劳，决定夏日里前往三阳宫避暑。

三阳宫是一座建筑宏伟的离宫，位于现在河南登封县东南三十五里的石淙河北岸。武曌在四月间前往三阳宫避暑，面对辉煌的宫殿，她在近臣的陪侍下，时而观歌舞，时而论古今，还曾在林间徜徉，在石淙河岸边流连之际写下了《石淙》诗一首:

三山十洞光玄箓，
玉峤金峦镇紫微。
均露均霜标胜壤，
交风交雨列皇畿。
万仞高岩藏日色，
千寻幽涧浴云衣。
且驻欢筵赏仁智，
雕鞍薄晚杂尘飞。

虽然这首诗所描绘的是三阳宫周围美丽的自然景色，显露出武曌充沛的游兴和愉快的心情，但也反映了在女皇的精心治理下，天下太平，百姓安乐的胜景。其中“均露均霜标胜壤，交风交雨列皇畿”这两句历来被人们认为是武曌对均田制巩固实行以来的大好形势的赞美和肯定。

值得一提的是，武曌励精图治其中一个很重要的举措就是强化均田制的实行。

那么何为均田制呢？

自东汉末年，士族地主集团大肆吞并土地广置田园，而农民失去土地后转而依附在地主的庄园里劳动，便不再向国家纳租税、服徭役。这样一来，使得国家应得的税收成为地主们的私有，长此下去损害的是国家的利益。这种状况从汉末开始持续了三百多年的时间，一直到北魏孝文帝于太和九年（485 年）颁布均田制为止。

所谓均田制就是以计口授田的办法，把国家掌握的土地租给它的赋税承担者。这样，一方面，抑制了士族地主的势力，保证了国家的税收。另一方面，也多少满足了农民对土地的要求。均田制在北魏孝文帝时期开始颁行，到隋朝为止一直沿用。

隋朝末年，由于长期的战乱，土地无人耕种，荒地连成一片。唐朝建立后，土地荒芜的现实情况一度让李唐王朝陷入窘境。武德七年（624 年），李渊颁布了一道关于均田的法令，规定丁男（二十一岁成丁）和十八岁以上的中男（满十六岁叫中男）赐田一顷，二十亩为永业田，可以传给子孙。八十亩为口分田，死后还要归还政府，另外分配给他人。老男（六十岁以上）及残废授田四十亩，寡妇授田三十亩，如果是户主外加二十亩。此外，有封爵的贵族和五品以上的官员可以授永业田五百亩至一万亩,立有战功而授勋的,可以按照勋级高低授勋田六十亩至三千亩。

这个制度一经实施,立即让李唐王朝重新焕发生机。此后,太宗李世民、高宗李治全都遵循高祖李渊颁布的这个制度,一步步地使大唐帝国逐渐走向强盛。

不过,在武曌执政的时候,均田制实行的形势并不乐观。由于唐朝初年高官贵族土地封赐过多,造成普通的农民授田不足。其次便是土地兼并现象十分严重,当时由于永业田和口分田在一定情况下允许买卖,无形中就为豪强的兼并打开了方便之门,致使大批农民的耕地转变为官僚地主的田庄。

大量的农民由于失去了土地,又缴纳不起名目繁多的赋税,只好走上了逃亡的道路。其中有一部分人逃到政府控制较为薄弱的山区,时间长了就逐渐沦变为"匪"或者"盗贼",公然和朝廷对抗。

武曌执政时,基本就面临上述这种情况。耳闻目睹均田制受到破坏,武曌常常为之费神,为此她多次征求大臣们的意见,并且向地方官了解诸州的土地、生产、人口等相关情况,作为她制定政策的依据。

随着对各地方情况的逐渐了解,武曌采取了很多措施来巩固和维护均田制的实施。她下令无论是永业田还是口分田,一律禁止豪强士族进行抢占,违者严惩不贷。并且规定无论是永业田还是口分田一律禁止买卖,违者给予重罚。对于已经兼并的土地,朝廷予以没收。这个法令一经推出,对豪强士族是个沉重的打击,至少不敢再明目张胆地实行土地兼并。

除了重新整合土地资源,武曌还下令让逃亡的农民返乡,称之为"括户"。武曌采用引诱、恫吓等多种手段使这些人复归户籍,重新分配给他们土地种,再向他们收税,然后把籍外占田和剩田重新收回,使国家保有一定的土地,以便随时分配给无地的农民。而有的地方人多地少,能够分配给农民的土地很少,武曌便免除得到土地少的农民的赋税,让他们迁徙到地广人稀的地方去,并由国家出资帮助农民迁徙,这就是所谓的徙狭就宽的"乐迁"政策。

武曌采取的一系列措施,使均田制这种制度重新发挥出它应有的作用,同时也使大唐帝国阔步向前,继续书写着盛世的传奇篇章。

武曌的最大理想是要使"天下人不失业"。当然,这是不可能做到的。但我们不能否定她曾经为维护和实施均田制所做过的努力。在当时,均田制这种比较有利于发展生产的制度能够在武周政权时期更好地继续施行,与武曌的努力是分不开的。

所以,当武曌在石淙河岸边由衷地发出感叹时,我们也就不难理解她为什么会写出“均露均霜标胜壤,交风交雨列皇畿”这样自我标榜的诗句了。

得意!兴奋!一切来自春潮雨露的盎然生机和国家的强盛不衰!

强军固边

除了整顿吏治和振兴经济,武曌明白建立一支强大的军队是国之根本。一个国家如果没有强大的军事实力,一切都是免谈。

在武曌励精图治的过程中,除了直接采取军事手段捍卫疆土,同时十分注意加强军队质量的建设,而其中一个最重要的举措就是优化府兵制度。

府兵制度是南北朝西魏时期创建的一种军事制度。贞观十年(636年),唐太宗李世民曾经对府兵制做过一次改革,其特点是用点兵的方式从农民中征调,规定20~60岁的受田人都有服兵役的义务,但也必须经过严格挑选。而挑选的原则是:财产相当的取身体强壮的,身体强壮的取家庭富有的,财产和身体素质全都相当的,取家中丁男多的。

府兵制担负着作战戍边和保卫京师的双重任务。府兵在天下太平时依旧当农民种地,农闲时的冬季进行军事训练,一旦有战事则迅速征集,战事结束后,兵士回府,将帅回朝。府兵官兵是均田的主要对象,得到朝廷的重视和优待。均田法规定,为朝廷效力疆场而阵亡者,即使子孙没有成丁,口分田也不再收回。而因打仗导致残废的,口分田不减,士兵本人免租税,但家庭承担徭役。

到了武曌这里,主要是对府兵的编制进行优化。她规定府兵编制十人为一“火”,最高长官为“火长”;五十人为“队”,最高长官为“队正”;二百人为“团”,最高长官为“校尉”。团编制以上为“府”,而“府”一共分为上、中、下三等。上等府一千二百人,中等府一千人,下等府八百人;军府叫折冲府,是府兵的基层单位。折冲府隶属中央十二卫,每卫最多的统领六十个府,少则也要统领四十个府。当时全国共有六百四十三个军府,其中关中二百六十一府,占全部军府的三分之一。而中央十二卫各设大将军一人、将军二人,大将军是府兵的最高长官,直接归武曌节制。

当时武曌规定,府兵除了外出作战,还要轮流守卫京师,称作“番上”。兵部要依据各府距离京师的远近确定“番上”的次数。例如,五百里就是五番(分组轮流,每次一个月,每五个月一番),一千里是七番,一千五百里是八番,两千里是十番,再远的距离为二十番。

府兵制的士兵因为是从农民中人口多、财富广的人家精心挑选出来的,这些人渴望和平和安定,有保卫家园的决心,所以从素质上来讲,比较过硬。此外,军队平常务农时,其需用都由府兵自己生产制造,所以国家的负担比较轻。而且朝廷还不用担心军权旁落,因为每个府只负责军事训练,而军权却掌握在中央手里,将帅都是临时派遣,进而做到了“兵不识将,将不识兵”。这样就不会形成威胁中央政权的地方独立势力,有利于中央集权。

武曌对府兵制度的优化,在那个特定的时段里,确实增强了朝廷军队的战斗力和军队层级的划分,从而使武周政权时期的军事实力始终保持雄厚的状态。

当然,武曌对于军队的建设还不止于此。

我们都知道唐朝的四周布满诸多实力强劲的国家,突厥虽然一蹶不振,但其势力绝不可低估。吐蕃虽偏安一隅,但对中原虎视眈眈。而那些西域小国虽然够不上对中原的绝对威胁,但它们由于地理位置的特殊性,时刻影响着唐朝在西域的利益,所以唐朝当时的边境事实上并不平静。

针对这种现状,除了优化府兵制度,武曌还提倡戍边军队进行屯田,以备战时之需。事实上,武曌当权时期,有很多将领在戍边屯田上取得了很大的成就。

娄师德就是其中的一个。

天授初年(690 年),武曌提拔陇右诸军大使娄师德为威左金吾将军,兼检校丰州都督,让他负责与吐蕃接壤的边境一带的屯田事务。自从唐高宗上元初年(674 年),娄师德就一直戍边,所以他对于边境的情况了如指掌。在得到武曌的命令后,娄师德明白这是有意防范吐蕃的入侵。所以他一边练兵备战,一边加紧带领士兵进行农业生产,收获颇丰。据史书记载,娄师德在镇守边境这段时间,朝廷基本上没有为他们拨过什么粮食,不但自给自足,丰衣足食,而且还将一部分余粮运往京师。

娄师德屯田的功绩受到了武曌的大力赞扬。长寿元年(692 年),武曌为了防备高句丽,又将娄师德调往边州管理屯田事务,娄师德同样是不负众望,依然干得风生水起。

娄师德一生前后在边境镇守将近 40 年,每到一个地方,那个地方的粮食产值总会成倍地上涨。为此,武曌很是看重他。圣历二年(699 年)九月,娄师德去世的时候,武曌追赠他为凉州都督,谥号为“贞”。从这一点可以看出娄师德在武曌心目中的地位。

强军固边让武周政权更加稳固。武曌的励精图治的确没有白费心血,在那个人们普遍认为只有权势欲、杀戮心的背景下,国家的不断繁荣和昌盛,又让人们对这个内心充满矛盾的女人有些肃然起敬。

巩固权力、打击异己、励精图治……

已经不再年轻的武曌，尽可能地做着她能够做到的事情，可作为女人，她同样有情感的需求。而有的时候，作为皇帝，情感的需求需要压制。因此，她对情感的需求比男人们更迫切。

所以在她的身边有一群特殊的人！

这是一群能够真正走到武曌内心深处的人，换句话说，是一群满足武曌情感需求的人！

第九章

“面首”

武曌夜以继日、呕心沥血地工作，使整个帝国保持着强盛的状态。当万众瞩目、万邦敬仰汇聚在这个强势的女人身上时，她充分感受到了荣耀的万丈光芒。那一刻，武曌是无比兴奋的。但同时，女人的天性又让她感受到内心深处似乎缺少什么。那些膜拜在她脚下的臣子们，虽然毕恭毕敬，但武曌明显地感觉到，所有人距离她的心其实很遥远。

因为这些人在她身心疲惫之时，不可能在真正意义上给予她情感的慰藉！

女子的个人生活史和男人比起来，受生理命运左右幅度大得多。

——【法】西蒙·波伏瓦

虽然拥有绝对权威的武曌不再因为生存或安全的理由需要男人，但她现在还是需要男人给予她情感上的慰藉与滋润。女人越是不再因为传统的理由需要男人，她就越需要男人给予的关怀与爱护。即使女人选择当专职母亲而不得不依赖男人养她时，她仍然需要男人的关爱。

武曌虽然贵为皇帝，但作为女人，同样也不例外，尽管她已不再年轻！

她的身边并不缺少男人，从某种意义上讲，这些男人虽然没有显赫的官位，但武曌重视他们的程度丝毫不亚于那些膜拜在她脚下的大臣。

当然，这些男人还有个特殊的称谓，名曰：“面首”。

关于“面首”问题的调查

“面首”,这个词按照现代人的理解其实就是被女人包养的年轻帅哥,俗称“吃软饭的”。

在大众的心中,这是一群没有出息、没有前途的男人,被人们嗤之以鼻。事实上,“面首”这个词最初并没有贬义。

按照《辞源》的解释,“面首”原意是指容貌和头发都非常秀美的男子(帅哥形象)。只是后来随着时间的推移,才逐渐引申为男宠、男妾。

历史上最早有记载的、具有“面首”性质的人是秦朝的吕不韦,只是后来吕不韦觉得不能再和赵姬继续搞下去,才让嫪毐这位鼎鼎大名的“面首”有机会载入史册。但吕不韦并不算是真正意义上的“面首”。毕竟,他认识赵姬在嬴政的父亲秦庄襄王之前,甚至嬴政就是他的儿子也说不定(可惜那时没 DNA 鉴定)。所以严谨地说,吕不韦和赵姬应该算作鸳梦重温,而不是“面首”入幕。

这样一来,有历史记载的最早的“面首”当然只能是嫪毐。据说这位能够有幸成为赵姬的情人,还是经过一番考核的。《史记》就记载过他的绝活——穿过车轮的中轴能把车轮给抬起来。嫪毐将此绝活在大街上表演了一番,于是声名远播,一直传到正在找替身的吕不韦耳中。而嫪毐也的确不负吕不韦的厚望,陪赵姬一睡就是很多年,还生了俩儿子,可惜,这俩儿子最后被嬴政闷在麻袋里活活打死了。

二奶生的孩子身份降一等,二爷生的孩子居然连命都没能保住!

在嫪毐之后,历史上另一个有名的“面首”应该是西汉的燕赤凤,如果说嫪毐是吕不韦推荐的,赵姬没选择的余地,那燕赤凤就不一样了,他是赵飞燕亲自筛选的。据说他的力气比嫪毐还要大,从赵飞燕和赵合德姐妹俩后来争夺燕赤凤,到最后三个人睡在一起来看,燕赤凤的能量显然要比嫪毐大。

虽然嫪毐和燕赤凤行的是“面首”之事,而且还艳名远播,载入史册,但他们却没有“面首”之名,因为那时候还没人想着给他们个称谓。嫪毐的运气不错,混了个长信侯的封号,而燕赤凤,只是个宫奴。

在我看来,将“面首”这个词真正定性和赋予贬义的,应该起源于南北朝时期刘宋王朝的前废帝刘子业。据史书记载,刘子业是一个具有精神分裂症外加好色的皇帝,在位期间曾经看上了自己的亲姑姑,然后用计毒死了自己的姑父,将姑姑收入宫中。除此之外,还命令手下官员的夫人们进宫朝拜自己,然后借机让身边侍卫对她们进行性侵犯。

之所以说是刘子业为“面首”这个词定性并赋予了贬义，是因为他的姐姐山阴公主由于不满足弟弟具有三宫六院，而自己只有一个丈夫，从而要求刘子业为自己准备些年轻貌美的男子，供自己享用。刘子业毫不犹豫地答应了（帝乃为主置“面首”左右三十人）。

也就是从此时开始，凡是年轻貌美的、进宫陪睡的男子，统称为“面首”。

传统观念认为，女人依靠漂亮的脸蛋取悦男人无可厚非，因为在男权社会中，女人总是处于弱势地位。而男人依靠漂亮的脸蛋取悦女人，则会让人们谴责。恰恰“面首”就是这样一群男人。

对于武曌而言，她身边的“面首”和那些残忍的酷吏一样，千百年来，受到人们的非议。事实上抛开性别不谈，单从人性角度而言，女人和男人一样，身边簇拥着赏心悦目的异性，相信这是谁都很愿意的事儿。

不过，虽然武曌和“面首”们的关系是建立在欲望满足基础之上的“爱情”，但如果你认为武曌身边那些容貌俊美、身材伟岸的“面首”们，仅仅是依靠脸蛋儿和异于常人的特殊功能在宫廷而不倒，那可是大错特错了。事实上，这是一群能够真正走进武曌内心深处的人，他们能够给予武曌的，远不是那些大臣所能比拟的。

更何况，有些“面首”还是很有政治才能的。在武周政权时期，他们时刻影响着政局的进程。

和尚“面首”

和尚也能当“面首”？

答：在武周政权时期这很正常。

值得一提的是，武曌的第一个“面首”就是和尚，而且是武曌身边诸多“面首”中最有名的一个，堪称“面首”中的战斗机。

他的名字叫冯小宝。

冯小宝，雩县人（今陕西雩县），早年闯荡江湖，以贩卖药材为生，俗话说得好：把式，把式，全凭架势！那个时候卖药的人基本上因为工作需要练就了健壮的身体，所以冯小宝不但英俊，而且还有几分粗犷。冯小宝一生的经历虽称不上波澜壮阔，但从和尚到女皇“面首”身份的180度大转弯，其经历也属传奇。

关于冯小宝的传奇经历，历史上曾经流传着两个版本，都和两个公主有关。

第一个版本是说冯小宝进宫完全得益于李渊的女儿千金公主在武曌面前的大力推荐，这个版本基本上平淡乏味。而第二个版本则有些香艳味道。

这个版本和大名鼎鼎的太平公主有关。据说太平公主在亲自体验过冯小宝的“威力”后，将他推荐给了自己的母亲，而且太平公主对他还有个评价：有材质，可引为近侍。

所谓有“材质”，我的理解就是说这个人是个型男！

在自己的母亲面前，太平公主的广告做得很不错，但武曌却是个不看广告，只看疗效的主儿，在亲自尝试过后，她充分感觉到了什么叫屡试不爽。

原本街头卖药的冯小宝摇身变成了女皇身边的红人，丑小鸭瞬间变成白天鹅的故事在他身上实现了。但接下来却产生了新的问题，一个底层出身的卖药郎中，如何长时间地掩人耳目与女皇私会呢？

换句话说，冯小宝该以什么样的身份理所应当地进宫，并且不受人们的非议呢？

武曌在冥思苦想之后，决定将冯小宝打扮成和尚，因为武曌是虔诚的佛教徒，利用和尚进宫讲经的机会，让冯小宝一同进宫，这个办法相信没有人会发现破绽。

除此之外，为了给冯小宝一个高贵的身份，武曌将他列进了驸马薛绍的家谱中，并赐名薛怀义。

从冯小宝到薛怀义，瞬间的华丽蜕变让他有些不知所措，那金碧辉煌的宫殿和女皇龙床上的扑鼻香气，又令他神魂颠倒，不知不觉中，他有些迷失自己，甚至有些自我膨胀。

在薛怀义渐渐得到武曌的宠信后，他一切行为方式全都改变了。

当站在人生制高点上的时候，他全然不把朝廷的任何官员放在眼里。而有些官员甚至反过来不断地巴结薛怀义，因为他们知道薛怀义的背后是武曌。

这就叫别拿“面首”不当干部！

不过，朝廷中既有愿意献媚的，同样也有耿直不屈的，尚书左仆射苏良嗣就是这样的人。

有一次早朝过后，两个人在朝堂不期而遇。朝堂本来是大臣们出入的地方，薛怀义作为后宫之人是没有资格到朝堂上来的，但因为他是武曌面前的大红人，所以很多官员都向薛怀义点头哈腰，而只有苏良嗣有些鹤立鸡群，根本不睬他，看着苏良嗣一副傲气凌人的样子，薛怀义满心不高兴。但他却表现出了一副对苏良嗣不屑的表情，甚至有些小人得志的味道。

有本事你也凭着魅力上女皇的床啊！

面对薛怀义的挑衅，苏良嗣充分发挥二杆子精神，放下读书人的身份，卷起袖子走到薛怀义的面前，只听见“啪”的一声，一个响亮的耳光已经落在了薛怀义的脸上。

“你……你为什么打人？”薛怀义惊恐地问道，显然他被苏良嗣的做法镇住了，因为他压根就不会想到平日里文质彬彬的苏良嗣怎么会突然发飙。

“打的就是你这个狗奴才！”苏良嗣说完，又狠狠地抽了薛怀义十几个耳光，直到薛怀义脸肿得像个馒头，方才停手。

“以后再到这里来，我还接着打你，见一次打一次！”苏良嗣恶狠狠地说道，说完转身离去。

面对苏良嗣转身离去的潇洒背影，薛怀义恨得咬牙切齿，他决定到武曌那里去告状。

在他看来，武曌一定会狠狠地惩罚苏良嗣。可事实却是武曌听到薛怀义的告状后，并没有追究苏良嗣的任何责任，因为她并不糊涂，薛怀义虽然受宠，但终究只是一个满足自己情感需要的人，作为皇帝她需要为国家负责，国之栋梁绝不能轻动。

“以后你再也不要去朝堂了，进宫的时候走玄武门吧，避开那些南宫的官员们，少去招惹他们。”

这是武曌留给薛怀义的话，也算是一句忠告！

薛怀义点点头，事实上他并不明白武曌这句话真正的含意。

从天堂到地狱

朝堂不能去，并不意味着在皇城内只有武曌的寝室才是薛怀义的去处。前边我们说过，“面首”绝不是仅仅依靠漂亮的脸蛋和伟岸的身材而受宠，这句话在薛怀义身上表现得尤为突出。

前边我们提到过的明堂，其实就是由薛怀义设计的。

明堂对于武曌而言意义非凡，在我看来，薛怀义能够受到武曌的宠爱，除了能够让武曌真正体会到做女人的幸福，或许就是因为他设计出了富丽堂皇的明堂。

如果放到现在，我相信薛怀义一定会是个出色的设计师。对于有审美内涵的帅哥，女人们一般都是有些崇拜的。

建设明堂是薛怀义迈向人生顶点的开始，但他或许想不到，明堂对于他个人的结局也是很有象征意义的。

在建设明堂之后，薛怀义一路扶摇直上，被武曌任命为白马寺住持主持当地的佛教活动，而后又被任命为左武卫大将军带领军队征讨东突厥，要说打仗这项工作，真不是有个脑袋就能干的，薛怀义虽然练过几天把式，但是带着军队去打仗，显然他有些裤衩改西服——不够材料，因为打仗不是打架！

但薛怀义是个幸运的人，两次出征东突厥，一次是在边境上转了一大圈没碰到敌人，另一次是到了边境，正好东突厥闹内讧，对方迅速地撤回国内。薛怀义正好利用这个机会，极力在武曌面前标榜自己，说东突厥是听到自己挂帅出征，吓得撤回国内的。

武曌对于自己宠爱的"面首"本来就倍加呵护，当听到又立"战功"时，当然大加封赏。

按说自己有多少金刚钻儿，薛怀义应该完全清楚，但武曌对于自己"军功"的赏赐，再次让他膨胀起来，浑然忘记了苏良嗣那狠狠的十几个耳光。

上帝欲使其灭亡，必先使其疯狂！

薛怀义疯狂的表现有两点，第一点便是厌倦"面首"的身份，其表现就是不愿意再进宫。

薛怀义之所以能有今天的地位，完全是因为他仅仅是个"面首"，即使他是个才华横溢的人，但起家的身份也是吃软饭的。换句话说，如果他不能满足武曌的需求，他很可能依然是打把式卖艺的江湖郎中。

而现在他居然厌倦了"面首"身份，整天做着不用再进宫去陪那个女皇老太婆睡觉，却能永远保持现在富贵状态的美梦。事实证明，他不是"面首"，也就意味着他什么也不是。

坦白地讲，武曌对于薛怀义的做法，倒是很宽容，并没有为难他。而是用另一个"面首"御医沈南璆替补。很快，随着对沈南璆的日渐宠爱，薛怀义逐渐感受到了冷落。

如果到现在为止，薛怀义能够认清形势，安分守己地过着自己的日子，不再想入非非，或许他会有一个新的开始，但很多事情往往就怕无法真正地放下，想要放弃的时候，却又无法割舍。

薛怀义恰恰就是这样的人。

当沈南璆和武曌倍加缠绵的时候，薛怀义暗暗发誓，要重新夺回在武曌心目中"第一"面首""的位置，为此他绞尽脑汁想出了一个办法。

在我看来他的这个举动,其实很是让人感动。

天册万岁元年(695 年)十一月,武曌在明堂举办无遮大会,所谓无遮大会就是佛教徒的祈祷大会。在这个大会上,薛怀义为了打动武曌的心,特意事先在明堂下挖了一个五丈深的大坑,里边放上一尊佛像,然后在坑的上面用绸缎扎成了一个宫殿,再用绳子拴在佛像上面,他的用意是等到武曌参加大会的时候,用绳子拉起佛像,制造一种立体的佛像显灵的效果。

薛怀义自认为他的做法一定能够打动武曌的心,而事实也是当武曌看到这一切后,确实产生了一种感动,也赏赐了薛怀义。

喜新厌旧是人性的通病,君临天下的女皇也不例外。

得到赏赐的薛怀义从此之后再也没能重新回到武曌身边,如果此时他决然放下曾经的一切,或许结局不会那么惨,但性格中贪婪和嫉妒此时占了上风,渐渐地,他开始不安起来,通常人在不安的情况下会有两种反应,有人更加小心翼翼,而有人就会破罐子破摔,显得更加狂妄,薛怀义恰恰属于后者。

最终他走向了疯狂的极端,同时也走向了一条不归路。

因为他一把火将明堂烧成了灰烬。

仔细分析薛怀义的动机,我们不难发现,他之所以放火烧明堂完全是因为争风吃醋,想借此向武曌表明一种决心,从而引起武曌的注意,或者是给老情人一个警示。但薛怀义显然忽略了一点,那就是明堂对于武曌的意义所在。

明堂是她得天命的标志,是她号令天下的场所,是武周的象征。明堂顶上一凤压九龙的造型,更是武曌自身的写照,这些是武曌毕生追求的东西。在一片富丽堂皇的背后,明堂其实隐含着武曌拥有绝对权力的象征意义。

武曌知道明堂被烧成灰烬后,顿时勃然大怒,但出人意料的是她并没有严惩薛怀义,而是让薛怀义担任重建明堂的重任。

在我看来,武曌这样做是因为她对薛怀义还存有一丝感情,从垂拱元年(685 年)薛怀义进宫一直到证圣元年(695 年),整整十年的时间,薛怀义陪伴在武曌身边一起经历了改朝换代的种种风浪,而人生又有多少个十年呢?即使是那缠绵悱恻的浪漫激情已经随着时间的推移而烟消云散,但十年的时间足以孕育出亲情。而且从某种意义上而言,薛怀义放火也是因为多情所致,说明他依然在乎武曌。

精明的武曌当然会想到这些,所以她对薛怀义手下留了情。

但是,薛怀义火烧明堂的举动却引起了朝廷其他人的憎恨。证圣元年(695年)二月四日,火烧明堂半个多月之后,薛怀义被人杀死。

关于薛怀义之死，历史上有三种说法。

一、被武则天的堂侄武攸宁暗杀。

二、被太平公主暗杀。

三、武曌下令赐死。

我本人倾向于第二种说法，理由是薛怀义是太平公主推荐给自己母亲的，而且在此之前，她和薛怀义也有私情。我相信太平公主在薛怀义受到冷落后，会有种担心，那就是担心薛怀义会将她们母女俩同时和薛怀义有私情的事情传扬出去，这事说出去脸面实在有些难看。

对于武曌而言，虽然和薛怀义有十年的感情，但他终究只是一个“面首”，宠爱薛怀义只是为了自己那强烈的孤独感和疯狂杀戮之后那种特有的空虚得到满足，只是需要他激发她那身体内旺盛的情欲，以及带来的松弛、忘却和麻醉，即使这一刻是短暂的。

随着时间的推移，随着新“面首”的出现，武曌对薛怀义将会逐渐淡忘。在人口众多的这个国度里，并不缺少帅哥和猛男。

仅仅两年后，武曌的身边又出现了两个中意的“面首”，而且他们还是兄弟。

张易之和张昌宗。

兄弟“面首”

和薛怀义比起来，张昌宗和张易之的出身相对高贵些，据《旧唐书》记载，这两兄弟是高宗时期尚书右仆射张行成的族孙。《旧唐书》将这兄弟二人一同并在了张行成的传记里，也不知道一生高风亮节的张行成如果在天有灵会作何感想。

兄弟二人最初凭借张行成的门荫进入官场时，哥哥张易之的官位要在弟弟张昌宗之上，没过多久张易之便被提升为上乘奉御，这个官职和孙悟空在天庭里担任的官职弼马温差不多。那个时候张易之只有二十多岁，由于身材伟岸，相貌俊美，再加上歌唱得好，所以大家都很喜欢这个初入官场的小兄弟。

但有的时候，做官和发家走红完全是两回事，如果以兄弟二人谁先发家来衡量，弟弟张昌宗显然要在哥哥之上，虽然他官位不如哥哥，但由于率先进入武曌的视野，从而比哥哥攀登得更高、更快、更强。

那为什么张昌宗能够先被武曌相中呢？除了他比哥哥更帅、更有艺术才华，还因为他是太平公主推荐的。如此看来，张昌宗的发家轨迹和薛怀义有些相同，唯一不同的是他比薛怀义更加具有权力欲，这一点随着时间的推移会越来越凸显出来。

身边有了张昌宗，已经空虚寂寞两年之久的武曌终于重新焕发了生机，至此薛怀义已经彻底成为历史，“面首”行业又重新涌现出新秀。

张昌宗在受宠之后，并没有忘记哥哥张易之，不久他便向武曌正式推荐了哥哥。

虽然武曌已经是七十多岁的高龄，但每天享受着两个男人的滋润，所以表面看起来武曌并不像她的实际年龄那样苍老。

很快，兄弟二人便被委以重任，张昌宗被任命为云麾将军，代理左千牛中郎将，不久又被提升为银青光禄大夫（从三品）；张易之被任命为司卫少卿（从四品），同时二人又得到武曌大量金银财宝的赏赐。

虽然他们的官职看起来不是那么显眼，但极其重要，因为他们掌握着一部分皇家禁军。以前薛怀义也掌握过军权，但那只是应付临时战事，待战事结束后，由于唐朝府兵制度的规定，他的军权基本上算是被架空，而张氏兄弟则不同，因为皇家禁军只负责保卫皇帝和京城的安全，出于稳定的考虑，掌管禁军的官员是不会轻易更换的，更何况张氏兄弟现在还有“特殊”的身份。

正是由于他们掌控了部分皇家禁军，才使后来那场政变的紧张度丝毫不亚于当年的“玄武门之变”。

在我看来，正是因为那场政变的发生，张易之和张昌宗兄弟成为武曌所有“面首”中，影响朝廷政局走向最深的两个人。

当然，张氏兄弟在受宠之外，付出也是必不可少的，要通过自身的努力，尽一切可能地满足女皇的爱好，甚至有的时候充当一把替身演员。

据史书记载，张昌宗就曾经为了满足武曌的心理需求，而充当了一把姬晋的替身。

姬晋是东周时期周灵王的儿子，相传有一天偶遇一位道人，在亲眼见到道人展示法术后，就跟随道人进山修炼。后来在某一年的七月七日，姬晋得道升天，而且有很多人看见他是驾着白鹤渐渐升空，然后消失在天际之间。

恰巧，姬晋和张昌宗一样，都是帅哥！

为了亲眼看到姬晋升天的情景，武曌特意还原了当时的场景，她让张昌宗穿上浑身带有羽毛的衣裳，吹着箫，驾着木头制成的仙鹤。在音乐的烘托下，在两边“工作人员”大力拉拽绳子的作用下，仙鹤缓缓地升了起来。

不管你信不信，反正当时武曌信了。

张昌宗这个挥着翅膀的男孩，在完成替身演员的任务后，再一次得到了武曌的大力赏赐。

在前边我曾经重复过很多次，“面首”之所以受宠绝不仅仅是因为相貌俊美，在这里我依然要重复这句话，而且还要加上一句，有的时候也绝不是仅仅依靠娱乐方式取悦主上。

薛怀义设计明堂，而张氏兄弟则依靠修书来提升自己的档次。

他们修的这本书的名字叫《三教珠英》。

三教是指儒、释、道三个教派，珠英就是指其中的精华，那么顾名思义《三教珠英》就是将儒、释、道三教的精华按照门类编撰在一起。《三教珠英》在当时来讲算是一部宏伟的著作，共计一千三百卷。以张昌宗为首共有四十七人参与了该书的编撰，其中包括著名诗人宋之问、沈佺期这样的文人学士，也包括当朝大员刘知几、徐伯颜，甚至连武曌的贴身秘书上官婉儿也参与其间。这部书在编修成功之后，史书记载“朝野争羡，故一时化之”，可见这部书的价值。

遗憾的是，此书在流传过程中，卷幅不断失佚，直至几乎湮灭，成为中国类书史上一大悬案。

不过，在当时来讲，张氏兄弟凭借《三教珠英》再次得到了武曌的封赏，不久张昌宗被加封官司仆卿，张易之官拜麟台监。

现在兄弟二人真正实现了红极一时。

正所谓无限风光在险峰，当然往前一步即悬崖！

张氏兄弟不同于薛怀义，他们影响朝廷政局的走向相当深刻，所以我们不能像写薛怀义那样，对这兄弟二人的结局做一个简单的交代。在后边将有更强大的人为他们安排结局，这些我们在后边会详细叙述。

好了，接下来要说的这个人，有着强烈的做“面首”的意愿，却无做“面首”的命。他是个性格矛盾的人，可以说才学至上，人品至下。虽然他写的诗开一代风气！

说出他的名字吧！

宋之问！

因诗杀人

事实上虽然“面首”这个词具有强烈的贬义，但由于投入成本小，回报高，所以在当时有很多人争相加入“面首”行列，而不同的人则有不同的方式，有的经人推荐，有的人则拉下脸皮自荐。

宋之问就是自荐大军中的一个。

宋之问，字延清，汾州（今山西汾阳）人，历史给予他的头衔是初唐著名诗人。事实证明，诗写得好在当时来讲并不一定会有个好前程，后来的李白、杜甫等人的人生很好地证明了这一点。

初入官场的宋之问曾经是个积极上进的人，梦想着通过自己的努力，得到女皇陛下的重用。武曌巡幸龙门时，让随行的官员赋诗咏志，宋之问第一个赋诗而成，而且文采华丽，深受武曌的赞赏，为此武曌从左史东方虬的手中夺过一袭锦袍，亲手赏赐给了宋之问。历史上称之为：夺袍赏宋。

对于这种应景的行为，宋之问其实大可不必当真，因为即使是赏赐，也只能说明女皇陛下游兴大发，相信当时如果身边就是个宫女说了两句漂亮话，武曌很可能也会赏赐的。

但宋之问却产生了一种错觉。

女皇陛下是否钟情于我？

坦白地讲，宋之问的外在形象虽然不如张氏兄弟，但也算是帅哥（伟仪貌），而且口才很好（雄于辩）。这么一个才貌俱佳的人，产生一些飘飘然的想法也是很正常的。于是他想通过当“面首”这条捷径，实现他发家致富的梦想。

为此，他为武曌呈上了一首自己创作的《明河篇》，这首诗篇幅很长，我只列出最后四句：

明河可望不可亲，愿得乘槎一问津。
更将织女支机石，还访成都卖卜人。

这四句其实隐含着宋之问对武曌的一番表白，但武曌却因为宋之问的一个缺点而拒绝了。

口臭！

口臭不是病，关键时刻真要命！

就是这么一个缺点，让宋之问无缘加入“面首”的行列。

当宋之问得知武曌拒绝自己的原因后，他顿时倍感挫败，但强烈的功利心理，让他觉得不能就此消沉下去，继续用诗歌来取悦那些红得发紫的人，显然不能快速实现他的梦想，他明白只有放下文人的那份清高和自尊，才有机会跻身名流之列。

通往女皇陛下龙床的这条道已经被彻底堵死，宋之问转而降低等级，迅速攀上了张氏兄弟这两棵大树。据说为了取悦张易之，宋之问曾亲自为他倒过夜壶。

宋之问的不断献媚，终于得到了丰厚的回报，除了官职的提升、金银财宝的增多，他还成了张氏兄弟的死党。在他看来，这是自己锦绣前程的开始。

当然，此时他或许不会想到，任何事情都会有开始和结束，当他登上张氏兄弟的这条船后，在不久的将来，他也会随之沉没。

宋之问发家之后，始终没有忘记发挥自己的才能，那就是继续写好诗，多写诗，让张氏兄弟及诸多大员们明白自己之所以能够走到今天，绝不是仅仅依靠倒夜壶。

不过，在诗歌创作的道路上，宋之问虽然是行家里手，但他人品低下。他曾经剽窃过外甥刘希夷的诗句，而且留下了一桩疑似杀人悬案。

刘希夷曾经写过一首《代悲白头翁》，其中就有流传千古的“年年岁岁花相似，岁岁年年人不同”两句。他的这首诗被收录在《全唐诗》中，而在《全唐诗》中也收录了宋之问的一首名叫《有所思》的诗，和刘希夷的《代悲白头翁》全诗只有两个字不同。

这绝对不是什么巧合，事实上宋之问因为喜爱“年年岁岁花相似，岁岁年年人不同”这两句，而剽窃了刘希夷的作品，甚至有他将亲外甥杀死的传闻。

唐人笔记《刘宾客嘉话录》记载过当时的场景，说刘希夷做完这首诗后，让舅舅宋之问点评一下，结果宋之问看完后立刻被“年年岁岁花相似，岁岁年年人不同”两句所吸引，想让外甥将这首诗的著作权归在自己名下，遭到了刘希夷的拒绝。结果宋之问大怒，随手抄起装满厚土的麻袋将外甥压死。

但是，《大唐新语》却记载说刘希夷是被奸人所杀，只是后人因为宋之问人品低下，所以才将杀人的罪名安在了他的头上。

在我看来，说宋之问害死刘希夷这件事多少有些忽悠，对比上述两段史料，我更相信《大唐新语》的记载，因为装满厚土的麻袋分量并不轻，宋之问能将它扛起来已经实属不易，再用它击杀刘希夷，大家可以闭上眼睛还原一下当时的场景，想一想是否可行。

况且刘希夷不是白痴，怎会不懂得躲闪！

所以，宋之问杀刘希夷可能是子虚乌有的事情，而以他的人品剽窃外甥的作品，这一点我相信。

当然，在仕途道路上，宋之问继续发挥他投机的本领，从成为张氏兄弟的死党，到最后被李隆基赐死，他的一生很好地为我们诠释了什么叫“有奶便是娘”。

投机分子

人生有高潮就有低落，事实证明，仕途道路注定不会平坦，何况是宋之问这样的投机分子。在我们详细叙述唐代诸多历史大事件的来龙去脉和政治人物起起落落的一生时，我们不应该忘记唐代还有另一座高峰——唐诗，甚至应该关注一下诗人们个人和集体的命运。

宋之问虽然暂时得到了他想得到的东西，但纵观他的一生，可以用一句话来形容——夹缝中求生存。

让我们再一次跨越时间的节点，来说一说这个才华和人品矛盾极为突出的诗人的经历。

公元705年十二月，宋之问作为张氏兄弟的死党和弟弟宋之逊一起被贬到泷州（今广东省罗定市）做参军，可心高气傲的宋之问，不甘心老死于泷州这个瘴疠之地，于是和弟弟又偷偷地跑回洛阳。

未经皇帝的批准擅自进京，在当时是死罪。宋之问当然知道自己的所作所为会是个什么后果，所以在回到洛阳后就立即躲到了故人张仲之的家中，要说张仲之真的很够朋友，冒死收留了宋之问。

但是，让张仲之想不到的是，他这一次是彻彻底底的引狼入室。

虽然当时武曌已经去世，李显已经复位，但武曌的侄子武三思依然权势冲天，而恰恰张仲之要计划铲除武三思。在一个漆黑的夜里，张仲之和驸马王同皎密谋商议此事，或许因为情绪激动，说话的声调过高，他们的对话被隔壁的宋之问听得一清二楚。

此时，投机的心理再次占据了宋之问的整个心灵，他全然将张仲之收留自己的恩情抛之脑后，终于看到了一线生机，因为他知道现在朝廷最红的人是武三思，如果能够攀上武三思这棵大树，那他的前途将不可限量。

当夜，宋之问让自己的侄子宋昙火速向武三思报信，结果可想而知，张仲之和王同皎被杀，宋之问受到重用，被授予朝散大夫之职（从五品）。

宋之问是一个被朝廷抛弃的人，但凭借他自己的手腕，再次回到朝廷中来。宋之问的人生哲学就此固定下来，那就是一切向“上”看，一切向“权”看。

此后，宋之问一如既往地充分实践着他的人生哲学。武三思死后，他投奔了太平公主；而当时李显的女儿安乐公主也是权势炙热，两相比较，他觉得还是太平公主权势稍弱，安乐公主似乎更有前途，于是立即又转向了安乐公主。总之，他是一个在诸多权势人物之间摇摆不定、毫无原则的人。

虽然他也曾经在自己的位置上，做过有意义的事情，例如，与杜甫的祖父，时任著作郎的杜审言一同主持典举，选拔出了不少优秀的人才，这些人才大多都成为后来的知名人物，为此李显还准备提拔他为中书舍人，中书舍人作为皇帝的近臣，如果表现优秀，很有可能日后会进入宰相班子。但就在宋之问做着中书舍人的美梦，兴高采烈地等着任命的圣旨下达时，一个消息犹如晴天霹雳般让他瞬间苏醒，原因是关于宋之问的任命问题，遭到了太平公主的反对，她的理由很简单，宋之问是个卑鄙小人，在主持典举的时候收受过贿赂。

虽然那个时候太平公主权势稍弱，但对于左右一个臣子的命运，还是有影响力的。李显对亲妹妹的话言听计从，所以在这里我要说，无论什么时候千万不要忽视那些势弱的上司，因为势弱只是在他那个级别层面上的概念，而关于你的升迁问题，他们依然会起到决定性的作用。

至此，即将伸手触摸到幸福的宋之问瞬间跌入了谷底，他被贬到了越州（今浙江绍兴）。睿宗李旦即位后，因为宋之问曾经是张氏兄弟的死党，又将他贬到了钦州（今广西钦州）。

多次被贬，终于让宋之问体会到了政治斗争的诡秘和个人宠辱的无常。这一次他开始反省自己，他努力地体恤民情，想做一个问心无愧的好官，瞬间宋之问仿佛看到了一个新生的自己。与此同时，他的诗歌风格也有了极大的改变。第一次被贬泷州，他写下了“近乡情更怯，不敢问来人”这样的好诗。这次被贬钦州，他又写下了“山雨初含霁，江云欲变霞。但令归有日，不敢恨长沙”这样的佳句。

可惜的是，既然已经走上诡秘的政治道路，有时候即使想回头，也已经很难。终于一次宫廷政变断送了宋之问的性命。太平公主与安乐公主之争，最终以安乐公主被杀而结束，宋之问的后台倒掉，唐玄宗李隆基即位后，将他赐死，终年56岁。

宋之问弱冠知名，尤善五言诗，他和另一位初唐诗人沈佺期，并称为“沈宋”。《新唐书》评价他们是“如锦绣成文，学者宗之”。最重要的是他们的诗风深深影响了后来的一位大诗人。

这个人就是诗圣杜甫！

宋之问曾写过一首诗《题张老松树》，其中有一句是“百尺无寸枝，一生自孤直”，显然这不是自诩，在我看来，宋之问虽然人品低劣，但并没有彻底地丢掉良心。从他写的《题张老松树》的诗句可以看出，一生做人失败的宋之问明白自己就像一棵藤萝，所以对那种孤直如松的高节之人特别敬慕。他的人生悲剧在于他本不适合官场，却偏要混迹于官场。

他有一颗敏感的诗心，却无政治上的敏感，以致每次关键时刻，他都站错了队。

所以，既然已经选择走上了那条路，也就无法再回头！

第十章
立嗣问题

彷徨

经历诸多惊心动魄的政治斗争后，武曌此时已经是万人景仰，拥有至上权威。可是已经七十多岁高龄的武曌，在今后的很长时间里，将不得不面对一个崭新的课题，那就是在自己离开这个世界之后，由谁来继承皇位。本来皇帝思考继承人问题属于老生常谈，但武曌是女人，她在过去的历史中完全找不到任何可以借鉴和效仿的东西，而她又必须在有限的时间内做出正确的选择，因为这关系到整个帝国的命运。

在刚刚登基的那段日子里，武曌的想法很简单，那就是想未来传位给武氏，因为在她的脑海中始终认为，武周政权姓武，她本人姓武，宗庙里供奉的是武氏祖先，天下最尊贵的姓氏也被定为武氏，武家的天下决不允许外姓人掌管和接替。

但很遗憾的是，她的儿子都是李家的人，这一点她是改变不了的，而武曌只有武姓子侄，就是武承嗣、武三思等人。这样看来，接续武家帝业的只能是她的侄子。为此，武曌在即位之初就提拔侄子们进入宰相班子，给予他们特殊的恩宠。

除了对她的侄子在待遇和地位上给予提高，在某些公众场合，武曌也向众人传递她的想法。例如，在永昌元年（689 年）的一次祭拜中，武曌是初献，李旦是亚献，皇孙李成器是终献。可是到了长寿二年（693 年）的一次祭拜中，亚献变成了武承嗣,终献变成了武三思。

武曌传递出来的信号,所有人都能明白,当然作为武曌侄子中最年长的武承嗣,当时是最为兴奋的,为了尽快实现当太子的愿望,他不断地讨好武曌。事实证明,武承嗣只做对了一半,因为在背地里,他不断地攻击李旦。有句话叫作:若要人不知,除非己莫为。武承嗣的做法,武曌很快便知道了。

从亲情角度而言,武曌最担心的就是这种局面,因为如果未来武承嗣真的即位了,以现在的局势来推测,自己的儿子们的命运前景堪忧。

可以说,武承嗣的做法,让武曌暂缓了对继承人问题的决定。坦白地讲,武曌当时很矛盾,准确地说,她始终在权力与亲情之间摇摆不定,当然她也是要听听朝臣们的意见的。

在我看来,正是诸多大臣们站在不同角度不断在武曌面前吹风,在某种程度上左右了武曌的最终选择,而在这个过程中,有三个人是至关重要的。

第一个人:夏官侍郎李昭德。

李昭德的性格按照现在人的理解其实就是个大炮筒子,进入官场以来,以性格耿直闻名,即使是来俊臣、周兴那样的酷吏他也全然不在乎。李昭德最终由于性格的原因而被酷吏们诬告,下到大狱没多久便被处斩,值得一提的是,他是和死对头来俊臣一起被斩的。

李昭德的性格很长时间以来固然被人们所诟病,甚至给人一种擅权弄人的感觉,但他在世时还是做过一件十分有意义的事的,那就是阻止武曌立武承嗣为太子。

而武曌动摇了立武氏子侄为太子的想法,正是从李昭德开始的。

李昭德在世时,曾经多次针对立武承嗣为太子这件事劝谏过武曌,而让武曌印象最为深刻的,最能打动武曌的当数长寿元年(692 年)六月间的一次君臣对话。

那是一次只有武曌和李昭德君臣二人在场的对话,换句话说,两个人的对话很隐秘。当时李昭德说出的话确实点中了问题的要害所在,以致让武曌有些坐立不安。

李昭德:“陛下,魏王承嗣现在权力很大啊!”

武曌:“他是我的侄子,当然要委以重任。”

李昭德:“侄子跟姑母的关系能比儿子和父亲亲近吗?”

武曌:“……”

坦白地讲,李昭德与其说是在提问,不如说是在和武曌较劲,当然武曌并不是糊涂的人，她明白接下来李昭德肯定会有一番道理要讲。

李昭德见武曌没有开口，便继续说道："儿子仍有杀父篡位的（如杨广），何况是侄子呢？承嗣既是陛下的侄子，又贵为亲王，还是宰相班子成员，其掌握的权力已经基本上和陛下相同，臣担心陛下不能长久安坐帝位了。"

李昭德说完一躬到底，然后身子一动不动。

武曌在听完李昭德的话后，惊讶地瞪着眼睛，然后说："我没有想到！"

在君臣二人这番对话不久，武曌就免去了武承嗣的宰相之职。

总之，长寿元年六月间李昭德对武曌所说的这番话，的确有些哪壶不开提哪壶的味道，当然这或许就是李昭德的性格，不过由于他的分析确实在理，从而打动了武曌，也让武曌开始重新审视自己最初的想法。

武曌甚至陷入了深深的苦恼之中，因为通过李昭德的话，她仿佛明白了自己走到今天，在某种程度上已经成为孤家寡人。

当然，仅仅一个李昭德还不足以让武曌彻底改变初衷，而限制武承嗣的权力，并不意味着彻底将他打入冷宫。事实上，在立嗣问题上，当时有诸多朝臣表明了自己的态度，李昭德的方式是通过解剖皇权路上赤裸裸的利益关系，直捅武曌的心窝，从而让她有一种严重的危机感。

不过，通过李昭德五年后被处斩这件事，说明武曌在内心对李昭德的性格和擅权弄人还是很不满的，正所谓，人品决定说话的分量，所以武曌对他的话也只是采取一种不可不信、不可全信的态度。

李昭德的话只是暂时打动了武曌，而接下来的这个人则用一种很诚恳的方式来劝说武曌，而且得到了很好的效果。有人说是他为李唐皇室的光复打下了坚实的基础，这句话并不为过，最重要的是他很有策略地为武曌指明了谁是最合适的继承人。

这个人就是狄仁杰！

狄仁杰的策略

狄仁杰在长寿二年（692 年）被贬到彭泽当县令后，在那里一待便是五年。

万岁通天元年（696 年）十月，唐朝北部的契丹人攻陷冀州（今河北临漳），为了稳定局势，武曌起用狄仁杰为魏州（今河北大名）刺史。狄仁杰到任后，改变了前任刺史让百姓放弃一切入城坚守的策略，而是让百姓重新返田耕作。契丹人听到这个消息后，认为不宜与唐朝打持久战，于是率众北归，狄仁杰的做法使魏州避免了一场战乱，而当地百姓为了感谢狄仁杰，都争相为狄仁杰立碑以记恩惠。

狄仁杰在魏州的功劳，让武曌很是赞赏，不久，他被升任幽州都督。

神功元年(697年)十月，阔别皇城将近八年时间的狄仁杰，再次回到了洛阳，被武曌任命为鸾台侍郎、同凤阁鸾台平章事，加银青光禄大夫，兼纳言，等于恢复了宰相的职务。

官复原职的狄仁杰依旧尽心竭力地做着自己该做的事情，同时他并没有忘记很多年前他在心中暗暗立下的誓言，那就是光复李唐皇室。

多年的历练让狄仁杰明白在现在的局势下，光复李唐皇室绝不能像徐敬业、李冲那样采取暴力的手段，因为在武曌的励精图治下，此时的国家依旧延续着盛世的局面，正所谓人心所向，所以光复李唐皇室必须采取稳妥、循序渐进的方法。

而狄仁杰现在所要做的，就是要通过自己的努力，赢得武曌对他的绝对信任，因为只有这样，他才有机会去实践自己的想法，因为他深深懂得解铃还须系铃人的道理。

为此，狄仁杰在立嗣问题上并不像李昭德那样，主动向武曌表明自己的态度，他始终在等待，等待一个合适的时机，只要机会到来，狄仁杰坚信面对武曌他会一招击中命脉，并且不会有任何的回旋余地。

事实证明，狄仁杰并没有等待多久，在他官复原职的转年，他就等到了那个机会。

圣历元年(698年)的朝廷，表面依旧是一团和气，但由于女皇年事已高，所有人都知道立嗣问题会在某一个时刻成为朝廷议事的主题，何况此时的武承嗣和武三思在暗中也是不断地搞小动作，以求武曌能够尽快立自己为太子。

坦白地讲，此时已经距离李昭德向武曌进言整整八年过去了，但武曌并没有因为时间的久远而淡忘李昭德的话，相反随着时间的推移，随着年龄的增长，她越来越感受到朝廷对于立嗣问题有一种倾向性，虽然没有人再跟她提过这件事，但她还是能够嗅到一丝气息。

内心犹豫不决的武曌决定问计于狄仁杰，虽然狄仁杰刚刚回到自己身边，但武曌对他的信任已经高于其他人。

相比于和李昭德八年前的那场谈话，武曌和狄仁杰的这次谈话氛围相对轻松些，因为双方的切入点并不是从立嗣问题开始的。

往往越是商谈重大的事情，开头越是天马行空！

关于君臣二人天马行空的对话部分我就不再列出，接下来所写的是本次谈话的精华部分，从中大家可以感受到狄仁杰的策略。

在正式谈这个话题的时候，狄仁杰的话很是犀利。

“太宗皇帝辛苦打下江山，把帝位传给子孙。高宗皇帝把两个儿子（李显和李旦）托付给陛下，陛下如果有意传位给外姓，确实有些不合天意。”

先打出太宗和高宗两张皇帝牌，然后用“天意”这个词，让武曌明白虽然她贵为皇帝，但也不是想做什么就能做什么，谁都管不了她，还有老天爷看着。

如果说开场词强调的是一种气势，那么接下来则是分析利害关系。

“陛下认为姑侄和母子这两种关系哪个更亲近呢？陛下立儿子为嗣，那么在升天之后，牌位会安置在太庙里和先帝们一同受到祭祀，而且代代不息；如果立侄子为嗣，臣从没听说过侄子为天子会把姑母的牌位供在庙里祭祀的。”

狄仁杰的第二段话打出的是“亲情”牌，所有人都知道母子关系和姑侄关系比起来哪个更亲近。狄仁杰之所以这样说，是因为他深切地明白武曌贵为皇帝，内心所想的绝不仅仅是身前的事儿，任何一个皇帝都希望永远享受后代的香火祭祀，更何况在武曌的背后还有太祖、太宗这样开创帝业的伟大帝王。而狄仁杰的话恰恰说明了一点，侄子当了皇帝，您老人家死了后，也就是二小扛房梁——顶这了！别想着侄子会每年祭祀您，要知道人家也是有爹妈的人！

狄仁杰说完后，武曌低下头默然不语。

她明白虽然狄仁杰的话有些刺耳，但事实就是这么回事儿。可以说，和李昭德的话比起来，狄仁杰所讲的更能打动武曌，这种内心的打动是武曌对女人当皇帝其身份局限性的怅然。

但此刻武曌表面上并没有显现出任何异样，片刻之后，她缓缓地说道：

“立嗣问题是朕的家事，爱卿不应该干涉！”

很明显，这是一句苍白无力的话，因为武曌此刻找不出任何话语来反驳狄仁杰，只能用皇帝的威严试图压制狄仁杰。

武曌本以为自己说出这句话后，精明的狄仁杰会知难而退，但出乎她意料的是，狄仁杰不仅没有后退，反而更加逼近一步。

“陛下以天下为家，四海之内，谁不是您的奴仆？而又有哪一件事不是陛下的家事呢？如果用人的身体来做比喻的话，君王就是头脑，臣子就是手足，没听说过头脑和手足分离还能存活的道理，何况臣现在承蒙陛下的信任，身处宰相之位，怎么能不尽到自己的职责参与立嗣之事呢？”

前半部分是吹捧，后半部分才是所要表达的实质内容，不过在我看来，狄仁杰的这番话，无论是哪个皇帝听了都会感觉舒服。

这就是水平！

狄仁杰这番话说完后，武曌紧锁的眉头方才舒展了一些。通过和狄仁杰的对话，她仿佛找到了答案！

“我会考虑的，爱卿今天说的话朕当铭记在心！”

“陛下圣明！”

……

事实上这次对话基本上只有狄仁杰一个人在说，武曌只是倾听者。在狄仁杰看来，虽然初步达到了预期目的，但距离自己的期望值还差了一点点，因为在本次谈话中，没有涉及具体问题。

那就是究竟谁是太子的合适人选！

对于这个问题，狄仁杰并不着急，因为他知道只要女皇陛下动摇了原来的想法，未来的一切就有机会。

果然，不久之后，武曌针对立嗣问题，继续征询狄仁杰的意见，只是这一次问话的方式有些特别。

“朕梦见一只大鹦鹉的两只翅膀都折断了，爱卿知道这意味着什么吗？”

当武曌说出这句话后，狄仁杰的脑子里开始飞速地运转，因为他明白此时正是完成上次对话没有涉及的内容的绝好时机，所以他从容答道：

“鹦鹉的‘鹉’字和陛下的姓氏同音，两只翅膀象征着陛下的两个儿子(李哲和李旦)，在臣看来，只要重新将二位皇子恢复原位，那么两只翅膀就不会再折断了。”

即使是忽悠，也要忽悠得合情合理。

“嗯……”武曌缓缓地点了点头，然后说道：“朕心中自有分寸。”

据《资治通鉴》记载，正是从此时开始，武曌打消了立武承嗣、武三思等人为储君的想法。

狄仁杰的一张嘴胜过百万雄兵，可以说武曌和狄仁杰的两次君臣对话，是立嗣问题的转折点，狄仁杰的眼睛仿佛看到了李唐皇室复兴的场面。

当然，不可否认，关于立嗣问题狄仁杰确实功不可没，我也想颠覆历史地将武曌下定决心立儿子的功劳放在狄仁杰的身上，可是历史就是历史，事实上，让武曌最终下定决心立李哲为太子的，并不是狄仁杰，而是另外一个人。

吉顼！

决定性的人物

和狄仁杰比起来，吉顼算是个小人物，虽然也受到武曌的信任，但由于官职不高，所以他无法像德高望重的狄仁杰那样和武曌促膝长谈。

从先前扳倒来俊臣的过程来看，吉顼是一个颇有心计的人，他是那种将自己意图表达得很隐晦的人，而且效果往往很好，表面看仿佛他很超脱，好像自己说的话事不关己，事实上站在吉顼的角度来想，以他这样的身份要想达到自己的目的，只能采取这样的方法。

在立嗣问题上，吉顼祭出了同样的招数！

这一次他选中了两个人，张易之和张昌宗。

吉顼深知立嗣问题并不是自己这样的小人物能够直接参与的，要想让女皇陛下清楚自己的意图，直接表述显然具有风险，而找一个合适的替身，则会降低风险。选来选去只有和自己官职相同（控鹤监供奉）且关系比较亲密的张氏兄弟最合适。

于是在一次和张氏兄弟的宴会上，当酒过三巡、菜过五味之时，吉顼开始了自己的计划。

“两位大人现在可是尊贵之身啊！虽然咱们官职相同，但在女皇陛下那里，我的地位实在不如您二位啊！哈哈哈！”吉顼自嘲地说道。

“嗨！这是哪里的话啊？我们两个人能有今天的地位，完全是依靠女皇陛下啊！”张昌宗虽然很谦虚，但话语之间颇有些自豪。

“是啊！是啊！咱们兄弟只要侍奉好女皇陛下，荣华富贵那是得来全不费功夫啊！哈哈哈！”张易之跟着说道。

吉顼知道机会来了，于是开口问道：“女皇陛下归天之后呢？”说这句话的时候，吉顼并没有抬眼看张氏兄弟，依旧夹着菜往自己嘴里送，仿佛这句话不是他说的一样。

霎时间，张氏兄弟愣在了那里！

“两位兄台说得的确很对，你们能有今天的地位完全是依靠女皇陛下，也就是说并不是靠你们自己的功劳得来的。可你们想没想过，女皇年事已高，早晚会离开这个世界，她走了之后，你们依靠谁呢？”

吉顼的语气很轻，但句句扎人心窝！

“更何况……”吉顼终于停住了夹菜，然后抬起眼皮扫了一眼张氏兄弟说道:“朝廷里恨你们的人有很多,你们没有什么功劳而有如此高的地位,未来用什么保全自己呢?”

说完后,吉顼笑了!

但在张氏兄弟看来,吉顼的笑容有些恐怖。

“还请兄台多多指点啊!”张氏兄弟瞬间起身拜倒在地,再抬起头来早已经是泪流满面。因为他们知道吉顼所说的涉及他们未来的前途,甚至是身家性命。

“好说,好说,两位兄台不必如此!”吉顼赶忙将张氏兄弟搀扶起来,落座之后,他终于说出了他最想说的话:

“现在看来,天下人都没有忘记大唐的恩德,都在思念庐陵王(李哲),女皇陛下年事已高,帝位必须有所传承,我看目前武姓子侄都不在她的考虑范围之内,两位兄台为何不利用有利的时机劝女皇陛下恢复庐陵王的太子身份呢?这样不仅可以维系人心,而且还可以免去灾祸,更可以永保富贵啊!”

坦白地讲,吉顼说这话时的确很真诚,但你千万不要认为他是为张氏兄弟着想,当然吉顼也不是像狄仁杰那样具有复兴大唐的崇高觉悟,他的想法其实很简单,也很实际,那就是为自己寻求一个好前途。

后来的事实证明,张氏兄弟只完成了吉顼所说的一半任务,迎回了庐陵王李哲,却没有免去他们自己的灾祸,更没有保住富贵。

对于吉顼的话,张氏兄弟深以为然,于是利用一切可以利用的机会劝说武曌恢复李哲的太子地位。

对于张氏兄弟的态度,武曌并不觉得奇怪,虽然在此之前,张氏兄弟对于立嗣问题没有表过态,但现在亮明了自己的态度,武曌明白背后一定有人为他们出招。

想来想去,她想到了吉顼!

因为她知道当时和张氏兄弟关系最亲密的只有吉顼!

武曌始终认为吉顼是个忠心可嘉的人。上次处理完来俊臣之后,武曌听到了百姓拍手称赞的消息,很长时间以来,对于官职不高的吉顼,武曌始终认为他代表了朝廷内许多人的想法,为了了解更多人对于立嗣问题的看法,武曌特意召见了吉顼。

“最近很多人跟我说要恢复庐陵王太子身份的事情,你听说了吗?”武曌开门见山问道。

“臣知道,而且臣也有这种想法!易之和昌宗的想法正是臣告诉他们的!”

吉顼的回答更直接。因为他知道，在女皇陛下已经清楚一切时，坦白说出来实为上策。

“能说说你的理由吗？”

“为了陛下的名声。”

“哦？”

“人心思唐已经很长时间了，陛下如果将帝位传给庐陵王，您等于是李唐王朝的再造者，千百年后人们依然会传颂陛下的功德，如果另立他人，恐怕会让世人诟病啊！”

武曌听完后闭上了眼睛，此刻她的脑海中又浮现出了八年前李昭德和最近狄仁杰对自己说的话，综合眼下吉顼的话，武曌已经找到了答案。

“唉！朕为了这个宝座奋斗了将近四十年，实在没想到最终还是得还给李唐，也许这就是天意吧。”武曌一边说着一边抬起头来，眼神中透露出一丝惆怅。

“朕意已决，召回庐陵王！”

此刻，跪在地上的吉顼终于长舒了一口气。

……

圣历元年(698 年)三月九日，武曌以庐陵王李哲生病为由，派职方员外朗瑕丘人徐彦伯将李哲召回洛阳。

李哲听到这个消息后，顿时泪流满面！

当然，这是兴奋的泪水！

落差

坦白地说，李哲是个没有野心的人，他不像二哥李贤那样具有强烈的权力欲，从性格角度分析，他更像大哥李弘。

从登上帝位、被废黜外贬到最终被召回洛阳，李哲足足等待了十四年的时间，十四年已经使李哲由一个意气风发的青年变成了一个饱经沧桑的中年人。

曾经的锐气已经被消磨殆尽，在房州那狭小的天地里，李哲犹如一只被困住的飞鸟，纵有一双翅膀，也无法飞出母后为他画的牢笼。

之所以说李哲没有野心，是因为他本不应该是皇位的继承者，要不是二哥李贤犯下谋反大罪，李哲的一生早已经被固定在王爷的身份上。

不过，欢乐的时光很是短暂，强势的母后无情地将他废黜，在那种环境下，李哲只能被迫接受。在这被废的十四年时间里，李哲可以说是一个得过且过、胸无大志、品质不坏的好人。在房州的日子里,最初他最盼望的就是能够在有生之年回到洛阳。

对于这个愿望他曾经无限期盼着,可是随着时间的推移,他渐渐绝望了,因为洛阳城里已经成为刀光剑影的战场,胆小的李哲的愿望最终转变成了在房州能够善终。

李哲的愿望是否过于低级呢?

答案当然是否定的。因为在那个李唐皇室几乎被屠杀殆尽的腥风血雨的岁月里,李哲能够保住身家性命已经很不错了,大哥李弘、二哥李贤的下场,始终深深刻印在李哲的脑海中,他生怕有一天会从洛阳传来赐自己死罪的消息,所以他努力逃避着,甚至每天出门都不敢向洛阳城的方向去张望。

回到洛阳看来已经不可能,至于曾经的那个皇位,套用一句时髦的话来讲,那就是:别再想了,洗洗睡吧!

李哲就是在这样一种诚惶诚恐的状态下,在房州度过了十四年的时间,虽然身边有妻子韦妃的精心照顾和孩子们的欢声笑语,但李哲丝毫感受不到快乐,在他的心里只有痛苦、恐惧、彷徨、犹疑。

终于在今天,先前的一切全都被打破了,当徐彦伯站在李哲面前宣读武曌召他回洛阳的诏书时,李哲简直不敢相信自己的耳朵,甚至当徐彦伯读完诏书后,李哲竟然忘记说"谢皇上隆恩"这句话。

"庐陵王!庐陵王!还不快谢恩啊!"徐彦伯见李哲没有任何反应,赶忙小声地提醒李哲。

李哲这才恍然大悟,赶忙叩头高声喊道:"谢皇上隆恩!"

而当他再抬起头来,激动的泪水早已经布满他那饱经沧桑的脸庞!

圣历元年(698 年)三月二十八日,阔别了洛阳城十四年之久的李哲终于回来了。当车马进入洛阳城后,李哲的心中不禁感慨万千,熟悉的街道,熟悉的店铺,依然是十四年前自己离开时的模样,一切都没有变,唯一变了的就是自己的眼角已经布满皱纹,以及那脆弱不堪的心灵早已经蒙上了厚厚的尘土。

李哲的归来没有丝毫的声息,回到皇宫中就被武曌藏在了寝宫,很多大臣对于李哲的归来全然不知,当然知道的人还是有的,狄仁杰就是其中的一个。

对于李哲归来的方式,狄仁杰向武曌提出了异议,认为未来的太子就这样悄无声息地归来,的确有些寒酸,实在不利于李哲未来对朝政的掌控,他认为应该举办一个隆重的仪式,将李哲风风光光地接进皇宫,对于狄仁杰的建议,武曌同意了。

三月三十日，武曌让李哲重新回到洛阳南门，然后用隆重的仪式将李哲重新迎回宫中，半年后立李哲为太子，并恢复了他本来的名字李显。

无论怎样，李显总算是风风光光地回来了。不过，与李显这边的高调回归相比，朝廷中的另一个人却失落至极，这个人就是武承嗣。

曾经没有任何野心的他，随着姑姑开创的新时代，他终于做起了皇帝的美梦，为此他足足等待了八年。这八年中他尽心竭力地侍奉姑姑，不敢有丝毫的差错，只盼着有一天姑姑能够立自己为太子，可是随着李显的回归，曾经的美好愿望终于化成了南柯一梦。

毕生的努力顷刻间化为乌有，让武承嗣一时间有些接受不了，最关键的是武承嗣并不是个心胸开阔的人，就是这一点最终要了他的性命。

终于，在李显回来的四个月后，武承嗣由于化解不开内心的积怨，在一个漆黑的夜里，带着无尽的遗憾，吃下了“伸腿瞪眼丸”，一命呜呼。

从来只有新人笑，有谁听到旧人哭！

坦白地说，在对待立嗣问题上，武承嗣的做法并没有错，但正所谓尽人事、听天命，归根结底，武承嗣的命实在不好，所以只能说他是心比天高，命比纸薄！

武承嗣的结局和李哲的转运，在当时看来形成了巨大的落差，造成这种局面是武曌的最终决定，从表面看起来促使武曌最终下定决心将帝位传给儿子的是狄仁杰、吉顼等诸多大臣的努力。但我们不禁要问，历经诸多政治斗争、内心无比坚毅的武曌难道真的仅仅凭借几个大臣的劝谏就下定了这个决心吗？

当我翻开泛黄的史书，仔细研读时，发现事情远不是我们想象的那样简单！

隐藏的外力作用

李昭德、狄仁杰、吉顼、张氏兄弟以及诸多大臣在立嗣问题上前赴后继地向武曌不断进言，不断洗脑，应该说李显最终能够重登太子之位，与他们的努力密不可分，而武曌也充分看清了当时朝廷内部对于储君人选的倾向性，所以最终下定决心重新确立李显的地位。

但我始终认为，内心坚毅的武曌是绝不会仅仅凭借几个大臣的不断忽悠而改变初衷的，事实上武曌最终下定决心迎回李显，还隐藏着一股外力的作用，正是这种外力作用加上朝廷内部的一致倾向性，才让武曌最终下定重立李显的决心。

要厘清这个问题，我们首先看两个事件。

第一个事件:万岁通天元年(696 年)五月,营州境内契丹松漠都督李尽忠、归诚州刺史孙万荣起兵造反,《资治通鉴》上记载两个人造反是因为不满营州都督文翙不去救援营州境内契丹人发生的饥荒,两个人心生怨恨,所以一怒之下起兵造反。

李尽忠和孙万荣两个人造反之后,最初声势颇大,聚集十万人围攻幽州。但在朝廷的不断征讨下,加上北部突厥的突然袭击,结果没过多久便被镇压下去。李尽忠和孙万荣造反事件在当时来讲不算什么大事,我之所以要写出这个事件,是因为孙万荣在围攻幽州时曾经给朝廷发布过一篇征讨檄文,其中有一句话是:为何不召回庐陵王?(何不归我庐陵王?)

当我看完这句话后,我坚信这才是李尽忠和孙万荣造反的根本原因,而对文翙的不满只是一个导火线。

顺便说一句,孙万荣发布檄文的时候,是在李昭德针对立嗣问题向武曌进言的五年后,也就是李显重新回到洛阳的两年前。换句话说,此时正是武曌面对立嗣问题左右为难的矛盾时刻。

第二个事件:圣历元年(698 年)六月,也就是李显重新回到洛阳的一个月后,武曌派武承嗣的儿子淮阳王武延秀前往突厥,迎娶突厥默啜可汗的女儿。陪武延秀一同前往的还有豹韬卫大将军阎知微和右武卫郎将杨齐庄。

一行人马欢欢喜喜地来到了突厥,武延秀本以为能够顺利抱得美人归,不料刚见到默啜,就挨了当头一棒——默啜突然反悔。

《资治通鉴》上记载,默啜对随行而来的阎知微说过下面一段话:

"我是要把女儿嫁给李氏,哪里轮得着武氏子!他难道是天子的儿子吗?我突厥世代受李唐的恩典,听说李唐皇室的人已经被屠杀殆尽,只剩下两个孩子(李显和李旦),我现在要领兵辅佐他们重登大典。"

随后,默啜拘禁武延秀,发兵侵扰妫州、檀州等地,并发布檄文说,自己贵为可汗,女儿应嫁给唐天子的儿子,而"武"是小姓,门不当户不对,这简直是骗婚。

仔细分析默啜所说的话,我们不难看出,当时突厥依然视李唐皇室为正宗,按照现代人的观点来解释,那就是只有李唐王朝才是合法政府,其余的一概不承认。

综合上述两个事件来看,我判断武曌当时面临着时局不稳的窘境和严重的外交危机。

李尽忠和孙万荣的造反其实也是因立嗣问题而起,虽然它和多年前的李敬业造反属于同一性质，但对于武曌而言，此时已经不再是血腥镇压那么简单的问题，因为她内心知道，自己在位的时候，可以暂时掌控住一切，可是有一天自己离开这个世界呢？

人心的向背已经明确，如果逆势而行，那这个国家将会陷入万劫不复的境地。武曌作为这个帝国的最高掌权者，作为千古唯一的女帝，她当然不想在她离开这个世界后，当国家陷入严重危机时，人们以此来诟病女人当皇帝的危害。

我甚至认为在武曌的内心深处，国家的稳定远比自己死后可以享受儿子的祭祀重要得多。

再说突厥。

此时的突厥虽然早已不像隋朝末年那样强大，而且在唐朝建国将近一百年的时间里，不断地被唐朝打败，但它始终是唐朝无法征服的对象，双方始终处于一种时而友好时而对立的局面。

现在突厥已经亮明了自己的观点，对于武曌而言不能不重视。因为李世民天可汗的威名此时依然声名远播，“贞观之治”的荣耀依然在周边国家不断地播撒，武曌明白突厥的态度事实上也是唐朝周边很多国家的真实态度。

而这一切，绝不是靠武力就可以征服的！

这已经形成了一种世间的神秘力量，那就是“势”！

武曌虽然很多年来玩弄各种权术巩固自己的地位，但绝不仅仅只是一个玩弄权术的高手。作为一个政治家，武曌的眼光放得很远，因为她知道什么叫顺势而为。放眼周围，武曌明白自己绝不能做一个使唐朝陷入孤立的国君。

时局不稳、外交危机、朝廷内部的倾向性，三种力量的交叉结合，让武曌终于彻底看到了自己的局限性。纵使你有最高的权力，在面对“大势”的时候，依然是脆弱无力的。

既然无法改变，那就顺势而为！

为了国家的前途，为了帝国的长治久安，我甘愿放弃我的初衷，从现在起，武周政权已经开始进入倒计时。

李唐王朝的复兴即将到来！

第十一章

暮年晚景

立嗣问题尘埃落定，武曌最终选择在她死后将这个帝国重新交还给李唐子孙——自己的儿子，对于武曌来说这是个艰难的抉择，当然也是一种无奈的选择。从她称帝一直到今天为止，将近二十年的时间，武曌一直在为维护武周政权而不断做着努力，但终究她明白了自己的局限性，所以放下自己的私心，在自己身后留下一个稳定的国家，这是她的责任和义务。

经历了漫长的八年彷徨和犹疑，武曌此刻终于感受到了什么叫如释重负，但此时她的年龄已接近耄耋之年，长时间以来的操劳和她那无节制的纵欲生活，使她的身体也不再像从前那样精神百倍，但即便如此，她还是希望利用自己在世的有限时间，为李显搭建好一个辅佐班底，在她的心目中这个班底的核心无疑是她最信任的狄仁杰。

可惜的是，久视元年（700 年）九月，武曌听到了她最不愿意听到的消息。

狄仁杰病逝！

当武曌听到消息后，顿时栽倒在龙床之上昏厥过去。

也就是从此时开始，武曌的身体状况每况愈下！

担心

武曌对狄仁杰的信任，在当时超过了所有大臣，武曌经常亲切地称呼狄仁杰为“国老”（国家的元老）。狄仁杰身体不好，武曌曾下令如果不是紧急的要事就不要去打扰狄仁杰，而且免去了他殿中值夜的差事。

武曌和狄仁杰的关系就像当年李世民和魏征那样，真正做到了君臣同心。所以武曌内心才会将狄仁杰视为未来托孤的核心重臣。

可是如今狄仁杰先自己一步离开了这个世界，这让武曌备受打击。内心坚毅的武曌在狄仁杰死后的第一次朝会上，面对诸多大臣时，当她想起再也看不见狄仁杰的时候，泪水终于夺眶而出。

“朝廷上无人了啊！”武曌哽咽着说道。

在此之后，朝廷之事凡是诸多朝臣七嘴八舌议论而定不下来的时候，武曌总会想起狄仁杰，然后叹息着说道：“老天爷为什么这么早夺走了我的国老呢？”

武曌整天就是在这样一种昏昏沉沉的状态下处理政务，当然她也明白国家的事情片刻不能耽误，放眼朝廷上下，能够接替狄仁杰的，而且德高望重的，好像只有魏元忠。

魏元忠虽然才能和狄仁杰相比差了一大截，但因为和狄仁杰共同对抗过酷吏来俊臣，而且又和狄仁杰一同被外贬，所以很长时间以来一直被人们视为狄仁杰的亲密战友。

圣历二年（699年），在狄仁杰的举荐下，武曌重新起用魏元忠，任命他为凤阁侍郎、同平章事，等于进入了宰相班子。

现在狄仁杰已经故去，在武曌看来只有魏元忠是接替狄仁杰的最合适人选，但她始终认为魏元忠并不是未来托孤重臣的合适人选，原因只有一个，魏元忠和张氏兄弟素来不睦。

狄仁杰在世的时候，虽然内心十分鄙视张氏兄弟，但由于性格原因，一直到狄仁杰去世，双方也没有产生深刻的矛盾。而魏元忠则不同，依照他的性格，武曌死后，他一定是第一个站出来劝谏李显除掉张氏兄弟的人。

而张氏兄弟却是武曌最心爱的人，在成功解决了立嗣问题之后，武曌接下来要解决的就是如何在有生之年通过自己的努力，确保张易之和张昌宗在自己死后依然保住目前的荣耀，她并不担心李显未来会对张氏兄弟下手，因为张氏兄弟是李显的拥护者。

但魏元忠呢？

武曌的心里实在没底！

在我看来，此时的武曌已经敏锐地嗅到了朝廷内暗含着一股激流，等到时机一到，这股激流就会喷射四溅。

所以经过慎重的思考，武曌决定逐渐提升张氏兄弟的官职，给予他们充分的权力,来保障张氏兄弟未来在朝廷的一席之地。

事实证明,武曌的想法过于天真,因为“面首”终究是“面首”,在面对极度诱惑的时候,张氏兄弟有些得意忘形。

只是,所有人或许都不会想到他们的得意忘形居然会让刚刚重新回宫的李显失去了长子李重润和女儿永泰郡主。

就在张易之和张昌宗的地位不断提高之时,他们开始擅权弄人。朝廷中很多人都在暗中议论,而李重润和永泰郡主因为年轻,也不知深浅地公开议论二张的专权,结果被张易之的手下探听得知。张易之在武曌面前大进谗言,结果武曌赐李重润和永泰郡主自缢而死,并将永泰郡主的丈夫、魏王武延基下狱逼死。

在二张看来,顺我者昌,逆我者亡,这是永远不变的真理。李重润和永泰郡主的死并没有引起他们足够的重视,但李显却因为一下子失去了长子和女儿而备受打击,这件事情向李显表明了一个残酷的现实:张易之、张昌宗兄弟对其本人甚至家庭构成了巨大威胁。

最重要的是,在李显的身边还有那些执着的拥立者,尤其是那些宰臣们!

李显是个性格懦弱的人,在强势母亲的眼皮底下,丝毫不敢发作,但那些宰臣却是个顶个的具有骨鲠之气。

终于,在武曌生命的最后三年里,继立嗣问题之后,朝廷迎来了新一轮斗争,那就是宰臣与“面首”的斗争。

这场斗争最终演变成了一场流血的政变,史称“五王政变”!

事实上,在这场斗争的最初阶段,双方仅仅限于文斗。

硬骨头魏元忠

对于武曌的一系列做法,坦白地说,张氏兄弟并没有彻底地理解,在他们的地位一天天得到提升后,随之而来的便是他们更加骄横、傲慢与擅权弄人。

其中表现之一就是不把以魏元忠为首的宰臣们放在眼里!

如果仅仅如此也就罢了,问题的关键是,武曌提升张氏兄弟的做法,给当时很多宰臣带来了一种错觉,很多人私下都在议论纷纷,是不是女皇陛下归天之后,张氏兄弟会成为新朝廷的掌权者呢?

有这种想法的,其中就包括魏元忠。

在魏元忠看来,未来的朝廷如果让两个“面首”来把持朝政,岂不让四方笑掉大牙。所以此时在他的心中，已经暗暗发誓要在合适的时机，彻底整垮张氏兄弟。

眼下首先要做的，就是灭一灭张氏兄弟那嚣张跋扈的气焰。

很快，魏元忠就等到了一个机会。

长安三年(703 年)九月，武曌召张易之的弟弟，只有二十岁的时任岐州刺史的张昌期到洛阳，准备提升他为雍州长史，不过由于张昌期的身份比较特殊，如果直接任命，而不经过朝议，恐怕会引起大臣们的非议，所以武曌决定当众征求大臣们的意见。

很长时间以来，那些大臣对于这种事，总是很快地能通过各种途径了解到女皇陛下的心思，所以所谓的征求意见不过是走个过场，双方一拍即合，搞定！

但是，这一次所有人都没有想到，事情完全没有按照他们想象的轨迹发展，正所谓半路上杀出个程咬金，扮演这个角色的正是魏元忠。

魏元忠对张氏兄弟一直怀有明显的敌意，这一次决心要在朝议之时，将张昌期的任命之事搅黄。魏元忠之所以决心这么坚定，除了和张氏兄弟形同水火，事实上还和张易之的另一个弟弟张昌仪也存有过节。

当初魏元忠出任洛州长史的时候，张昌仪正好担任洛阳令的职务。之前张昌仪每次都仗着哥哥张易之的权势，随便出入长史的办公大堂，而不会受到任何限制。魏元忠到任后，张昌仪依然我行我素，魏元忠每次都将张昌仪喝退出去。而且魏元忠在任期间，经常将张昌仪家里那些横行不法的家奴或打或杀，搞得双方剑拔弩张。

魏元忠决心已定，当然他也明白想要达到目的，掌控住事情的走向很重要，套用一句时髦的话来讲，就是要 hold 住全局。

事实证明，魏元忠凭借着他的硬骨头，确实做到了，但因为过于生猛，而留下了后患，正是这个后患，最终导致了一场流血的政变！

朝议时武曌问众人：谁适合做雍州长史啊？

魏元忠立即站出来说道："现在朝廷内没有比薛季昶更合适的人选了！"

魏元忠的回答让武曌很是惊诧，因为事先魏元忠没和她打过任何招呼，于是武曌试图将事情的走向拽回到她设想的轨迹中来，她接着开口说道：

"薛季昶固然是合适的人选，但朕另有任用，昌期可以吗？"

没等魏元忠说话，很多人异口同声地说道："陛下圣明，您真是选对人了啊！"

对于朝臣们惯用的拍马屁伎俩，魏元忠很是不悦，于是他高声喊道："昌期不可！"

他的声音，镇住了在场的所有人，朝堂上顿时气氛紧张起来。

"哦？理由是什么？"武曌逼问道。

魏元忠将声调降了下来，缓缓说道："昌期年轻，不熟悉民政事务，以前在岐州就治理得不好，致使大批百姓逃亡。雍州是国都所在之地，事务繁重，昌期不如薛季昶果毅能干，而且也不够老练。"

魏元忠所说的话，意思其实只有一个，那就是用人要看政绩和个人才干！

这一次武曌沉默不语了，因为魏元忠说得句句在理，让她丝毫无法反驳！

片刻之后，武曌终于说道："看来昌期还有待于锻炼啊，这件事暂且不提了。"

至此，魏元忠达到了目的。

按说这件事到现在为止应该可以结束了，张氏兄弟并没有当众表示不满，魏元忠也可以收手了，但就在众人以为即将讨论下一话题时，魏元忠又开口说道：

"臣自从先帝在时，就蒙受厚恩，到今天为止，已经几次出任宰相之职，臣自认为没能尽到自己的职责，所以才使陛下身边有了小人，这都是臣的罪过啊！"

对于魏元忠这番话，张易之倒是能泰然处之，可是张昌宗坐不住了！

陷害

张昌宗明白魏元忠口中所说的小人就是指自己，因为在所有人看来，他比哥哥张易之要更受武曌宠幸。俗话说得好，打人不打脸，骂人不揭短，俺们兄弟侍奉女皇老太婆也着实不容易，现在你反对任命我兄弟也就罢了，为什么还要步步紧逼，如果不予以还击，那简直是没有天理。

不过，张昌宗并没有当庭和魏元忠针尖对麦芒，报复魏元忠并不在这一时，因为他知道自己有一项优势，而魏元忠并不具备。

这项优势就是他能够侍寝，侍寝就可以有吹枕边风的机会。

于是一个恶毒的计划在张昌宗的脑海中瞬间形成。

三天后，张昌宗奉命侍寝，在和武曌一番云雨过后，张昌宗开始了自己的计划。

“陛下对魏元忠那样重用，可是他根本不感恩戴德，背地里总是做些见不得人的事情。”张昌宗在床上搂着武曌有意无意地说着。

“哦？他做了什么事情？”武曌警觉地翻过身来问张昌宗。

张昌宗往武曌的身边靠了靠，把住武曌的肩头说道：“魏元忠和司礼监丞高戬私下议论，说陛下年事已高，不如拥护太子才是长久之计！”

“魏元忠真是这么说的？”

“哎呀！臣长了几个脑袋，胆敢欺骗陛下？”说罢，张昌宗立即起身下床，跪拜在地。

“好一个堂堂宰相，竟然心怀二心，明日你要彻底查清楚这件事！”

“臣遵旨！”张昌宗脸上露出了得意的笑容。

转天，张昌宗在武曌那里讨了个圣旨，将魏元忠和高戬下狱。张昌宗十分得意，因为现在魏元忠的性命完全掌握在自己手里，可是就在他准备将魏元忠置于死地时，武曌的另一道圣旨传了下来，内容是：张昌宗和魏元忠当庭对质！

本来毫无踪影的事情被张昌宗说得有鼻子有眼儿，眼看大功就要告成，可是不知道女皇陛下发了哪门子神经，偏要当庭对质，张昌宗心里很是没底。

俗话说得好，拿贼拿赃，捉奸捉双！张昌宗明白要想在和魏元忠当庭对质时稳操胜券，就需要找个证人，选来选去，他选中了时任凤阁舍人的张说。

之所以选中张说，是因为在张昌宗看来，张说日常和自己没有什么矛盾，然而事实上没有矛盾并不代表关键时刻会成为本方的盟友！

当张说来到张昌宗的住处后，张昌宗表现得很殷勤，在一番寒暄过后，张昌宗开始切入正题。

“以张大人的才能来看，凤阁舍人的官职实在是有些屈才啊！”张昌宗有些惋惜地说道。

张说平时和张昌宗并无多少来往，今天张昌宗召自己前来，就感觉有些意料之外，所以对于张昌宗这句话，张说的心里有些狐疑，不过作为官场老手，张说的回答也很得体：

“我能有今天的官职，全是女皇陛下看重啊！今后还仰仗您在女皇面前多多美言啊！”

“好说，好说！”张昌宗笑着说道，“只要张大人你我同心，我可以在女皇面前，保荐你个更高的官职！”

至此张说明白了，张昌宗是有求于自己。

“您是不是有什么事情……”

“张大人是精明人，魏元忠已被女皇陛下下到狱中，女皇陛下要我和他当庭对质，我也不瞒张大人，实话实说，我希望在当庭对质的时候，你能当个证人。”

“证人？”

“对！张大人无须做什么，只要说你听到过魏元忠说过拥立太子的话就可以了。”张昌宗说完后，眯着眼睛注视着张说。

“好！愿效犬马之劳！”

“张大人痛快！哈哈哈！事成之后，我一定兑现保荐你更高官职的诺言。”

……

张说走了。望着张说离去的背影，张昌宗得意至极，他仿佛看到了魏元忠人头落地的情景，当然他也没想到，张说会答应得如此痛快，在张昌宗的人生哲学中，始终认为谁也无法逃脱权力与金钱的诱惑。

事实证明，他错了，甚至错得有些离谱，因为他不知道，张说是一个有良心的人！

……

终于到了当庭对质的那天，所有的大臣全都不敢仰视端坐在皇帝宝座上的武曌。大殿之下的张昌宗甚为得意，魏元忠一脸凝重，张说则有些置身事外的感觉。

“女皇陛下！魏元忠确实说过拥立太子的话，凤阁舍人张说可以证明。”张昌宗开门见山。

“张舍人，你真的听到过吗？”武曌问道。

张说并没有立即回答，他抬眼看了看魏元忠，这个硬骨头这些日子在狱中受了不少苦，以至于两眼有些迷离，张说心中有些说不出的苦涩，就在张说正要开口之际，魏元忠发飙了。

“张说，你是不是要联合张昌宗一起陷害我？”魏元忠歇斯底里地喊道，他的声音仿佛要将在场所有大臣的耳朵震聋。

所有人全都屏住呼吸，在他们看来，今天这出戏有些不好收场。

魏元忠的叫嚷并没有让张说不知所措，他不以为然地看了看魏元忠，缓缓说道：“魏大人你身为宰相，怎么说起话来跟个市井小人一样啊？”

张说话一出口，所有人都认为今天魏元忠必死无疑，因为张说的话很明显意味着他和张昌宗站到了同一阵营。

“张舍人，赶紧把你知道的实情都说出来啊！”张说虽然不着急，但此时张昌宗已经按捺不住，因为他知道这件事情还是尽早收场为妙，所以他赶紧催促张说。

接下来所发生的一切，让张昌宗始料未及。

朝堂对峙

张说依然是一副不慌不忙的样子，他将眼神从魏元忠身上移向了张昌宗那里，他上下打量了一下这个几天前许诺给予自己高官厚禄的人，心中充满了厌恶。

张说深吸一口气，面向武曌一躬到底，然后说道："请陛下明察，在这朝堂之上，大庭广众之下，张昌宗都步步紧逼于我，相信所有人此刻都能够想象得到他平常是多么嚣张跋扈，其实我根本没听到过魏大人说过那些话，是张昌宗逼我做伪证，陷害魏大人的。"

张说说完后，依然没有抬头。

"你……你……"显然张昌宗对张说这一百八十度的大转弯，没有任何的思想准备。情急之下，他立即跪倒在地，对着武曌拱手说道："陛下，张说和魏元忠一起谋反！"

既然你不仁，休怪我不义！

在场的所有人全都瞪大了眼睛，今天这场朝会实在没白来，事情越来越复杂，所有人都暗暗地为张说和魏元忠捏了把汗，因为张昌宗是武曌最宠爱的人，他的话武曌基本上深信不疑。

相反，对于朝堂下出现的这个戏剧性的场景，武曌却依然是稳如泰山，她明白所有人都可以乱作一团，唯有自己必须稳住一切，尤其是处理宰相的问题，必须谨小慎微。

"可有证据？"

"有！张说曾经形容魏元忠是伊尹、姬旦，陛下知道伊尹曾经罢黜过子太甲，而姬旦更是自己做过代理皇帝，陛下，这简直是大逆不道的言论啊？"

事实证明，在这种场合下，文化知识是多么重要，显然张昌宗并不了解伊尹、姬旦那段历史，而张说恰恰是一个博学的人。

"哈哈哈哈！真是不学无术啊！你只知道伊尹和姬旦两个人的名字，可对他们的做法根本就不了解，伊尹和姬旦是古往今来贤相的典范，从古至今立志为官的人，哪个不以他们为榜样？现在陛下用人，不正希望所有人都向他们学习吗？"

此刻张说已经起身，对着张昌宗厉声说道。

随后，他继续对着武曌一躬到底，语气诚恳地说道："陛下，其实臣心里明白，今天如果迎合张昌宗，我或许立刻就能升官。我也知道如果不迎合他，或许我会被安上谋反的罪名，甚至被诛族，但即便这样，我也不能昧着良心诬陷魏大人，我怕魏大人死后冤魂会找我来索命，所以不敢做伪证！"

大家都听得出来，这最后一句话，张说事实上已经有些在调侃。

张说说完，所有的朝臣都用敬佩的眼光看着这个跪在大殿中央的人，他们被张说的一身正气所折服，更被他能不畏权贵、不畏利诱而感到震惊。

就在众人以为高高在上的女皇会被张说的话所打动时，武曌说的话却大大出乎所有人的意料。

"张说反复无常，押下去和魏元忠一起审问！"

所有人都倒吸一口凉气，他们不明白精明的女皇为什么此刻脑子出现了短路现象，张说的诚实没有换来武曌的理解，他反而被牵连进了这桩疑似谋反案。

在我看来，武曌这么做其实是一种权宜之计，她为张昌宗的无知浅薄感到羞愧，同时更为自己最宠爱的人居然在朝堂之上被人如此戏耍而感到尴尬，为了尽快结束这场朝堂闹剧，武曌只能牺牲张说。

最终，魏元忠因为谋反证据不足，但其形迹可疑，被贬为高要（今广东肇庆）县尉，张说因为在朝堂之上口无遮拦，被流放岭南。

站在张昌宗的角度，从效果上来看，虽然没有完全达到目的，但逼走了硬骨头魏老头，也算是大快人心。

魏元忠临走的那一天，特意要求见武曌最后一面，武曌答应了。当然一起陪同的还有张昌宗和张易之。

在见到武曌后，魏元忠依然表现出了不屈服的态势，他对武曌意味深长地说："臣已经老了，这次前往岭南，恐怕是九死一生，不过陛下将来肯定会有想起我的时候。"

武曌不解，问道："为何？"

"因为这两个小子迟早会惹出祸来。"魏元忠指着武曌身后的张昌宗和张易之，冷笑着说道。

"你……"张昌宗顿时火冒三丈。

"算了！"武曌摆摆手，"魏元忠就此上路吧！"武曌面无表情地说道。

……

魏元忠在向武曌跪拜起身之际，他的眼睛死死地盯住张昌宗和张易之，片刻后仰天长笑，然后头也不回地走了，踏上了一路向南的漫漫旅程。

一路向南的魏元忠或许想不到，他的被贬居然会成为后来那场政变的导火线。

没有了魏元忠的朝廷，表面上依然像往常一样，该受宠的依然受宠，该混事儿的依然混事儿，好像先前的那场朝堂闹剧并没有发生一样。

事实上，在张昌宗策划的那场朝廷闹剧过后，在魏元忠被贬上路之际，朝廷中始终有一双眼睛暗中注视着这一切，魏元忠和张说被冤枉，以及张昌宗和张易之那得意忘形的神情，他的全都默默地记在心中。

此时，在他的心中已经开始酝酿一个大动作，同时他也知道由于自己的身份所限，暂时还要处于一种沉默状态，但终究他要付诸行动。

这个人的名字叫张柬之！

文斗依然继续

张柬之是个年龄很大的人，魏元忠被贬的时候，他已经将近八十岁，按说这个年龄应该早已经退休回家抱孙子甚至重孙子了，但他依然在朝廷中努力做事。魏元忠走后，武曌为了填补宰相班子，将张柬之拉了进来，在此之前他仅仅是个秋官侍郎。

张柬之之所以能够进入宰相班子，是因为狄仁杰曾经在武曌面前大力推举过他。

狄仁杰在世时，武曌曾经让狄仁杰推荐人才，以备朝廷之用，狄仁杰对武曌说如果要他推荐具有宰相才能的人，非张柬之莫属。

就是因为狄仁杰的推荐，武曌由此开始任用他，可惜张老爷子的性格过于耿直，由于上过几个言辞比较激烈的奏疏，被武曌外贬。

要说狄仁杰实在够意思，在临去世时依然执着地向武曌举荐张柬之。狄仁杰死后，武曌将张柬之重新召回朝廷。狄仁杰在世时向武曌推荐过不少人才，其中包括接下来将要出场的宋璟、崔玄炜、敬晖、桓彦范和袁恕己。

而"五王政变"所说的五王就是除了宋璟之外的上述几个人。

如此看来，狄仁杰生前推荐的人选全都成为日后光复大唐的主力军，有人说这是狄仁杰生前布的一个局——在我看来这是纯粹的瞎扯，那个头戴毡帽随时可以出入地下鬼城的狄仁杰只会出现在电影中。

我依然相信，狄仁杰之所以推荐这些人，是因为这些人确实是国之栋梁，至于这五个人后来发动那场政变，完全和狄仁杰没有任何关系。

当魏元忠被贬远走时，张柬之心中愤愤不平，虽然他比魏元忠年长，但若论辈分，魏元忠是狄仁杰的战友，而说张柬之是狄仁杰的学生也丝毫不为过，从这个角度来讲，魏元忠是张柬之的师叔。

现在师叔被人整走了，而师叔又没有徒弟，所以对抗专权"面首"的大旗，理应由师侄们扛起来。事实上，自从魏元忠离开朝廷，他的这些师侄就已经自发联合起来结成了"反张"同盟，而由于他们都曾经被狄仁杰举荐过，所以我将他们这个联盟称为"狄系联盟"。

"狄系联盟"的成员始终没有忘记老师狄仁杰的示范榜样和谆谆教诲，同时也没忘记师叔魏元忠在面对二张时的骨鲠之气，所以在二张继续为所欲为、嚣张跋扈之时，在很多朝臣不断恭维他们之时，"狄系联盟"的成员依然选择对抗。

这既是为了自己的利益，也是为了国家的前途！

继魏元忠之后，第二个站出来挑战二张权威的是时任御史中丞的宋璟。

在一次宫廷宴会上，时任奉宸令（皇帝内侍总管）的张易之坐在了宋璟的上首，按照官职来排座，宋璟应该是在张易之的上首，可是谁都知道张易之是女皇陛下身边的红人，所以所有人极力地将张易之推到了上首位置，而张易之素来对宋璟比较敬畏，出于礼节，张易之对宋璟说道：

"先生是当代第一人，怎么能坐在我的下首呢？先生还是请坐在我这里吧！"张易之一边说着，一边起身想将自己的位置让出来。

坦白地说，张易之的这个表现还是很有君子风度的，他本以为自己的谦让会换来宋璟同样友好的谦让。出乎他意料的是，宋璟却避开了这个话题，开口说道：

"我的才学和能力很一般，张卿却认为我天下第一，呵呵，这是什么原因啊？"宋璟的话语中带有一丝嘲讽的味道。

表面看起来宋璟的话似乎没什么，但如果你知道古代人对人的称呼是非常讲究的，你就会明白宋璟其实是在贬低张易之。

"卿"在唐代有其特殊的使用背景，一般官职高的人称呼官职低的人为"卿"，地位低下的人称呼地位显赫的人为"郎"，宋璟虽然比张易之官职要高，但张易之却是武曌的宠臣，又是皇帝的内侍总管，所以如此称呼明显有贬低之意。

对于宋璟的反问，张易之表现得倒还平静，但时任天官侍郎的郑杲却坐不住了，他径直走到宋璟的身边，然后冷笑着问宋璟："宋大人怎么能称呼五郎为张卿呢？"（张易之被人尊称为五郎。）

所有人都明白，郑杲此刻挺身而出，明显怀有一种小人的心态，其实是想借这个机会拍一下张易之的马屁。他的这个想法,倒也不为过,拍皇帝身边红人的马屁,是很多人的惯用手法。

可惜郑杲碰到的是宋璟。

面对郑杲的挑衅,宋璟微微一笑,然后面向众人高声说道:“御史中丞是正四品,而奉宸令是从六品,难道我称呼张卿有错吗?反倒是郑大人……”宋璟一边说着,一边用手点指郑杲,继续说道:“我记得你并不是张易之的家奴,为什么要称呼他为五郎呢?”

宋璟说完,坐到自己位置上,头也不抬地喝起酒来。

“你……”郑杲顿时觉得颜面扫地,正要和宋璟理论时,张易之站了出来:“好了,郑大人不必发怒,今天谁也不许扫兴,事情到此为止。”

……

那场宴会虽然依旧是觥筹交错,但很多人内心都在为宋璟捏着一把汗,因为公开得罪皇帝的宠臣,宋璟一定会成为第二个魏元忠。

不知武曌是不知道此事,还是她没有追究,这件事情就此不了了之。

宰臣和“面首”的斗争并没有就此停止,当时在朝廷上下,人们选择了不同的阵营,有的人卑躬屈膝,有的人耿直不屈。

斗争依然继续,但随着时间的推移,随着武曌身体健康的每况愈下,斗争的形式开始升级。

决心

长安四年(704 年),武曌已经整整 81 岁了。

此时她已经失去了往日的夺人光彩,身体虚弱,经常卧床不起。虽然吃了很多长生不老丹,但根本没有长生的兆头,脸上布满了密密的皱纹,两颊和额头上长满了老人斑,牙齿已经脱落得几乎不剩,白发稀疏可数,眼神中没有一丝光亮,说话的声音微微发颤。总之,她的体质正在一天天地衰弱下去,但她的威严并未减损,朝臣们依然像往日那样匍匐在她的脚下,洗耳恭听她那时而含混不清的训诫。

张氏兄弟依然每天守候在武曌身边,只是此时他们的心境已经和往日完全不同,朝廷上下不断有人上疏弹劾他们,幸好由于武曌健康状况不佳,所以很多奏章都是由张氏兄弟批奏,这样一来那些弹劾的奏疏就被张氏兄弟压了下来。

武曌虽然身体不好,但意识并不糊涂,外边不断弹劾二张的声音她还是略有耳闻，但她仍然不愿意面对现实，可越是这样，外边弹劾的奏疏越是如雪花般飞来，而宰臣们在看到那些奏疏石沉大海，毫无音信时，他们坐不住了。

这些宰臣们终于明白了此时他们依照程序使用的弹劾手段，在女皇那里丝毫不起作用，于是他们收起了按部就班的办事作风，开始使出了阴招。

有文化的读书人使出阴招来更加让人感到可怕。

不久，武曌听到有人举报说张昌宗曾经找术士看过相，术士说他有天子之相，张昌宗内心欢喜地赏赐了术士很多财物。

对于这件事，武曌内心是有些怀疑的，因为她知道现在二张在朝廷上树敌不少，武曌甚至已经想到了可能会是宰臣们的诬告，但本着宁可信其有，不可信其无的原则，武曌还是让御史中丞宋璟、中书侍郎韦承庆、司刑卿崔神庆一起调查这件事。

谁都看得出来，三个人中最高兴的是宋璟！

可惜宋璟并不是主审人，中书侍郎韦承庆才是主审。而让宋璟颇为郁闷的是，韦承庆和崔神庆恰恰是张昌宗的忠实粉丝。

经过调查，出现了两种不同的声音，韦承庆和崔神庆认为张昌宗确实看过相，但已经告诉了女皇陛下，所以不应追究。而宋璟却坚持认为张昌宗已经那么受女皇陛下宠信，可以说已经到了顶点，为什么还要看相，肯定是有不臣之心。

事情陷入了僵局之中！

最终还是要女皇陛下来裁决，让宋璟感到窝囊的是，武曌宣布张昌宗无罪，继续回到宫中，而他则要奉命出京去各地查案。

显然，这是武曌有意将宋璟支走。

面对如此窘境，宋璟决定在出京之前做最后的努力，这一次他联合张柬之、桓彦范等人一同上疏弹劾二张，给武曌施压。

宰臣们的步步紧逼，使武曌确实感受到了一丝压力，所以勉强答应将张昌宗下狱。

但是，她终究没有下定决心严办张昌宗，因为此时身体衰弱的武曌更加需要张昌宗的抚慰，在她看来，二张的存在是其他朝臣所不能替代的，所以在张昌宗下狱不久，武曌就将其赦免。

宋璟知道消息后，仰天长叹道："未能先将逆贼脑袋击碎，悔之莫及！"

由于武曌的极力袒护，宰臣们扳倒二张的希望就此破灭，而宋璟也带着遗憾离开了京城，二张依然像往常一样取悦武曌，武曌对他们依旧是深信不疑。

但是，武曌或许此刻想不到，由于她的护奸拒谏，终于引起了朝臣们的极度愤怒，始终处于蛰伏状态的张柬之已经下定决心，在他的有生之年结束武周政权的存在。

一场流血的政变正在密谋与酝酿之中！

“迎仙宫政变”

魏元忠走了，宋璟也走了。

难道骨鲠之臣真的对抗不过佞幸的“面首”吗？

张柬之百思不得其解，从按照程序的不断弹劾，到使出阴招进行诬告，无论怎样，武曌就像吃了秤砣一样，毫不动心。在张柬之看来，武曌已经去日无多，此时的朝廷正处于一个十字路口，究竟走向何方，其实每个人都有选择的权利。

目睹魏元忠和宋璟的离去，张柬之仿佛明白了自己应该接过对抗“面首”的大旗，于是张柬之开始反思曾经的对抗手法和眼下朝廷的局势。

现在武曌由于健康状况的急剧恶化，事实上已经被架空，如果照这种态势发展下去，武曌死后李显是否能够顺利继位还不得而知，张柬之曾经说过，他最担心的是武曌死后，二张伪造武曌遗诏。

在我看来，张柬之等人发动政变其实还有另外一个不可告人的目的，关于这个暂且不提，我在后边会详细分析。

显然除掉二张已经迫在眉睫，于是在弹劾和诬告都没有产生效果之后，张柬之决定采用暴力手段除掉二张。

神龙元年(705年)正月，在张柬之的组织下，前边提到的崔玄炜、敬晖、桓彦范、袁恕己一同在张柬之的府邸开始计划起来。当张柬之将朝廷局势分析过后，四个人一致表示拥护，而且对于政变的方式达成了一致意见，那就是闪电突袭。

二张由于侍奉武曌，所以很长时间以来，基本很少出宫，因此除掉二张的地点就选在武曌现在居住的寝宫迎仙宫，而要想达到这个目的，就必须率领禁军冲进迎仙宫，但他们很快就发现了一个问题，五个人中没有一个掌握着禁军。

搞这种政变，从城外调动野战部队显然是行不通的，所以是否能掌握禁军或者部分禁军成为政变能否实施的关键点所在。

对于这个问题，张柬之想到了一个人，这个人的名字叫李多祚。

李多祚本是靺鞨人，李治在位时归顺唐朝，因为屡立战功，被李治提升为右羽林军大将军，负责守卫皇宫的内宫。

张柬之之所以想起了李多祚，是因为他手中掌握着整个皇城的一半禁军，而且守卫着通往迎仙宫的必经之地。虽然张柬之和李多祚没有多少交情，但他知道李多祚是个非常重感情的人。在张柬之看来，李多祚是可以争取的对象。

事实证明，张柬之实在是个公关老手，在他晓之以理，动之以情的说服下，李多祚决定加入张柬之的阵营，伸手相援。

政变的核心已经形成，兵源也已经就绪，而且在桓彦范和敬晖的劝说下，李显也已经同意。

接下来就是实施。

神龙元年(705年)正月二十二日，张柬之兵分两路，一路由他自己和崔玄炜、桓彦范率领直扑玄武门，另一路由李多祚和李显的女婿——时任东宫内值郎的王同皎率领，前往东宫迎接李显，双方约定在玄武门集合，然后一同杀向迎仙宫。

所有人都知道，在这场政变中，李显是一杆不可缺少的大旗，没有他在这里稳定军心，一切都是徒劳。

在接下来的行动中，张柬之的这一路行进颇为顺利，但李多祚那一路却遇到了麻烦。

原因是李显退缩了！

当初张柬之等人决定以武力手段解决二张时，性格柔弱的李显虽然同意，但内心却十分忐忑不安，他担心病入膏肓的母亲在看到政变厮杀的惨景后，会经不住打击，如果母亲一旦因此受到惊吓而撒手西去，他会永远背上不孝的骂名。

李显的退缩，让李多祚和王同皎焦急万分，王同皎对李显说道："先帝把江山社稷交给殿下，不料殿下被无端废黜，对此人神共愤，现在已经整整二十三年了，今天朝廷上下联合起来下定决心诛杀奸佞之臣，光复我大唐社稷，还是请殿下前往玄武门和张大人会合，不要辜负天下人的希望。"王同皎言罢，跪倒在地。

"奸佞之臣倒是应该诛杀，可是现在陛下龙体欠安，我真怕惊动了她，你们还是和张大人他们说暂且退下吧，以后再谋划好不好？"李显面露难色地说道。

李显的话让王同皎甚是失望，就在他还要继续劝说李显时，一同随行而来的羽林将军李湛站了出来，可能是身为武将的缘故，李湛的脾气有些暴躁，此时他也顾不上君臣之礼，抬高嗓门冲着李显喊道：

“殿下！张大人等人和各位禁军将士已经将生死置之度外，我们冒着被诛族的危险起事，就是为了光复我大唐的社稷，殿下如此临阵退缩，岂不是将大家推向了死路，如果要阻止张大人，殿下您还是亲自去吧，我们没这个能耐！”

片刻之后，李湛又跟了一句：“殿下仔细想一想，现在已经是箭在弦上，不得不发，即使大家都退了下去，陛下要是知道了，一切罪责殿下是要首先承担的。”

这是一句极具杀伤力的话！

直到这时，李显才如梦初醒，虽然这场政变是由张柬之组织，但在所有人看来，背后的实际主使人却是他这个太子殿下，因为事变成功后，获取最大利益的无疑是他李显。

李湛说完后，李显渐渐地把头低了下来，此刻他在利益与名声的交战中反复权衡。他意识到如果就此退缩，很可能连名声也保全不住，而选择前进，成功了他将会是大唐社稷再造者，最终他下定决心放手一搏。

“好吧！我去便是！”

……

当李显出现在玄武门的时候，所有人立刻群情激昂，因为他们都知道，今天每一个在这里的人都会成为大唐复兴的见证者。

每一个士兵刀已出鞘，箭已上弦！

无须过多的语言，无须激昂的动员，此刻在玄武门通往迎仙宫的路上，只听到将士们那急促的脚步声。

“二张就在迎仙宫，诛杀奸佞之贼就在此时，跟我冲进去！”张柬之喊道。

此刻，八十岁的张柬之精神抖擞，全无老迈之态，在到达迎仙宫门口后，他停下脚步，深吸一口气，然后健步如飞地带领禁军冲进了迎仙宫。

在张柬之等人从玄武门奔向迎仙宫的时候，二张正守候在武曌的身边，他们对宫外的政变没有丝毫的察觉。此刻他们正在为武曌梳头，感觉十分惬意，一个宫女慌慌张张地跑了进来。

“不……不好了，好多士兵冲进来了！”宫女紧张地说道。

此刻二张仍然没有想到外边会发生政变，张昌宗厉声说道：“混账！也不怕惊了女皇陛下！我出去看看。”

“我随你一起去！”张易之跟着说道。

两个人缓步从武曌的寝宫走出来，当他们转身走入通往宫外的长廊时，听到了急促的脚步声,片刻过后,他们便看到了张柬之,当然还有他身后的那些拿着刀剑的禁军将士。

霎时间,二张似乎意识到了问题的严重性,不待张柬之开口说话,他们转身逃向武曌的寝宫。

“冲上去,杀了他们!”张柬之立即对着身后的禁军喊道。

因为他知道,这是杀死二张的唯一机会,一旦二张逃回武曌身边,所有人是不能擅自进入皇帝寝宫的,那时,事情就会陷入僵局之中。

问题的关键是,二张此时也掌握着部分禁军!

时间!时间!这是张柬之此时脑海中出现最多的词汇!

“快!冲过去!不必留活口!”张柬之再一次说道。

二张虽然反应很快,但速度终究不如这些日常训练有素的禁军士兵,他们跑出去没多远,便被身后的禁军士兵追上。

“噗!噗!”两柄长剑瞬间各自插入了二张的后背,张易之顿时倒地身亡。

张昌宗一息尚存,他强忍着疼痛转过身来,死死地盯住张柬之,然后抬起已经被鲜血染红的手,用手指指向张柬之。

“张柬之!你!好……大……的……胆!”

“噗!”又一柄长剑刺入了张昌宗的心窝,刺出这一剑的是张柬之本人!

“逆贼!想不到会有今天吧!”张柬之的眼睛中喷射出愤怒的火光,他的眼睛始终和张昌宗对视着。

张昌宗缓缓地倒在了地上,直到临死的那一刻,也没有闭上眼睛!

所有人全都愣在原地,刚才的一刻仿佛做梦一样,多年来女皇最宠爱的人,此刻居然已经是个死人。

“跟我去见女皇陛下!”张柬之对身后的众人说道。

此刻,张柬之是所有人中头脑最为清晰和冷静的人,他知道二张虽然已死,但这场政变并没有结束!

逼宫

当张柬之率领众人来到武曌的寝宫时,武曌强撑着衰弱的身躯,挣扎着坐了起来,刚才外边的嘈杂声她已经隐约听到。

“是谁在作乱啊?”武曌用微弱的声音问道。

“张易之和张昌宗谋反,臣等奉太子的命令,已经将他们诛杀!臣怕事先消息走漏，所以不敢禀奏陛下。臣等人在宫中举兵，实在是罪该万死！”张柬之叩头说道。

“唉……朕早知会有今天啊！只怕不是二张造反，而是你们容不得他们兄弟俩啊！”武曌哽咽着说道，但她的情绪还是比较平静，以她的精明似乎早已经预见到了今天所发生的一切。

“让太子到我这里来！”

李显颤巍巍地走到武曌面前，武曌虽然此刻已经是重病缠身，但在李显看来，威严丝毫不曾减损，眼前的母亲依然是强势的。李显并没有说什么，径直跪倒在地。

“是你下的命令啊！”

李显没有答话，也没有抬头！

片刻后，武曌点点头，然后说道：“回去吧！既然二张已经除掉了，你就回东宫吧！”

李显缓缓地站起身来，转身想往外走，因为在他的头脑中始终认为母亲的命令是不能违抗的。

忽然间，桓彦范从人群中走了出来，他一把拉住了李显，跪在李显旁边说道：“陛下！太子不能回去啊！先帝曾经将殿下托付给陛下，现在殿下年龄已经大了，而且久居东宫。上天和老百姓已经思念李家复位很久了，我们这些大臣也没有忘记太宗和先帝的恩德，所以今天才拥护太子诛杀佞臣，现在恳请陛下传位给太子，顺应上天和百姓的愿望吧！”桓彦范一口气说完后，不断地向武曌叩头。

武曌呆呆地坐在龙床之上，面部没有任何的表情，桓彦范说完后，她没有任何的理会。而后，她用眼睛慢慢地扫视着周围的人，那些拿着刀剑的禁军士兵距离她如此之近，如果换作以前这是根本不可能出现的场景。

“你们很多人都是朕亲自提拔的啊，今天都参加了啊！”

寝宫中陷入了寂静之中，宰臣们全都低下了头。

“这才是臣报答陛下大德的唯一的一条道啊！”说话的是为首的张柬之！

“呵呵呵，到头来朕还是没有把握住这一切啊！”武曌仰天长叹，然后她缓缓地躺了下去，又缓缓地闭上了眼睛，直到现在，武曌第一次感觉到自己的力量是那么渺小，这也是她自40年前二次进宫以来，第一次被迫服从别人的意志。片刻之后，她再一次用她那微弱的声音说道：

“到此为止吧！朕认命了！”她轻轻地挥了挥手，示意所有人全都退下。

所有人都明白，武曌的这句话，意味着今天就是李唐的复兴之日。

……

迎仙宫又恢复了平静，张柬之等人走出这座平日难以进入的宫殿时，脸上露出了胜利的微笑，与这些人灿烂的笑容对应的是，空旷的迎仙宫内只剩下武曌和几名宫女，武曌翻了个身，脸朝向了里边，脸上淌满了泪水！

无字碑头镌字满

“迎仙宫政变”一个时辰后，洛阳天津桥南。

此刻一片广场之上，走来了一队禁军士兵，在队伍的最前面，三名囚犯五花大绑，垂头丧气。

这三名囚犯分别是二张的兄弟张昌期、张昌仪和张同休。就在一个时辰前他们还各自在府中花天酒地。可一个时辰后随着两个哥哥的被杀，先前的一切富贵转眼间成了浮云。

张柬之离开迎仙宫后，并没有懈怠，相反他却用最快的速度，将二张的三个兄弟分别逮捕。张柬之明白，绝不能给张氏家族任何反击的机会，为了确保不留后遗症，必须对他们赶尽杀绝。

而且张柬之还做出了一个决定，那就是将张氏五兄弟的首级挂在城门上示众。

二张没有任何功德，凭借吃软饭的本领而位极人臣，爬上顶点后开始迷失自己，所以有今天的下场并不冤枉。希腊特尔斐神庙中有一句名言写得好：认识你自己，凡事勿过度！

神龙元年(705 年)正月二十三日，武曌被迫下诏将皇位让给太子李显，而她自己则搬到偏僻的上阳宫居住。

李显即位后恢复了原来的国号“唐”，立妻子韦氏为皇后，并大赦天下，而且为了展现新朝廷的良好风貌，在张柬之等人的建议下，李显特意做了四件事。

一、为那些被酷吏们迫害致死的官员平反，其子女没身为奴者恢复其本来的身份。

二、恢复王皇后与萧淑妃及韩瑗、褚遂良等人的名誉，赦免其亲属，将他们从流放之地召回。

三、提升皇室成员的威望，加封弟弟李旦为安国相王、妹妹太平公主为镇国太平公主，皇族原先没身者，一律恢复身份。

四、封赏政变功臣,张柬之等人基本上是官升一级。

李显做着该做的一切,当然他的内心深处始终有一个无法解开的心结,那就是对已经死去的儿子李重润和女儿永泰郡主本能地有一种愧疚之情,曾经自己无力援救他们,而今自己已经登上了那个万人瞩目的宝座,却再也换不回一双儿女的生命。

为此,在做完上述四件事后,他亲自为死去的一双儿女举行了隆重的葬礼,让他们入土为安,并追赠李重润为懿德太子,女儿永泰郡主为永泰公主。

当亲手捧了一抔黄土撒在儿女的墓前时,李显眼泪瞬间夺眶而出,进而号啕大哭。此时没有人去阻止他,因为所有人都知道为了这个时刻,为了今天能够痛快地大哭一场,他足足等待了五年的时间。

值得一提的是,一千三百多年后的今天,懿德太子和永泰公主的墓已经被成功挖掘,成为著名的旅游胜地。两个墓出土了很多唐三彩俑等诸多文物,而且墓道两旁的壁画成为研究唐代文化的珍贵资料。

在李显重振大唐帝业的时候,武曌却在上阳宫中孤独地打发着光阴,一晃十个多月的时间过去了。虽然在不久之前,李显已经为她上了则天大圣皇帝的尊号(后人称武曌为武则天即源于此),但她因失去了权势,整日愁眉不展。由于心情抑郁,她的病也越来越重,似乎对一切都失去了兴趣,现在她最喜欢的就是一个人闭目养神。

回忆将近五十年的从政生涯,那些逝去的往事在她的头脑中留下了一道道印痕,重大的事件她都历历在目,回忆起这些她时而欢欣,时而愤怒。她万万没有想到拥有无上权威的她如今却只能偏居宫中一隅。

她恨张柬之,今天自己落到如此境地都因张柬之而起。同样她对李显也怀着满腔的愤怒,因为李显并没有继承她的事业,却把她数十年处心积虑的经营成果全都破坏殆尽。

假如上天能够让我回到十年前,甚至是五年前,今日的一切绝不会出现!

可是现在武曌已经没有了权力,更没有了力量,昔日那些俯首于她脚下的朝臣们都远远地离开了她,只剩下她自己,一个孤零零的垂危老者。

"都走吧,都……走……吧,或许我也该走了。"武曌嘴里喃喃地说着。神龙元年(705年)的冬天是寒冷的,瑟瑟北风吹打着上阳宫的枯枝衰草,异常寂静的宫殿显得更加冷清。

十二月二十六日,武曌在孤独中永远地闭上了眼睛,凝固在她脸上的表情是复杂的,哀怨?悔恨?无奈?缺憾?恐怕谁也说不清。武曌临终时没有留下任何话语,人们只是在她的枕下发现了仅有两句话的遗诏。

"去帝号,称则天大圣皇后!只立碑,不刻字!"

……

神龙二年(706年)五月二十八日,武曌的灵柩安葬在她生前就已经动工修建的乾陵,和高宗李治合葬在了一起。

乾陵建在今天陕西乾县的梁山上,梁山从远处看好像一尊巨大的女性躯体,身处梁山之中,人们不禁浮想联翩,仿佛置身于武曌那博大的怀抱之中,使人感受到她的伟岸、她的威严,或许武曌自己也想不到,她居然会成为中国历史上唯一的女皇帝!

武曌在她生命的最后时刻选择了重新回到李家儿媳的位置上,这本身就说明了她的内心其实有一丝愧疚,这种愧疚是出自她生命即将消逝时,对自己四十多年来所做的一切的矛盾心理。

残忍、献媚、纵欲、豁达、争权夺势;"面首"、酷吏、忠臣、明君、励精图治;武曌的一生以及她所代表的武周政权可以用很多彼此矛盾的词汇组合来形容。

或许是因为她真的不知道该用什么样的语言来总结自己的一生,所以在临终之时,写下了"只立碑,不刻字"的遗嘱。

正是这座无字碑引发了世人的联想。

其实,在我看来,与那些在自己墓碑上刻上很多歌功颂德话语的皇帝相比,武曌叱咤风云五十年,建立诸多功绩,却任凭后人褒贬,仅此一点就足以证明这个不寻常女人的胸怀和度量。

千百年来,很多人或赋诗,或著文,或陈一己之见,或发一时之感,久而久之,无字碑成了有字碑,被纷纭的议论所占满。

但让武曌灵魂难以安宁的是,多少年来对她的评价大多是对她隐私的渲染与夸张,更有对她人格的肆意抨击和无尽的咒骂,"毒虐淫丑""妖淫凶狠""违背忠礼""蛊君废主""鬼神所不容,臣民所共怨"……几乎所有恶毒的词语全都安在了她的身上。

但我想说的是,在这些恶毒词语的背后,却有着这样的一个事实:武曌执政的五十年是中国历史较为兴旺发达的时期,因为她的励精图治,社会安定,人口增长,文化发展,边疆基本稳定。这段历史是上承唐太宗"贞观之治",下启唐玄宗"开元盛世"的过渡时期。

特别是，她一个在男尊女卑的时代中生活的女人，居然端坐于象征着最高权力的宝座上，雄视八方，号令天下，不管是满腹经纶的文臣，还是战功赫赫的武将，都俯首于她的裙裾之下，口呼万岁，甘愿听命。而当时拥有六百万户的大唐王朝也以其强大和勇武的身姿傲立于当时的世界。

岁月在无情地流逝，历史在一页页地翻过，事实上对武曌的争论直到今天依然未停止。相信今天人们站在无字碑前仍然是仁者见仁，智者见智。我们无法为武曌的一生做一个准确的定论，无字碑依旧矗立在那旷野之上，在风雨中，在乾陵上，饱经岁月的沧桑，任凭风吹雨打。

第十二章
神龙弊政

潜在的威胁

李唐光复，大功告成！

此时最高兴的人当数政变策划者张柬之、桓彦范等五人。政变之前是提着脑袋干事儿，当政变成功后，收益也是最大的。李显即位后，给予了这五个人充分的回报，张柬之被提拔为中书令；崔玄炜为内史；袁恕己为同凤阁鸾台三品，参预政事；敬晖、桓彦范为纳言；而且五个人全部被封为郡公。

这场政变其实对于李显和张柬之等人来讲，是笔划算的买卖。李显得到了皇位，五人提升了官职，双方皆大欢喜。接下来就应该认真做事才对，但神龙年间（705 年）的朝廷政局并不稳定，准确地说所有人的心里全都七上八下。

事实上在政变成功的一个月后，李显便感受到了一种压力，这种压力不是来自别处，正是来自一个月前的政变盟友张柬之等五个人。

李显虽然性格软弱，但并不是个头脑简单的人。他明白在政变中自己作为太子，是一面鲜明的旗帜，然而真正起作用的却是以张柬之为首的政变策划集团，他重登皇位并不是靠自己的力量，而是被政变策划集团硬推上去的。

在李显的心中始终存在张柬之政变策划集团压制自己的阴影，在他看来，以张柬之为首的政变功臣是自己最大的威胁，当然相王李旦和太平公主因为身份特殊，同样也不能忽视。李显即位后，虽然对李旦和太平公主大加封赏，但同样没有忽视对他们的提防。据史书记载,当时李显以保护李旦安全的名义,在相王府设置了诸多禁军士兵,基本上是五步一岗,十步一哨,实际上是对李旦进行严格的监视与控制。而对太平公主则派人专门随行,无论她到什么地方,每天必须回来汇报一次。

尽管李旦和太平公主的存在对李显是个潜在的威胁,但却比不上能够左右政局并给李显压抑之感的张柬之等人,尤其是张柬之等人在得到李显丰厚的回报后,便开始排挤其他宰相和异己之臣,使朝廷的中枢机构完全成了张柬之等人的私人机构,李显更是感受到了巨大的压力。在他看来,自己将近二十年生活在强势母亲的阴影下,他压抑得已经太久,如今已经贵为皇帝,就应该通过自己的努力,把握住至高无上的权力。

于是,在张柬之等人以功臣自居、大肆排挤异己之时,李显开始了清除皇权受威胁的计划。当然李显也明白由于张柬之等人功劳实在太大,此事绝不能硬来,而只能采取循序渐进的方式。

李显的计划只有两个组成部分:寻找盟友和限制相权。

先说寻找盟友。

张柬之等政变功臣掌握了当时朝廷的中枢机构,事实上等于掌握了朝廷的大政,所以李显要想在最短的时间内夺回权力,必须建立一个能与张柬之等政变功臣相对抗的组织。对于李显来讲,这种方式他并不陌生,因为当年他的父亲李治为了对抗长孙无忌就是这么做的。

看来,历史真的惊人地相似。

此时,李显继续效仿父亲李治曾经的做法,组成了以韦皇后和上官婉儿等人为首的宫中后妃势力,来对抗张柬之等人组成的政变功臣势力。

李显之所以首先选中韦皇后,除了夫妻这层亲密关系,还因为韦皇后是个颇为精明的人,而且李显漂浮半生,尤其是在被贬房州的苦难岁月里,是韦皇后给了他活下去的勇气。当时每次洛阳有专使到房州了解李显的行踪时,李显都不敢去见,全都依靠韦皇后的机智去和专使周旋,可以说韦皇后是李显的生命支柱。李显曾经答应过韦皇后,有朝一日飞黄腾达之后,会答应韦皇后所提的一切要求。

现在李显又重登皇位,他并没有忘记当年对韦皇后的誓言,加上政变功臣的潜在威胁,所以提升韦皇后的地位也就是顺理成章的事情。那么当时韦皇后在朝廷中究竟扮演一种什么角色呢?

据《通鉴纪事本末》记载:“时中宗每上朝,皇后必施帷幔坐殿上,预闻政事。”

也就是说，韦皇后是垂帘听政，这和当年李治、武曌二圣临朝基本相似。在这里需要说明的是，韦皇后之所以能够垂帘听政，最初并不是她自己努力追求的结果，而完全是李显为她提供了这样的机会。事实上在李显刚刚即位的时候，地位刚刚得到提升的韦皇后是没有任何非分之想的，至于后来韦皇后暴露出来的野心，是随着时间的推移而逐渐形成的。

事实证明，韦皇后在协助李显处理政务时，确实显示出了她的政治才能，而且颇具武曌当年的风采。有了韦皇后这个贤内助，李显在面对政变功臣时，心里有了底气，不过李显此时或许想不到，未来他的性命将会断送在这个贤内助手里。

以韦皇后为首的后宫势力，让初登大典的李显有了些自信，但同时他也明白以张柬之为首的政变功臣集团，由于威望高、资历深，又是个顶个的政治高手，如果仅仅依靠后宫势力，还不足以与之对抗，最多也就是牵制一下。而李显的目的是要掌握大权，所以必须团结一切可以团结的力量。

接下来就出现了他的第二个盟友：武氏集团！

武曌晚年，由于李显被立为太子，武承嗣郁郁而终，武氏集团失去了皇位的竞争力，陷入了低谷，但这并不意味着他们就此消沉下去，相反由于武曌的光芒实在太耀眼，作为武家子弟的他们一直在寻找东山再起的机会。张柬之等人发动政变逼迫武曌退位，使政变功臣集团在不知不觉中走向了武氏集团的对立面。为了对抗政变功臣集团，李显在培植后宫势力的同时，并没有忘记团结武氏集团。

顺便说一句，当时武氏集团中地位最高的、权力最大的、最有威望的当数武三思了。

事实上，自从武承嗣郁郁而终，武曌年老去世后，支撑武家门面的只有武三思了。

由于武曌去世，武三思虽然地位很高，但倍感势单力孤，所以面对李显的主动示好，武三思立即表示欢迎。就这样，为了对抗政变功臣集团的威胁，李武两家又一次实现了联合。

应该说李显当时寻找到的盟友虽然没有人能够掌控朝廷的中枢机构，但由于他们身份特殊，所以在某种程度上，也限制了政变功臣的一部分权力。除此之外，李显又重新召回了魏元忠，并且任命韦安石、唐休璟、杨再思等一批故僚入朝为官，这些人虽然不是李显的嫡系，但由于以前为武曌效力多年，威望高、资格老，在某种程度上也可以牵制政变功臣集团，使他们不能独霸朝廷。

总之一句话，只要能用得上的，李显一个也不放过！

李显上台后的一系列做法，使以张柬之为首的政变功臣集团感受到了一丝压力，他们隐约觉得这个表面看似柔弱的皇帝，内心其实并不简单，此刻他们并不担心内朝后妃势力的对抗，在他们看来，武氏集团才是他们最大的竞争对手。

事实上，就在政变刚刚结束后，就有人针对武氏集团的问题提醒过张柬之！

局限性

最先看出武氏集团是政变功臣最大隐患的是洛州长史薛季昶，早在政变刚刚结束时，薛季昶就立即找到张柬之。对他说二凶（二张）虽除，产禄犹在，去草不去根，终当复生。

薛季昶用西汉吕后死后吕产、吕禄作乱的例子，形象地告诉张柬之应该立即除掉武三思，可他的建议被张柬之拒绝了。张柬之的理由很简单，政变中杀的人已经不少了，再多杀是没有好处的。在此之后，朝邑县尉刘幽求也曾经建议过桓彦范和敬晖，认为只要武三思还在，那么政变功臣未来将不会有什么好下场。同样，桓彦范和敬晖也拒绝了刘幽求的建议。

在历史上，人们对张柬之在政变中为什么不索性一举除掉武三思有很多种猜测。《资治通鉴》的记载是张柬之认为杀人已经太多，多杀没有好处。《旧唐书》认为张柬之是不忍心。《新唐书》认为张柬之是将除掉武氏集团留给李显去做，目的是想让李显借此扬威。

在我看来，上边诸多看法，表面看起来虽然都有道理，但通过对武曌晚年朝廷格局和张柬之等人发动政变的动机以及整个过程来看，张柬之没有除掉武氏集团的原因并不是那么简单。

武曌晚年的朝廷格局事实上分为四个派别，即李唐宗室（李显为首）、武氏集团（武三思为首）、“面首”宠臣（二张为首）和当朝宰臣（张柬之为首，即后来的政变功臣派）。四个派别中“面首”宠臣虽然地位最高但根基较浅；武氏集团虽然处于低谷，但由于有武曌这棵大树，所以是瘦死的骆驼比马大；李唐宗室长期受武曌的压制，在当时是势单力孤，但他们的优势在于舆论，有一定的号召力。

当朝宰臣在武周政权时期，因为和酷吏、“面首”进行过斗争，给大家留下了骨鲠之臣的印象，所以地位提升较快，尤其是到了张柬之这里，已经形成了一股势力。

表面看来，张柬之发动政变的目的是要除掉二张，然后扶李显即位。可是武曌那时已经是秋风落叶，李显即位基本上已经是板上钉钉的事情，那么张柬之为什么还要冒着生命危险去搞政变呢？

前边我说过，张柬之等人发动政变还有另外不可告人的目的，现在我可以告诉大家，这个目的就是通过政变把自己打扮成复兴李唐王朝的社稷功臣，从而在李显即位后把持朝政。

事实证明，李显即位后，以张柬之为首的政变功臣们就是这样做的！

既然政变功臣们内心深处怀有这样一种不可告人的目的，那么他们一定会明白在政变成功后，在朝廷内部除了李唐宗室，不能出现任何一支可以与他们抗衡的力量，而他们更加明白政变成功后，只剩下武氏集团对他们存在威胁。

所以说，在政变中张柬之不想顺手除掉武氏集团，你相信吗？反正我是不信！

在我看来，张柬之等人之所以在政变中没有除掉武氏集团，并不是史料上所写的那些原因，而是因为实力有限！

要厘清这个问题，大家只要看一看张柬之的履历和政变时他们的人员构成以及军队数量就会明白了。

张柬之出身太学生，举进士。在狄仁杰举荐他之前，长时期担任的只是个小小县丞。永昌元年(689年)他70岁的时候，才应贤良对策，被任命为监察御史，圣历元年(698年)才被提升为凤阁舍人，长安元年(700年)出任荆州大都督。后来经狄仁杰的反复推荐，才历任洛州司马、司刑少卿、秋官侍郎，在长安四年(704年)十月才升为宰相。

也就是说张柬之发动政变时，距离他升任宰相才不过三个多月的时间！

一个仅仅当了三个月的宰相，显然根基并不稳固，当时朝廷内只有崔玄炜一人是他的嫡系，其他四人之所以能够和他走到一起，其实是因为他们有着共同的敌人——二张！相信如果这场政变不是张柬之发动，换作别人，其他四个人也会一致拥护。

所以，从当时的人脉关系角度来看，张柬之其实并不占优势！

再说掌握的军队。

政变能否最终成功，最关键的因素还是要看谁手中有足够的禁军筹码。张柬之由于在朝时间短，不可能控制多少禁军，其他四人也都不是掌握禁军的人，不然的话，也就不会去找李多祚帮忙。

而李多祚在当时只掌握皇宫内宫的部分禁军，你说他手里会有多少人马？最关键的是，李多祚和武氏集团没有什么深刻的矛盾，前边说过，他参加政变只是为了报答李治对他的恩情。

反观武氏集团。

武曌五个侄子中，除了武承嗣已经死去，当时武三思贵为梁王，地位最高，有自己的护卫军队。武攸宜为右羽林大将军，掌管皇城禁军已经有十年的时间。武重规和武懿宗分别为左、右金吾大将军，手中掌握皇城所在州的部分军队。

如此看来，张柬之手中那点人马与武氏集团比起来简直是小巫见大巫。可以说武氏集团没有主动找张柬之等人的麻烦已经实属幸运，要张柬之同时除掉二张和武氏集团，还是洗洗睡吧！

综上所述，张柬之能够政变成功依靠的是李显这杆大旗和有效的政变方式（闪电突袭），而要同时除掉武氏集团显然实力不足，所以我们也就理解了薛季昶劝说张柬之尽快除掉武氏集团时，张柬之为什么要拒绝了。

以张柬之为首的政变功臣因为自身的先天不足，就这样错过了除掉武氏集团的机会，这怨不得别人，怪就只能怪老天没有给予他们足够的实力。

事实证明，有时机会一旦错过，不仅永远不会再来，而且形势很有可能向相反方向转化。

当李显着手组建内朝后妃势力和不断团结武氏集团的时候，张柬之等人便预感到情况不妙，他们试图挽回一切，但他们实在没有想到，正是他们这种急功近利的做法，使自己的前程，即将断送在他们有心却无实力撼动的武三思手里。

前程断送

李显动用一切可以动用的力量，打压政变功臣派。随着时间的推移，所有人都看出了端倪。作为武氏集团中地位最高的武三思，在武曌死后始终在思考一个问题，那就是如何保全武氏集团的富贵。

武三思明白，重现昔日武曌在位时武家的辉煌已经不再可能，所以眼下最现实的就是寻找新的靠山。面对李显的主动示好，武三思内心欢喜，因为未来要想保全武家的富贵，李唐皇室是最好的靠山。

而对以张柬之为首的政变功臣，武三思是怀有一种仇视心理的，除了张柬之是逼自己姑母下台的元凶之外，武三思也看出了李显的用意，而且武三思明白张柬之也是恨自己不死。如今和李显联合，既能打压自己的潜在对手，又能保全富贵，何乐而不为呢？

当然，武三思能够暂时和李显握手言和，除了双方拥有共同的利益，事实上还有一个不为人知的原因，那就是他和韦皇后有染。

这件事情表面看起来是武三思和韦皇后的生活作风问题，但究其实质是内朝后妃势力和武氏集团的联合。有人说他们的联合是想推翻李显，在我看来，在李显即位之初，这种说法是纯粹的扯淡，因为那个时候韦皇后尚且没有暴露出野心，更何况是刚刚翻身的武三思。

两个派别的联合，在我看来是介于情感肉欲和共同的政治目标之间，内朝后妃势力是李显手中对抗政变功臣的一枚棋子，而武氏集团则是李显团结的对象，换句话说，李显对于武氏集团并没有过高的奢望，只要武氏集团不和政变功臣们联合在一起就算成功。

不过，李显肯定想不到在他紧盯政变功臣们的时候，居然会后院起火，应该说在李显的计划中本没有内朝后妃势力和武氏集团的联合，而武三思和韦皇后走到一起，其实是神龙年间朝廷政治动向的一次意外之举。

当然，武三思能够攀上皇帝陛下颇为倚重的韦皇后，等于是为自己多上了一重保险，因为政治利益的实现从来都是在尽可能地扩大同盟的前提之下，更何况武三思此时还有政变功臣们这样潜在的对手。

武三思能够和韦皇后走到一起，如果没有人“保媒拉纤”，并不是件容易的事儿，幸好当时有这么一个人能够完成将两个派别的最高掌门人撮合到一起的任务。

这个人，就是上官婉儿！

这么多年来，上官婉儿一直在武曌的身边，默默无闻地做事。武曌退位后，上官婉儿被李显封为婕妤，正式成为宫中的一名嫔妃。当时在内朝后妃势力中，上官婉儿是仅次于韦皇后的二号人物。上官婉儿有着很高的才学，但同时也并不是个安分的人，武曌在位时，就和武三思搞到了一起。李显即位后，通过她的介绍又将韦皇后和武三思“凑合”到了一块。

不过，如果你仅仅认为上官婉儿这样做是由于自身道德水准低下，那可是大错特错了，事实上，上官婉儿多少年来在武曌身边学到了很多东西，其中之一就是如何进行政治投机。

在我看来，上官婉儿之所以这么做完全是出于一种政治投机心理，因为自此之后她便兼有内朝后妃势力与武氏集团的双重身份，而且公开身份还是皇帝陛下的妃子,这实在是为自己上了三重保险。

对于上官婉儿的做法,我深表理解。她的这种投机心理源于她出身的卑微,她不像韦皇后和武三思那样有良好的出身,而且曾经的靠山武曌也已经退位,所以要想在险恶的宫廷中长久立足,就需要同时倚靠几座靠山。

上官婉儿的出身和经历,决定了她以一种四面讨好的态度来选择积累政治资本,可上官婉儿或许不明白这样一个道理,在政治斗争中,脚踩几只船乃大忌。后来的事实证明,她最终的悲惨结局正源于此。

内朝后妃势力和武氏集团通过上官婉儿,并在韦皇后和武三思"两情相悦"的基础上,迅速结成了同盟。当然,此时表面上李显还看不出任何破绽,甚至在韦皇后和武三思一起玩"双陆"(赌博游戏)的时候,李显还在旁边为两个人算筹码。

而面对这种状况,张柬之坐不住了。

他不断地向李显上疏提醒他对武三思要提高警惕,如果有合适的时机最好除掉武氏集团,在张柬之看来,因为武曌曾经的辉煌,武氏集团是不可能就此安于现状的。

虽然张柬之以功臣自居,并且排斥异己,而且也看出了李显有意打压他们这些政变功臣,但实事求是地讲,以张柬之为首的政变功臣对李显还是十分忠诚的,这是他们与内朝后妃势力和武氏集团在本质上有所区别的地方,尤其是随着时间的推移,当韦皇后和武三思的野心昭然若揭时,政变功臣们的忠心就显得十分可贵。

不过,此时的李显体会不到张柬之的良苦用心,对于张柬之的上疏,李显断然拒绝。

在看到皇帝陛下的决心后,张柬之干脆退而求其次,请求剥夺武氏诸王的爵位,这一次李显的态度要好于上次,没有立即拒绝,但不置可否。

在看到呈上去的奏疏就这样石沉大海之后,张柬之渐渐地绝望了,一片忠心换来的却是冷淡和排挤,张柬之恨得将自己的手指挖出了血。

愤恨不已的张柬之并不就此甘心。在他上疏不成之后,他指使同为政变功臣的敬晖联合其他宰臣一起上疏李显,再次请求剥夺武氏诸王的官爵,张柬之试图用逼宫的方式来迫使李显屈服。

但张柬之等人显然忽略了一点,那就是在李显看来,谁是他现在最大的敌人。

答案是:政变功臣!

所以在我看来，张柬之等人上疏，不仅没有达到目的，反而让李显更加反感，因为在当时特殊的背景下，对于张柬之等人，李显的心态事实上已经失衡。

重要的是，张柬之等人的上疏，使政变功臣派与武氏集团的矛盾瞬间公开化。

问题的关键是，张柬之并没有足够的实力去对抗武氏集团，而武三思恰恰是一个有仇必报的人。

显然对于怎样解决武氏集团这个问题，张柬之等人有些操之过急！

就在张柬之等人一时间不知所措时，武三思开始出手了。

武三思的策略不是采取公开对抗政变功臣的方法，因为他没有必要这样做。他深深懂得解铃还须系铃人的道理，解决掉政变功臣派最终还需要李显出头。

现在武三思要做的就是为李显想出一个平稳解决的方法，准确地说是一个兵不血刃的方法。

这个方法的名字叫“明升暗降”！

不久之后，李显将张柬之等五位政变功臣由郡公提升为王，张柬之为汉阳王，敬晖为平阳王，桓彦范为扶阳王，崔玄炜为博陵王，袁恕己为南阳王。史称的“五王政变”即源于此。

封王过后，就是罢知政事！

我们看史书，有时记载任命某某为什么官职，然后加上一句“罢知政事”，这其实就是明升暗降，表面看起来任命的官衔名头很响，但事实上“罢知政事”等于剥夺了参与朝廷议事的权利，换句话说，你已经被排除在朝廷中枢权力部门之外。

对于李显的这种做法，张柬之等人意识到情况不妙，因为从大唐开国以来，还没有臣子被皇帝册封为王的，当年李世民手下那么多人参与了“玄武门之变”，事成之后，也没有被封为王的，现在李显居然封自己为王，显然这是一种打压的手段，接下来一定还有后招。

张柬之预料得不错，武三思的第二招名字叫“外贬”。

当然，实现这个目的依然要通过李显来完成，而方法则是逐个击破。

第一个挨整的是崔玄炜，目的地是梁州(今陕西汉中)，官职：梁州刺史。

当知道崔玄炜被贬的消息后，张柬之已然明白这是皇帝陛下和武三思肃清他们这些政变功臣的开始，为了使自己不至于晚节不保，他主动上疏李显请求回家养老。

神龙元年(705 年)年底,身心俱疲的张柬之回到了老家襄州(今湖北襄阳),此时已过耄耋之年的他,经历人生诸多风风雨雨之后,最大的愿望就是安享天年。现在看起来,这个愿望已经能实现,皇帝陛下并没有为难自己,这让张柬之很是欣慰。

不过,当进入神龙二年(706 年)之后,五王的命运开始急转直下!

杀招

前面我们说过,武三思是个有仇必报的人。对于张柬之等人的公开挑衅,武三思并没有因为张柬之等人的离去而了结,张柬之走后,他依然没有放过政变功臣派的其他三人,在他的运作下,敬晖、桓彦范、袁恕己分别被贬到滑州(今河南安阳)、洺州(今河北永年)、豫州(今河南睢阳)当刺史。

武三思只是略施小计便让政变功臣派顷刻瓦解,其实归根结底只有一个原因,那就是政变功臣派的根基太浅。政变功臣派之所以能够形成,完全是由于武曌晚年二张专权的朝廷特殊形势所造就的。为了即时利益而形成的政治联盟本来就很脆弱,更何况他们还要面对其他三个派别的夹击!

当政变功臣派倒下的时候,其他两个派别(李唐宗室、内朝后妃)就此收手,但武三思并没有收手的意思,因为他知道绝不能给敌人以任何喘息的机会,张柬之等人虽然此时已经落魄到家,但再落魄的敌人也是敌人。

而让五王彻底没有翻身机会的,只有一个字:死!

在武三思看来,这并不是能够立即完成的任务,必须采取循序渐进的策略,很快,武三思等到了这样一个可以让他充分发挥的机会。

事情的起因是一起谋反未遂的案件,主角是驸马都尉王同皎。

从王同皎参与“五王政变”来看,外人认为他分属于两个派别——李唐皇室成员和政变功臣。在武三思扳倒政变功臣的过程中,由于他是李显的驸马,所以躲过了武三思的毒手,但王同皎是个耿直的人,看到政变功臣们被武三思一个个地拿下,他的心里有一种莫名的痛楚之感。

尤其在韦皇后和武三思不断传出绯闻时,王同皎认识到了武三思是个危险分子,如果不尽早除去,未来李唐的天下有可能重归于武氏家族,所以在武三思扳倒政变功臣集团的同时,王同皎也在暗中计划除掉武三思。

可惜的是,王同皎实在太嫩,他既没有张柬之等人除掉二张时的果断,也没有武三思除掉政变功臣时的老谋深算,在一次密谋时,他所说的话被前边提到过的宋之问听到,于是就出现了宋之问向武三思告密的一幕。

面对这个可以将敌人彻底搞垮的天赐良机,武三思岂能放过?他首先向李显诬告王同皎谋反,然后再诬告王同皎和五王联系密切,结果王同皎被处死,五王继续被贬。

张柬之等人各自在被贬地屁股还没有坐热,不得已继续打着背包,沿途“浏览”伟大祖国的大好河山,他们的最终去处是岭南的广西和广东。

在那个年月,广西和广东是一片荒蛮之地,完全没有现在祖国南疆的辽阔富裕!

不过,到现在为止,五王的结局并没有达到武三思的心理底线。在他看来,要想彻底置五王于死地,必须把他这张老脸豁出去!

于是,他想到一个舍不得韦皇后套不着五王的计策!

不久之后,洛阳天津桥南忽然出现了一张大字报,内容只有一句话:韦皇后和武三思私通!

当然,这张大字报的内容是武三思暗中指使心腹写上去的!

武三思认为,所有人一定想不到自己居然会爆自己的丑事。然后他便指使亲信向李显诬告说是五王所为,其目的是扳倒韦皇后和武三思,然后废黜李显,另立新君。

武三思的这个招数虽然卑鄙,在我看来丝毫不亚于东方不败的挥刀自宫,但确实很有效,因为他无意当中迎合了李显打压政变功臣的心理。

就这样,五王继续打起背包,在李显的“指引”下,继续在祖国的南疆观光游览,有的人已经跨海旅游,如敬晖,他的贬地是琼州(今海南海口),而有的人甚至已经达到了出境游,如崔玄炜,他的贬地是古州(今越南谅山)。

而且,与此同时五王家中凡是年满16岁的,全部流放岭南!

即便如此,武三思依然没有放过他们。在五王刚刚到达贬地后,他迅速派出自己的心腹,时任大理正卿的周利贞追杀五王,准备终结五王的性命!

武三思之所以选中周利贞除了因为他是自己人,还因为他曾经是张柬之贬黜的人,相信派出这样一个人去完成追杀的任务,一定不会手软。

但事实上,周利贞的追杀任务只完成了60%,因为在此之前,张柬之和崔玄炜已经病故,算是善终。死人已经没法再追究,而对于其他三人周利贞则是痛下杀手。

桓彦范:乱棍打死!

袁恕己:乱棍打死!

敬晖:凌迟处死!

值得一提的是,三人惨死的时间距离那场政变仅仅不到两年!

不可否认,五王的结局是悲惨的,造成他们悲惨结局的凶手是武三思,但我们不禁要问,在李显刚刚即位,李唐皇室重新复兴的时候,武三思在仅仅只有自保的想法下,和李显握手言和。就是这样的一个人,真的能置五王于死地吗?

答案是否定的!

在武三思不断陷害五王的过程中,我们明显地感受到在他的身后,还有另外一只巨大的黑手来操控着一切。

没错!李显!

在我看来,真正导致五王最终结局的,其实是李显,没有他的默许,仅仅凭借武三思是不可能扳倒五王的。

前边我们说过,李显上台伊始,就力图打压政变功臣派,出于对皇权的自保,我们可以理解李显的做法,但无论如何李显是"五王政变"的既得利益者。按照常理分析,对于这些有功之臣,是不应该将其置于死地的,那究竟是什么原因导致李显默许武三思对他们痛下杀手呢?

当我翻阅了诸多心理学的著作后,我找到了答案。对于这个问题,是不能简单用政治斗争的概念来回答的。

回顾李显的经历,我们知道,由于生活在强势母亲的阴影下,李显的这一生,大部分是在一种惊恐、忧郁、恍惚、彷徨的状态下度过的,本来他打算就此了却一生,但没想到时来运转顷刻间成为拥有至高无上权力的人,而李显对五王的态度,恰恰证明了他就像一个暴发户那样,开始迷失自己。

在得到皇权后,李显试图用表面的强势来掩盖内心曾经的卑微及惊恐,而政变功臣们由于身份敏感,所以成为他在众人面前重塑人格的工具。

事实上,李显外在的强势终究掩饰不住他那一颗变态的心灵,历史早已经将他定位为看似忠厚实则暴虐怪异,甚至有些心不在焉的形象!

……

当政变功臣派瞬间瓦解的时候,李显暗自窃喜,武三思则拍手称快。

对于李显来讲,等于清除了皇权的最大威胁者,而对于武三思来讲,却是重振武氏集团的开始。因为在解决政变功臣的过程中,武三思意外得到了把持朝政的机会,这个意外收获是李显赠予他的,当然老情人韦皇后不断为李显吹枕边风,功劳也是非常大的。

继政变功臣派的垮台之后,转眼之间以武三思为首的武氏集团成为朝廷当红一派,当时很多朝臣全都充分发挥“急转舵”的本领,立即向武三思靠拢,其中颇受武三思信赖的一共有五个人,分别是侍御史冉祖雍、太仆丞李俊、光禄丞宋之逊、监察御史姚绍之和前边提到的周利贞。

史书上对这五个人有一个颇具讽刺意味的称号,名曰:五狗!

政变功臣派的时代已经结束,五狗齐吠的时代已然到来。

报复

当武三思和韦皇后牵着他们的“五只狗”在朝廷中为所欲为时,朝廷很多忠正耿直的大臣对以李显为核心的新朝廷产生了失望。在他们看来,李唐的复兴本不该如此起步,当时除了朝廷内部争权夺势、乌烟瘴气,以韦皇后为首的内朝后妃势力,随着时间的推移也逐渐暴露出野心。

神龙二年(706 年),李显率领皇族成员由洛阳重返长安,在到达长安不久,以韦皇后为首的内朝后妃势力,开始显示出了强势。

韦皇后是个精明干练的女人,李显即位之初给了她垂帘听政的机会。经过这两年的锻炼,韦皇后无论从气质上还是处理政务的能力上都颇有武曌的影子,武曌曾经的辉煌刚刚离去不远,如果说韦皇后没有想法那是不可能的。

事实上,她的这种野心,可以说也是李显“赠予”的,再加上老相好武三思的越发红紫,我们不能说此时韦皇后有做女皇的野心,但她那平静如水的外表,终究掩藏不住一颗躁动的心灵。

实事求是地讲,以韦皇后为首的内朝后妃势力,在李显即位之后,尤其是在对抗政变功臣的过程中,虽不像武三思那样充当排头进攻,但由于身份特殊,相信“枕边风”的威力也让李显信心百倍。

总体来说,从李显即位,一直到政变功臣垮台之后,以韦皇后为首的内朝后妃势力,始终隐藏在李唐宗室、武氏集团和政变功臣派之后,而这种隐藏除了是朝廷特殊的政治格局所造就,最关键的一个原因是这个派别必须依附李唐宗室才能生存,准确地说是依靠皇帝。

可是在政变功臣派倒台和武三思迅速重新走红之后,情况完全变了,内朝后妃势力由巩固地位改为主动出击争夺权力。

一个派别准备夺取权力之时,总是首先要做舆论工作,在我看来,内朝后妃势力开始夺权的标志是从才貌俱佳的上官婉儿开始的！

她不断地写文章夸赞韦皇后，说韦皇后的能力可与武曌相比，而且由于和武三思的特殊关系，她也一并夸赞武三思是李唐皇室最可信赖的人。

谁都看得出来，这是典型的政治投机行为。

不过，上官婉儿的做法还仅仅限于制造舆论，而接下来这个人的做法就已经是将夺权付诸行动了，这个人就是安乐公主。

安乐公主是李显和韦皇后所生的最小的女儿，由于是出生在李显被贬前往房州的路上，而且当时李显身边没有预备任何婴儿衣服，所以就将自己的衣服脱下来，包裹在这个女儿身上，由此安乐公主也叫李裹儿。

由于出身清苦，而且又是年龄最小的孩子，所以在房州的十四年里，李显和韦皇后视这个女儿为掌上明珠，甚是宠爱。不过，这也使安乐公主逐渐养成了骄横之气。

在李显即位之前，安乐公主和他的父亲一样，夹着尾巴做人，可是在李显即位之后，安乐公主完全变了模样，仗着爹妈的宠爱而骄傲放肆，不仅卖官鬻爵，而且欺压朝廷大臣。最荒唐的是，有时自己写敕文，然后盖住正文，让李显签字下发。对于安乐公主的做法，李显不闻不问，居然就这么答应女儿荒唐的要求。

如果仅仅这样也就罢了，但作为内朝后妃势力的她，在看到本派日渐壮大之后，开始有了非分之想，她请求李显立自己为皇太女，李显虽然没有答应，但并没有责备她。

大家应该知道皇太女意味着什么，这明显就是有意效仿武曌，重新实现女主天下的局面。

就在安乐公主肆意妄为之时，她的做法引发了另一个人的焦虑，而且这个人始终是在一种屈辱、隐忍之下生存的。安乐公主请求李显立自己为皇太女的做法，不经意间触痛了他那敏感的神经。

这个人就是太子李重俊。

李显一共有四个儿子，分别是李重润、李重福、李重俊和李重茂。四个儿子中只有懿德太子李重润是李显和韦皇后所生，其余三子都是李显和其他嫔妃所生。李重润早已经被武曌赐死，李重福由于和韦皇后不和，李显即位不久就被贬出长安。所以三子李重俊很幸运地在神龙二年(706 年)被封为太子。

不过，他这个太子当得实在有些憋屈。据史料记载，由于李重俊并非韦皇后所生，所以韦皇后经常给这个继子小鞋穿，而且骄横的安乐公主和丈夫武崇训

(武三思之子)还一起欺负这个哥哥,更有甚者称呼他为家奴。

太子当到这个分儿上,也算是前无古人,后无来者。当年老爹李显落魄房州时,仅仅是被武曌压制,而身边至少还有韦皇后作为精神支柱,而今李重俊上看下看,左看右看,似乎这个家庭中没有让他感受到温情的人,最重要的是,在这个充满尔虞我诈、你争我夺的内宫深处,朝廷特殊的局势以及自己特殊的身份,让他感受到了前途充满凶险。

谁会晓得安乐公主下一次请求李显立自己为皇太女时,高高在上的父皇不会答应呢?

终于,内心的压抑和对前途的忧心忡忡,以及亲情的淡漠让李重俊彻底爆发!

神龙二年(706 年)七月,李重俊决定以武力手段清除对手!

起兵

坦白地讲,李重俊的想法并不成熟!

从李重俊的性格和受教育程度来看,他并不是个能够担当大任的人。性情刚烈加上心理浮躁成为他致命的软肋。而且深居东宫之时,他的身边也缺少贤能之人来教导他,这一点李显有不可推卸的责任。

除了上述所说的,之所以说李重俊的想法并不成熟,是因为他在决定使用暴力手段之后,始终没有弄明白应该打击哪些对手和团结哪些盟友。

事实证明,就是这个原因,导致了他最终的惨败!

七月六日,李重俊在头脑发热地做出决定之后,立即和同他最要好的左羽林大将军李多祚,将军李思冲、李承况、独孤祎、沙吒忠义等人,假传圣旨发动禁军一共三百人,以最快的速度向武三思的府邸冲去。

此时,李重俊的意图很坚决,那就是首先解决掉武三思。因为在他看来虽然韦皇后、安乐公主等人欺负他,但那是皇族之间的内部矛盾,而武三思这个外臣现在却是权倾朝野,李唐皇室未来最大的敌人就是他!

李重俊行动速度之快,让武三思根本没有防备。当他到达武三思的府中时,武三思正在和儿子武崇训喝酒,李重俊丝毫没有犹豫,让禁军士兵砍下了武三思父子的脑袋,并杀死其亲戚党羽十多人。

武三思直到临死或许也不会想到,朝廷内炙手可热的他,在即将复兴武氏集团的伟大使命面前,居然会死在李重俊这个毛头小子 + 二杆子手里,命也? 运也？真的很难说清楚！

在成功解决掉武三思之后，李重俊内心瞬间感到了一丝快慰，这是他平生从未有过的感觉，或许是这突如其来的成功让他有一种莫名的惊喜，所以接下来他做出了一个大胆的决定，和李多祚带兵进入肃章门，肃清其他对手！

第一个目标就是上官婉儿！

在李重俊看来，上官婉儿制造了不少倾向于韦皇后和武氏集团的言论，所以才使他们的地位迅速提升，而变相地使自己的地位则一落千丈。

所以李重俊和李多祚带兵进入肃章门之后，便大力敲打宫门，扬言要捉拿上官婉儿。事实证明，这完全是一个愚蠢的决定。

起兵本来就是个毛躁的决定，而且除了李重俊自己，大部分人全都搞不清他究竟要做什么，现在张牙舞爪地往内宫闯，鬼知道你要抓谁啊？

目标究竟是上官婉儿还是那至高无上的宝座？

面对李重俊的叫嚣，上官婉儿并没有慌乱，她敏锐地抓住了李重俊的软肋，向李显和韦皇后说了下面一句话：

"太子已经杀掉德静王（武三思），看他那意思是想先逮捕我，然后是皇后，最后就是皇上！"

因为这句极具杀伤力的话，已经将李重俊的行为彻底定性为谋反，此话一出口，便宣告了李重俊败局已定！

刚才还处在慌乱之中的李显情绪立即稳定下来，在韦皇后的建议下，所有人全都登上了玄武门城楼以避李重俊的兵锋，命令右羽林大将军刘景仁率领轻骑兵一百多人驻守在玄武门城楼下，同时又命令兵部尚书宗楚客、左卫将军纪处讷率领两千名禁军屯驻太极殿前，关门自守。

李重俊和李多祚在外边不停地敲打着宫门，始终不见有人开门，宫门内死一般的寂静，不禁让这两个人开始生疑。

难道父皇早已知道我起兵的事儿？

李重俊的心里始终在犹疑，而李多祚却早已经像热锅上的蚂蚁。在长时间没有人打开宫门后，李多祚带领几名禁军士兵准备登上玄武门城楼，想看看宫门内究竟是个什么情况，可是在他即将登上城楼时，城楼上忽然出现了很多弓箭手，不得已李多祚又退了下来。

"看来父皇可能还不知道咱们起兵的事儿，不然的话弓箭手早就放箭了。"李重俊对李多祚说道。

"有可能，那接下来怎么办？"李多祚也开始没了主意。

面对眼前的局势，李重俊颇有些老猪进篱笆——进退两难的感觉，沉吟片刻之后，李重俊对着玄武门城楼上的弓箭手喊道："请陛下出来，我有话要说。"

李重俊刚刚说完，李显和众多护卫的人已经出现在了玄武门城楼之上。

在看到父皇出现的一刹那，李重俊内心充满了喜悦，因为他终于可以有机会向父皇去解释事情的原委。

"父皇！孩儿……"李重俊欣喜地对李显喊道，不过李显并没有给他说话的机会，他低头俯身对城下的禁军士兵高声说道："你们都是朕的宿卫部队，为什么要跟着太子和李多祚谋反？如果能够杀掉造反之人，还怕不会富贵吗！"

李重俊万万没有想到父皇李显会说出这样的话，他不禁大吃一惊，因为他从来没想过谋反，他的想法只是报复曾经欺压他的人。

"父皇，我……"李重俊正要解释，但此刻的局势已经使他没有机会再解释。

顷刻间，那些跟随李重俊手下的禁军士兵，在听到李显的话后，顿时间乱作一团，他们手起刀落砍死李多祚、李承祝、独孤祎、沙吒忠义后四散奔逃。

眼前出现的这一幕，完全出乎了李重俊的意料，所以不得已他只能带领几名亲兵，逃往了终南山。

更让李重俊没有想到的是，在半路上，他手下的几名亲兵为了寻求自保，在李重俊歇息之时，砍下了他的脑袋，然后回京请罪！

李重俊起兵不到半天的工夫即宣告失败，没有周密的计划，没有应急的预案，没有具体要打击的对手，成功杀掉武三思只是一个意外之举，而致命的软肋却被上官婉儿所利用，最终兵败身死。

李重俊的起兵源于一时的冲动和长时间以来内心的压抑，正应了那句话：冲动是魔鬼！

李重俊事件，意外地让以武三思为首的武氏集团遭到了沉重的打击。

现在，神龙年间的四大派别只剩下李唐宗室和内朝后妃两大势力。

无数的历史事实告诉我们，在政治权力的争夺面前，最终只有一个胜利者！

第十三章
女皇之梦

受益的人

李重俊的起兵不经意间打破了神龙年间朝廷的格局，武氏集团由于武三思之死，转而又沉入谷底，而内朝后妃势力由于在李重俊起兵之时和李显同甘共苦，又因为上官婉儿临危时的千金一语，地位得以不断向上蹿升，成为朝廷中仅次于李唐宗室的派别。

其标志就是队伍迅速壮大，由原先只有韦皇后、安乐公主、上官婉儿等少数几位女将支撑的小派别迅速扩展成不断有朝廷大臣涌入的超级门派，如兵部尚书宗楚客、太府卿纪处讷、吏部尚书韦巨源、中书侍郎崔湜等人全都成为这个派别的忠实粉丝。

前边我们说过，李显即位后，韦皇后得到了垂帘听政的机会，而这个女人又十分精明强干，颇有武曌当年的风采，现在她这个派别拥有了众多粉丝，成为权倾朝野的一派，所以这个强势的女人有非分之想是很自然的。

在我看来，韦皇后真正开始暴露野心应该就是在李重俊事件之后，当然每一个暴露野心的人最终不过是想总揽大权而已，在这一点上韦皇后也不例外。所以接下来她要做的就是通过自己的努力，一步步地实现总揽大权的梦想，而这个梦想的最高点就是坐上那个象征着至高无上权力的皇帝宝座。

武曌已经开创了先河，我为什么不能效仿呢？

当然，由于内朝后妃势力此时依然需要依靠李显这个大掌门人生存，所以韦皇后把梦想付诸行动的手段也需要像很多野心家那样，采取循序渐进的策略，眼下韦皇后能做到最现实的一步就是投石问路。

她想到了一个人，这个人的名字叫宗楚客！

在众多朝廷大臣涌入内朝后妃势力派之后，尤其是在成功平定李重俊叛乱之后，韦皇后的粉丝们由于立场坚定，行动迅速，所以得到了不少好处。

其中最受益的人就是宗楚客。

宗楚客是个文采很高的人。至今《全唐诗》里还收录有他的六首诗，后人评价他的诗对仗工整、辞藻华丽。

宗楚客不仅文采高，出身其实也很高贵，他的母亲是武曌的堂姐，所以宗楚客也算是外戚身份。由于身份特殊，武曌在世时对宗楚客和他的哥哥宗秦客可谓高看一眼。但宗楚客进入仕途之列，并不是靠武曌的照顾，反而是靠自己不断的努力，参加进士考试，一步步地跻身仕途之列的。

不过，宗楚客的仕途之旅并不顺畅，在当官没多久便因为卷入了一起贪污案件，和哥哥宗秦客一起被流放到岭南，宗秦客到了岭南没多久因为适应不了当地的气候就病逝了，而宗楚客凭借着顽强的意志，愣是挺了过来。转年便得到了特赦的机会重返洛阳。

事实上，宗楚客有着很强的权势欲，他一直在寻找机会，期盼能够跻身宰相之列，而李重俊起兵恰好给了他这样的机会，由于护驾有功，加上又是内朝后妃势力的忠实粉丝，所以被授为同中书门下三品，等于进了宰相班子。

在宗楚客看来，官职基本上已经熬到了头，目前他最大的心愿就是能够像张柬之、武三思等诸多前辈那样，将朝廷大权集于一身。

当有了这个想法后，宗楚客发现自己要实现把持朝政的目的，必须还要依靠韦皇后才能实现，而韦皇后恰恰也需要他这个忠实的粉丝来实现自己的目的，所以双方一拍即合，接下来就是立即付诸行动。

在政治斗争中，无论是任何环境，最不缺少的就是对手！

就这样，韦皇后和宗楚客各自心怀鬼胎，为了实现各自的目的，开始联手出招！

双方都认为行动的策略应该像武三思那样，清除掉身边潜在的对手，当他们环顾四周发现自己也面临着武三思生前所面临的局面，那就是都有共同的对手，而对手又分属不同派别。

在他们看来，以李显为首的李唐宗室虽然是四大派别的盟主，但其内部并不稳固，李显贵为皇帝，而李旦曾经贵为皇帝，显然兄弟二人身份的微妙变化，隐藏着一种潜在的政治博弈，至少李显是不放心李旦的，而且太平公主此时亦是地位显赫，李显的眼睛也没少紧盯太平公主。

所以经过慎重考虑，他们认为，利用李重俊起兵事件应该首先攻击相王李旦和太平公主，选中这两个人作为攻击目标，在他们看来，李显应该是十分欢迎的。

这是宗楚客向独揽朝政迈出的第一步，同样也是韦皇后投石问路的一步。

而事实证明，他们错了！

李重俊起兵失败后，在抓捕李重俊同党的过程中，曾经有人提到过相王李旦可能参与其中。对于这种捕风捉影的事情，很多朝臣都认为并不属实，但宗楚客并不这样认为，因为在他看来，这是个可以利用的机会！

神龙二年(706年)八月，宗楚客指使亲信时任侍御史的冉祖雍上疏弹劾李旦和太平公主，理由依然是李旦和李重俊合谋，请求收押入狱审问。

我们前边说过，李显即位后除了打压政变功臣派，还紧密提防着李旦和太平公主。这一次在看到冉祖雍的上疏后，立即命令吏部侍郎兼御史中丞萧至忠进行调查。

而萧至忠是个有良心的人。

他流着眼泪对李显说道："陛下富有四海，却不能够容纳一个弟弟和一个妹妹，而让人设圈套陷害他们吗？相王以前贵为皇储，曾经请求过则天太后立陛下为君，而且因为这件事儿一连几天吃不下饭，这是天下人都知道的事情，陛下怎么可以因为冉祖雍的一句话而猜忌相王呢？"

对于萧至忠的话，李显听了进去，倒不是因为他和李旦关系有多亲密，而是他实在不能做卸磨杀驴的事情。因为让位自己当皇帝这件事情实在是一件敏感的事情，自古以来面对高高在上的权力，很少有人能够不为之动容，而李旦却做到了。在天下人看来，李旦是个道德高尚的人。

如果杀掉道德高尚的人，只能证明自己是个卑鄙小人，而且李旦又不同于张柬之等人，一奶同胞+道德高尚确实让李显有些不好下手。

所以，萧至忠说完后，李显便将这件事搁置不问了。

宗楚客最终没有陷害成李旦和太平公主。在这件事的整个过程中，我们只看到宗楚客指使人去弹劾李旦和太平公主，而《资治通鉴》上最多提到了安乐公主和宗楚客合谋(自是安乐公主及兵部尚书宗楚客日夜谋谮相王)，始终没有提到韦皇后。

在我看来，整个事件的背后，事实上真正的操控者是韦皇后，而宗楚客不过是一个执行者而已，因为一个大臣想要陷害皇室成员，没有更大的靠山是不可能的。

无论怎样，李旦和太平公主成功渡过了危机，而韦皇后和宗楚客也意识到，李旦和太平公主的地位目前无法撼动，所以他们迅速转移目标，集中优势资源寻找弱势对手作为攻击目标。

所以与政变功臣派沾边的魏元忠就成了他们打击的第二个对象！

在韦皇后和宗楚客看来，魏元忠相比于李旦和太平公主而言，道行要浅很多。

魏元忠的宿命

魏元忠的刚正不阿闻名天下，自从张昌宗导演的那场朝堂闹剧之后，魏元忠便被贬离京城，在高要担任县尉长达五年之久。

由于资历显赫、刚正不阿，李显即位的第二天便重新起用魏元忠，任命为卫尉卿、同中书门下三品。不久又升为兵部尚书，知政事。再后来又升为中书令，加授光禄大夫，累封齐国公，监修国史。

这一连串的官职，足见李显对魏元忠的器重。可是一生经历宦海沉浮的魏元忠，此时的心境已经不复当年，曾经那个公正严明的典范魏元忠已经远去，取而代之的却是一个依附权贵、赏罚不明，将金钱看得无比重要的人。或许一生经历了太多的起起落落，老年的魏元忠只将富贵视为人生第一大追求。

很多人对于魏元忠的选择嗤之以鼻，我虽然不赞同他晚年的选择，但我却理解他，因为在这个充满诸多诱惑、人心叵测的世界中，身居高位者能够一生保持清正廉明的实在不多，而魏元忠基本上做到了。

和酷吏作斗争，与“面首”相抗衡，仅是被贬那几次，就足够在中国的版图上转半个圈，而晚年的他实在太累了，他只想寻求一个安稳的环境，真正地享受一下什么叫快乐。

魏元忠的想法其实不过分，在这个世界中，每个人至少应该坚持一两件事儿，而魏元忠的一生却坚持了太多太多，太久太久。

他真的累了，所以我们不必苛求他。

但一生劳累的魏元忠依然没能摆脱宿命，在他即将安享天年时，潜在的对手已经悄悄逼近，因为他的儿子在不久前曾经卷进了李重俊事件之中。

顺便说一句，李重俊起兵时，魏元忠的儿子魏升在李重俊经过肃章门时，正好和他撞个正着，魏升在没有厘清事情原委的情况下，被李重俊忽悠着一起参与了政变。

就是因为这件事儿，让年老的魏元忠再一次体验了被人弹劾的滋味儿。

李重俊政变失败后，李显曾经调查过整个事件的来龙去脉，得知魏元忠并不知情后，并没有为难他，只是关押了几天，然后无罪释放，官复原职。

这件事情本来到此为止，但韦皇后和宗楚客盯上了魏元忠，事态又继续扩大。

先是景龙元年(707年)六月，宗楚客和太府卿纪处讷联合上疏，说魏元忠参与太子谋反，请夷其三族。

李显没理会！

宗楚客第一次吃了闭门羹并不甘心，卷土重来，命人继续上疏弹劾魏元忠，相比上次而言这次的言辞更加激烈，不仅重申魏元忠的"恶行"，而且举出当年侯君集的事例，说李元昌、杜荷等人贵为皇亲国戚，太宗皇帝依然大义灭亲，而魏元忠既没有侯君集那样的大功，又非皇亲国戚，所以应该立即问罪。

奏疏递上去，这次李显有了反应，将魏元忠贬为渠州(今四川省渠县)司马。

宗楚客的努力总算没有白费，但事情的结果，远没达到他内心的期望值，因为他知道魏元忠这辈子没少到祖国各地旅游，今天走了，也许明天还会回来。

而唯一能够让魏元忠彻底回不来的方法，只有一个，那就是置其于死地！

下定决心的宗楚客继续锲而不舍，在魏元忠即将前往渠州的时候，又将第三道弹劾奏章上到李显那里，这次又出了新花样：魏元忠已是大逆不道之人，不应该再让他到渠州上任。

这种没完没了的弹劾奏章，李显自从当上皇帝后，不知看了多少封，对于宗楚客苍蝇式的嗡嗡嗡，李显实在有些厌烦，所以这次没有理会。

要说宗楚客不依靠外戚身份能跻身朝廷宰相之列，绝非等闲之辈，他那不见棺材不落泪，不到黄河不死心的决心，仅是这一点就足以让人竖起大拇指，但聪明的宗楚客此时并没有仔细想一个问题，那就是李显为什么不像对待张柬之那样，将魏元忠置于死地。

事实上，在此之后，宗楚客又接连两次指使人上疏弹劾魏元忠，尤其以第二次的言辞最具杀伤力，他说当年则天太后病重期间，狄仁杰曾经请求让当时还是太子的李显监国，但这个建议却遭到了魏元忠的反对，显然从那个时候开始魏元忠就心怀不轨，所以其罪当诛！

而让宗楚客失望的是，这么狠的话李显听起来却丝毫不为所动，他为魏元忠辩解说，那个时候狄仁杰可能是想讨好我，魏元忠在那种环境下，做法并无不妥。

最终，魏元忠被改贬为务川（今贵州沿河土家族自治县）县尉，当他走到重庆涪陵时，不幸病逝，终年 73 岁。

对于韦皇后和宗楚客来讲，魏元忠总算是不会再回来了，但他们的心中始终存有遗憾，因为他们陷害魏元忠，想要置其于死地的计划终究没有实现。那么我们回到上边提出的那个问题，李显为什么不杀魏元忠？

从李显对待张柬之、李重俊等人来看，他虽然性格软弱，但对待敌人丝毫不手软。站在李显的角度来看，宗楚客显然是自己人，而且魏元忠的儿子参与了李重俊的政变，自古以来对于宫廷政变这种事儿，皇帝都是本着小事化大的原则进行处理，宁可错杀一千，绝不放过一个，所以当宗楚客不断上疏弹劾魏元忠的时候，李显如果杀掉魏元忠似乎也合情理。

但他终究没有做出这样的决定。在我看来，李显不杀魏元忠的背后其实隐藏着一个不为人知的秘密。

这个秘密只有李显自己知道。

只因为魏元忠特殊的身份！

众所周知，武曌在世时魏元忠和狄仁杰一样，拥护当时还是太子的李显，可以说是太子集团的人，他和酷吏、“面首”作斗争，不断地被贬来贬去，尤其是在张昌宗导演的那场朝堂闹剧之后被贬，成为“五王政变”的导火索，从这个角度来看，魏元忠是间接使李显受益的人。

相对于魏元忠，五王的功劳更大，但在李显即位后，五王很快被打压下去，那为什么魏元忠这个使李显间接受益的人却又能得到重用呢？

前边我们说过，根本的原因是，政变后五王的存在，在李显看来是威胁皇权的力量。而魏元忠则不同，因为当时身在高要，由于机缘巧合他并没有参加政变，对于李显而言，显然魏元忠并不是政变功臣派的成员。而从李显即位后立即起用魏元忠就可以看出，事实上李显一直没有忘记他。

可以说，魏元忠的性格虽然使他这辈子吃了不少苦头，但他那颇为曲折的经历却恰恰在最紧要的关头成了他的保护伞，政变功臣派视他为前辈，而李显则视他为嫡系，或许连魏元忠自己也不会想到，自己的宿命源于他的性格和经历。

在我看来，李显最终决定外贬魏元忠其实是团结内朝后妃势力的一种手段，或者说是对魏元忠的一种保护。因为他看出了韦皇后等人的步步紧逼，而此时朝廷内只有内朝后妃势力自己最为信任，未来朝廷的事儿还得依靠他们，而且魏元忠的心境已经不复当年，所以他采取了折中的办法，不杀魏元忠，判为外贬，这样在韦皇后等人那里有了交代，而且也算是对得起魏元忠。

事实上，李显的行为方式很像他死后的谥号“中宗”，就算他在位时，也有人称他为“和事天子”，其实这等于隐晦地说李显是在纵容内朝后妃势力的所作所为。

纵容

攻击相王李旦、太平公主和扳倒魏元忠这两件事，标志着内朝后妃势力的野心暴露无遗。当然韦皇后和宗楚客等人由于行事谨慎，所以李显并没有看出他们的野心，他只是将这两件事当成了朝廷内不同派别的斗争，自古以来有人的地方就有派别，因而斗争这种事儿在李显看来并不奇怪。

在政变功臣派瓦解和武氏集团没落之后，李显当时最倚重的就是内朝后妃势力，加上这一派的人在李重俊政变时，立场坚定毫不动摇，所以李显认为这是一群值得信赖的人，而且韦皇后陪自己走过数载的苦难岁月，从感情角度而言，他已经把韦皇后视为自己生命的支柱。

这种特殊的心理情结，使内朝后妃势力无论做什么，在李显看来都是有道理的。

而问题的关键是内朝后妃势力隐藏的野心，事实上与李显的期望完全背道而驰。在景龙元年(707 年)六月打击魏元忠之后，一直到景龙四年(710 年)五月李显去世的前一个月，整整三年的时间，以韦皇后为首的内朝后妃势力其行为可以说是嚣张至极，这不能不说与李显的纵容有关。

当然，由于身份不同，内朝后妃势力成员的做法也是不尽相同。

接下来我们就见识一下他们的所作所为，以及李显纵容他们的荒唐之举。

先说宗楚客！

俗话说得好，常在河边走，哪有不湿鞋。在宗楚客不断排除异己的同时，他的肩背也时常挨上两块板砖。景龙二年(708 年)十二月，宗楚客怎么也不会想到居然会有猛人上疏弹劾自己。

事情的起因是宗楚客接受了突骑施部落阙啜忠节的贿赂。

景龙二年(708 年)十一月,突骑施部落的娑葛自立为可汗,他父亲曾经最为信赖的将军阙啜忠节心中不满,带领部分人马脱离了新即位的娑葛,而且互相之间经常发生冲突。由于娑葛人多势众,阙啜忠节屡吃败仗,渐渐处于下风,为了自保,三十六计,走为上策,转身投降了唐朝。不久经金山道总管郭元振的推荐,阙啜忠节准备进宫去做李显的侍卫。

当阙啜忠节来到唐朝边境播仙城(今新疆车尔成河附近)时,右卫将军周以悌认为以阙啜忠节的才能仅仅做个侍卫实在屈才,应该立即向李显借兵回身攻击娑葛。

对于这个建议,阙啜忠节心中有些为难,本来唐朝能够收留自己,已经是很给面子了,如今自己又提借兵的要求,帮助自己打仗,阙啜忠节有些说不出口。

当然,周以悌为他出了个绝妙的主意——贿赂宗楚客,让这位皇帝身边的红人帮着说话。

当宗楚客面对阙啜忠节送来的金银财宝时,他脸上堆满了笑容,二话没说当即收下,然后便向李显上疏,力主借兵给阙啜忠节去攻打娑葛,李显同意了。

受人钱财,替人消灾,这是天经地义的事情。在宗楚客看来,这实在不算个事儿。但宗楚客却恰恰忽略了一件小事,那就是在李显同意借兵的时候,也是突骑施部落的使节访问长安的时候。

正所谓天下没有不透风的墙,当使节将消息迅速转报给娑葛时,娑葛彻底愤怒了。他迅速调集一万人马,进犯唐朝边境,唐军猝不及防,伤亡惨重,而且阙啜忠节也被活捉。

愤怒之下的娑葛并未善罢甘休,他随即又修书一封,将宗楚客接受贿赂的事情全都曝光出来,并要求李显严惩宗楚客。

李显没有理会!

宗楚客实在没有想到,他接受贿赂这件事最终居然会导致边境战争的爆发,幸好皇帝陛下没有追究。本来他以为这件事儿就此过去了,但让他想不到的是,不久之后,有人翻出这个老账,大做文章。

景龙三年(709 年)二月,监察御史崔琬上疏弹劾宗楚客,认为他接受贿赂导致边境发生战争,应该予以严惩。

就在人们翘首企盼着一睹皇帝陛下会有什么样的反应时,宗楚客居然率先开始发飙。

按照当时的制度，被弹劾的官员，应该弯腰快步走进朝堂，站在朝堂之上等待着皇帝的判决，而宗楚客这一次却将愤怒完全表现在脸上，昂首挺胸向李显申诉自己是被崔琬冤枉的。

宗楚客的行为事实上已经破坏了朝堂制度，更何况他接受贿赂本来就是事实，就在所有人都以为这一次李显一定会严惩宗楚客时，李显说了一句话，让所有人都大跌眼镜。

“算了吧！算了吧！都是朕的心腹之臣，我看你们就结为兄弟吧！这件事情到此为止！”

荒唐，广大无域畔者也。

——【清】郭庆藩《庄子集释》

按照郭庆藩对“荒唐”一词的解释，李显的话确实有些荒唐得没边儿！

坦白地讲，从这件事儿的整个过程来看，宗楚客并不是个权术高手，因为他的表现过于外露，而且仅仅是为了出于自保和眼前的金钱利益。如果和接下来韦皇后的所作所为相比的话，宗楚客的做法实在有些小儿科。

韦皇后的行为是有很坚定的目标的！

她的所有行为都是围绕着最终如何能成为第二个武曌而设计的，由于身份不同、目标不同，所以对比宗楚客而言，韦皇后的策略和手段更加高明！

韦皇后的策略

韦皇后身为内朝后妃势力的掌门人，自从李显即位后，就从后宫内院走向了朝堂前台，几年来由于精明能干，更得李显的信任和宠爱。自古以来后妃之路大多有三种选择，第一种是甘愿做皇帝背后的女人处理好后宫内务，留下贤明的美誉或者终生默默无闻；第二种就是像妲己、褒姒等妖艳美人祸国殃民，最终遗臭万年；第三种就是像吕后、武曌那样，具有超强的能力，在历史风云际会之时，独揽大权开创女人当政的时代。

但在古代男权社会中，像吕后、武曌等这样的强势女人毕竟是凤毛麟角，所以大部分只有前两种选择。现在韦皇后由于在当下的朝廷中处于一种特殊的位置，所以她也面临未来该选择哪种道路的问题，从韦皇后的性格和能力以及几年来“经营”内朝后妃势力的过程来看，显然她是想走一条吕后、武曌之路，而韦皇后也明白这是一条极其坎坷和凶险的道路，稍有不慎便会陷入万劫不复的境地。

所以很长时间以来，韦皇后始终小心翼翼，每一步走得都是谨小慎微，陷害李旦、太平公主和打击魏元忠，她都让宗楚客出头，而她自己要做的就是让李显时刻感觉顺心、舒心、开心。

当然她也明白如果仅仅做到这些，那最多只能做成长孙皇后那样的人物，这是与自己内心的愿望相去甚远的，武曌曾经放射出的光芒，让她羡慕不已，而且几年来垂帘听政的经历，让她逐渐发现自己的才能丝毫不逊于武曌，而她又通过不断体会，发现目前朝廷的局势，很像当年高宗皇帝在位的时候。

性格软弱的李显，强势的自己……

所以在韦皇后的心中，野心渐渐开始产生了，那就是继武曌之后，做中国历史上的第二个女皇。

为了实现这个愿望，她费尽心机地做着努力，而韦皇后的高明之处就在于她不像宗楚客那样表现得过于外露，她的策略是将自己隐藏在幕后，用她那所拥有的权力和特殊的身份，推动能够为自己所利用的力量，来实现心中的愿望。

为此，她采取了分几步走的策略。

第一步：营造氛围！

景龙元年(707 年)，韦皇后率领文武百官向李显奉上“应天神龙皇帝”的尊号，表面上看起来这是韦皇后为了称颂自己的丈夫，而特意精心准备的称号，而事实上，不久之后，宗楚客就率领文武百官向韦皇后献上了“顺天翊圣皇后”，相信大家都会明白这一切其实就是出于韦皇后的操控，皇帝陛下是“应天”，这是无可争议的，而皇后是皇帝陛下选定的，所以皇后必须是“顺天”，如果皇后不是“顺天”，那李显肯定是不答应的。

显然，韦皇后摸透了李显的心思，再加上死党宗楚客的“捧臭脚”，所以这个称号为自己争取得很自然，此招名为“欲取先予”。

转年二月，韦皇后继续出招，她暗中派人向李显报告说自己柜子里的裙子上有五色祥云冉冉升起，李显听说后，让画工将这一幕记录下来，显然画工能够画下来的这一幕，也是在韦皇后的授意下凭空想象出来的，因为所谓的出现“五色祥云”纯粹是无稽之谈。

韦皇后的这个做法显然是武曌当年抬高身价做法的“山寨版”。如果说先前为自己争名号，是看透李显的心思而为之的话，那“五色祥云”之事则是韦皇后充分掌握包括李显在内所有人的心思而精心设计的。

因为古代人很相信谶语、符箓、祥瑞之类的东西，如谁谁谁生下来的时候，周围散发香气或万丈光芒之类的，一旦沾上这些东西，就说明这个人肯定不一般，而韦皇后在自己刚刚得到“顺天”的名号后，柜子的衣服里就有五色祥云，显然这是韦皇后在向所有人传递一个信号，那就是“顺天”是必需的，五色祥云就是证明！

此招与前一招遥相呼应。

事实证明，韦皇后在实现野心的过程中，稳妥地迈出了第一步，当然这也仅仅是万里长征的第一步，接下来她要做的是要迅速迈出第二步。

第二步：制造舆论！

在“五色祥云”之事刚刚结束之后，韦皇后便又暗中让时任知太史事（皇家天文台台长）的迦叶志忠向李显上疏，大意就是：大唐自开国以来，无论是高祖、太宗还是高宗、武后等先王在未受命时，民间全都流传着他们即将兴起的歌谣，而现在民间也流传着关于韦皇后的歌谣《桑条歌》，这说明天下的蚕桑大业应该由皇后来主持。

而且迦叶志忠在上疏的同时，将《桑条歌》共十二篇一并呈给了李显，并请求编入皇家乐章之中，待皇后祭祀蚕神时演奏。

对于这个建议，李显同意了。表面看起来这并不算什么大事儿，但如果你仔细阅读迦叶志忠的奏疏，你就会发现，曾经那些民间流传的歌谣全是针对皇帝而言的，现在韦皇后居然也跻身这个行列，那是不是也意味着韦皇后未来会成为皇帝呢？

可惜的是，通过李显的反应来看，他并没有想到这一点。

如果说这件事儿李显存在明显失误的话，那么一年后，批准韦皇后担任皇家祭天仪式中的助祭一职，则是李显明显在纵容韦皇后的所作所为。

景龙三年（709年）八月，李显准备到长安南郊进行祭天，韦皇后在得知消息后，开始积极行动起来，她暗中指使时任国子监祭酒的祝钦明和国子司业郭山恽上疏李显，让他们建议这次祭天活动应该让韦皇后担任亚献。

韦皇后之所以看重亚献，是因为在古代祭天仪式中皇帝是初献，皇太子是亚献，皇太孙是终献，这个顺序代表了帝位传承的关系。韦皇后现在去争取亚献的位置，其实她是有意想通过祭天仪式，向所有人传递一个信息，那就是李显死后，皇位就是自己的。

如此看来，韦皇后确实很会钻空子，因为李重俊死后，李显还没有立太子。韦皇后明白只有在这种背景下，自己的争取才有可能成功，不过她也没想到祝钦明和郭山恽的奏疏刚刚递上去，李显还没有反应之时，时任太常博士的唐绍就站出来明确表示反对!

唐绍的理由很简单,按照惯例,自古以来别说皇后担任亚献,根本连祭天仪式都不应该参加。皇后能够参加的是祭祀先祖的仪式,而且仅仅是担任助祭一职。

而另一位国子司业储无量态度更加坚决,他认为皇后不仅不应该参加祭天仪式,甚至连祭祖仪式都不应该参加,因为祭祖仪式是祭祀男性祖先,皇后不便参与。

最终李显决定,采用祝钦明和郭山恽的建议。

从结果上来看,韦皇后的目的达到了,但从过程来看,第二步她走得并不稳妥,虽然唐绍和储无量是从礼法角度来反对韦皇后的,但谁又能知道他们甚至是更多的朝臣,是否已经看出了韦皇后的心思呢?

经过这场关于皇后是否应该参加祭天仪式的争辩后,韦皇后忽然发现她自身是有局限性的,这种局限性来自她的身份和地位。如果说先前的一切风平浪静是因为她没有触及原则,那么现在她尝试着突破这个局限,就立即遇到了阻碍,所以她渐渐悟出了一点,那就是如果仅仅依靠常规手段,是不能保证自己实现那不可告人的目的的。

所以在迈出稳妥的第一步,惊险的第二步之后,韦皇后决定第三步必须走得有力度。

弑君的根源

通过阅读史料,我们都知道李显在景龙四年(710 年)六月,被以韦皇后为首的内朝后妃势力所毒杀,只是不同史料关于韦皇后等人毒杀李显的过程记载有所不同。但是,历史上关于韦皇后为什么要毒杀李显的记载,则显得有些模糊。

综合史料,大致有两种说法:第一种说韦皇后已经遏制不住自己的野心,所以毒杀李显,以迅速总揽大权,实现女皇之梦。第二种说法就是内朝后妃势力的其他成员,其中以安乐公主为代表不断怂恿韦皇后当皇帝,而且当时又有散骑常侍马秦客精通医术、光禄少卿杨均精通烹饪,两个人深得韦皇后的宠爱,经常出入韦皇后居住的内宫。他们害怕李显知道,所以合谋毒杀李显。

在我看来,这两种说法虽然都有道理,但并不是最根本的原因,野心不可遏止不一定要弑君,当年武曌的野心不可谓不大,手段不可谓不毒辣,却没有选择通过毒杀李治来实现自己的女皇梦想。而担心两个宠臣在宫中的事情被李显知道这个原因,则更显得有些牵强,要知道韦皇后和武三思私通,李显都是睁一只眼闭一只眼,更何况是两个小小的宠臣。

韦皇后是个精明人,她不可能不知道弑君意味着什么,当年李世民发动"玄武门之变"之前,以他的雄才大略尚且犹豫不决,更何况是韦皇后。所以韦皇后最终选择毒杀李显一定是迫不得已的一种选择,换句话说,除此之外,她没有第二条路可走。

那么究竟是什么原因导致她最终下定决心,甚至要面对一系列的攻击也在所不惜地毒杀李显呢?

在我看来,事实上她遇到了一种危险!

接下来我就带领大家探究韦皇后毒杀李显的真实原因。

前边我们说过,韦皇后在实现自己女皇之梦的道路上,首先试探性地走了两步,而在这之后,她感觉到了如果她再触碰原则和底线,阻碍就会随之而来。那么接下来该如何应对,是摆在韦皇后面前的一道难题。

直到"争亚献"事件结束之后,我始终坚持认为韦皇后在那个时候依然没有毒杀李显的想法,接下来要走的第三步她只是想加大一些力度,但后来朝廷局势的走向完全出乎了她的意料,迫使她必须改变循序渐进的策略!

据《旧唐书》记载,在李显去世的一个月前,许州司马府参军燕钦融上疏李显指出韦皇后淫乱,不断干预朝政,宗族势大;而且安乐公主夫妇、宗楚客等人图谋危害国家。李显在看到奏疏后,立即召见燕钦融当面质问,燕钦融对答如流,神态自若,毫不屈服。搞得李显最后无话可说,只得让燕钦融回去。

宗楚客知道这件事后,伪造圣旨派人将燕钦融捉回来,然后命人举起燕钦融狠狠地摔在了内宫门庭的石阶上,燕钦融顿时颈断身亡,而且宗楚客还在旁边大声叫好。

李显知道后,虽然没有追究,但表现出了极度不高兴,他对着那些去捉燕钦融的士兵说,你们只知道有宗楚客,难道不知道还有朕吗?而这句话也让韦皇后感受到了一丝恐惧。

从李显和燕钦融的对话来看,最终明显是李显屈服了,而这种屈服也代表李显默认了燕钦融所说的一切,而且他向士兵所说的话,也说明当时他对内朝后妃势力的所作所为产生了严重不满的情绪。

所以我认为李显至少在景龙四年五月的时候,已经看穿了韦皇后的野心,在李显看来,宗楚客击杀燕钦融的背后指使人一定是韦皇后,可以说使韦皇后的野心彻底暴露在李显面前的，正是不知深浅的宗楚客。

对于韦皇后而言，正所谓成也宗楚客，败也宗楚客！

如果说李显知道这件事后大发雷霆，甚至是处理宗楚客，或许韦皇后的心里还会踏实一些，但李显虽然内心十分不悦却没有追究，显然这不符合常理，因为宗楚客的做法已经不能用过激或者残酷来形容，他的做法明显是在蔑视皇权！

李显虽然性格软弱，但并不是白痴！

所以，在我看来，李显选择沉默，其实另有深意，估计当时他心中已经在考虑如何控制或者说瓦解多年来已经形成的内朝后妃势力。而不追究宗楚客，恰恰是他老谋深算的体现，因为他知道宗楚客仅仅是一条小鱼，追究宗楚客并不能解决根本问题，在即将有大动作之前，他选择了沉默与隐忍。

而选择沉默和隐忍其实是在蓄势待发，时机一到，必将爆发出更强大的能量。

韦皇后并没有给李显彻底爆发的机会，因为在李显蓄势待发之时，韦皇后也已经看透了李显的心思，不然她不会在李显没有追究宗楚客的时候，不仅没有暗自庆幸，反而产生了恐惧之感。

这种恐惧之感，一方面来自她不知道李显未来会采取什么手段来对待自己；另一方面也是在她野心不可遏止的时候，对未来能否实现女皇之梦的一种担心。在韦皇后看来，如果李显采取措施打击报复自己，只能有两种途径。

一、运用手中的权力，废掉自己的皇后之位。

二、采取一种平稳的方式，于无形中消解自己的权力，粉碎自己的野心。

韦皇后明白第一种途径对于李显来讲显然风险过高，因为废后这件事不是下一道圣旨就可以万事大吉的，而当时支撑朝廷运作的，基本上全是内朝后妃势力的人，如果废掉韦皇后，势必会引起朝政混乱，并且韦皇后一旦收敛自己，李显也找不到可以废掉韦皇后的理由。

而第二种途径虽然可能耗费时间长，投入精力大，但风险较小。

所以，综合李显个人的性格、素质和曾经打压政变功臣派的手段来看，韦皇后猜测李显基本上会选择第二种途径。

那么，第二种途径究竟要用什么方法来实现呢？

答案是：立一个强势的继承人！

鉴于目前皇位继承人选的真空状态，李显可以有更多的选择，在我看来，韦皇后此时最担心的倒不是怕李显出手打击报复自己，而是担心李显会通过安排一个强势继承人的方式来粉碎自己的野心。

综观当时朝廷上下,李旦是一个不错的选择!

如果李显一旦选择李旦,那么在韦皇后看来,她的女皇之梦恐怕真的只会成为一个梦了。

那么我们不禁要问,为了瓦解尾大不掉的内朝后妃势力,李显是否会通过选择李旦作为皇位继承人的方式,来粉碎韦皇后的女皇之梦呢?

答案是:有可能!

虽然史书上没有明确记载李显当时的心理活动,但详细阅读史料,我们还是能够找到蛛丝马迹来证明李显有这方面的考虑。

《资治通鉴》上曾经记载过一句话:太平、安乐公主各树朋党,更相谮毁,上患之。

表面看起来,虽然这是太平公主和安乐公主之间的矛盾,但谁都知道太平公主始终是和李旦绑在一起的,究其根本其实是李唐宗室与内朝后妃势力两大派别的斗争。从史料的记载来看,当时两大势力可谓不分伯仲,势均力敌。

那么李显在已经识破韦皇后的野心后,如果选择李旦作为继承人,等于也是找到了一个与韦皇后完全势均力敌的对抗人选,而且这样做并不会引起朝廷动荡,可谓投入小、风险低、收入高。

韦皇后之所以最终要选择走上毒杀李显这条路,是因为他担心李显会在某一天选择李旦作为皇位的继承人。

如果是这样,那么韦皇后将彻底没了翻身的机会。

现在在李显没有做出选择之前,韦皇后依然是朝廷的二号人物。皇帝如果没有了,那么在韦皇后看来,她这个二号人物会自动上位行使皇帝的权力。

事实证明,韦皇后将这个问题想得过于简单化了,因为她没有考虑到毒杀李显这件事所带来的后果。

从这一点来看,她具备武曌的野心,却没有武曌的手腕。

部署 联合 反悔

景龙四年(710 年)六月二日,李显吃下韦皇后与安乐公主等人下过毒的馅饼后,在神龙殿暴毙而亡。

李显由于性格的原因,始终缺少决断力,或许是念及自己深陷苦难岁月之时,韦皇后始终不舍不弃的陪伴,他虽然看透了韦皇后的野心,却没有下定决心立即采取措施，最终导致韦皇后率先出手，自己暴毙而亡。

我只想说，在这个残酷的世界面前，他还不够残酷！

……

李显永远地离开了这个世界，这本来是韦皇后最希望看见的，但当李显离开时，韦皇后顿时觉得自己陷入了孤立。

李显的死仅仅是个开始，接下来她要运用她那历练多年的权谋之术来给所有人一个交代。

经过和安乐公主、宗楚客等人的商议后，韦皇后决定对外暂时封锁李显已死的消息。他们不知道，一旦公布李显的死讯，外边会有什么样的反应，不过韦皇后可以确定一点，最激烈的反应就是有人会兴兵讨伐自己。

所以，韦皇后首先下令让所有宰相班子的成员迅速进宫。前边我说过当时掌管朝廷政务的人基本上都是内朝后妃势力的成员，韦皇后让这些人进宫，是想成立一个临时工作组，以应对突发事件。

然后她又下令征调各府兵五万人立即前来长安听候调遣，并将这五万人分别交给自己的娘家人驸马都尉韦捷、韦濯、卫尉卿韦璿、左千牛中郎将韦锜、长安令韦播、郎将高崇等人进行统领。

同时针对长安的现状，韦皇后又做出两个重要部署：

一、中书舍人韦元带领1000人马巡逻长安六街。

二、左监门大将军兼内侍薛思简率领500人急赴钧州协同驻守，防止被贬的李重福知道李显突然死亡而起兵造反。

应该说李显死后，我们能够看出韦皇后对未来的朝廷会出现什么样的情况，心中并没有底，而她的部署主要是提防长安城内民心思变和预防各地方的起兵造反，而主要对象是李重福。

在我看来，韦皇后能够在最短的时间内做出如此反应已经实属不易，不过她的部署有一个致命的缺陷，那就是对内宫中突发事件显然没有预防措施，事实证明，正是因为这个疏忽导致了她最终的惨败。

在部署完外围的事情后，接下来的问题就是谁来继承皇位。韦皇后明白，当前局势下，自己是万万不能宣布自己做皇帝的，因为那样会使她立即陷入万劫不复的境地。对于女皇的梦想，虽然她这些年一直翘首以盼，但在眼下如此敏感的局势下，她首先要做的是必须稳定住局势，而要做到这一点，绝不仅仅是靠那五万军队就能做到的。

俗话说得好，家不能一日无主，国不能一日无君，眼下最要紧的是要找到适合继承皇位的人，而所谓适合必须完全依据韦皇后的标准来定。也就是说这个皇帝即位后必须是在韦皇后的掌控之中。

综合上边所说的，目前唯一合适的人选不是李旦，而是李显的第四个儿子李重茂。

当时李重茂只有16岁，如果他当上皇帝，韦皇后很自然地晋升为皇太后，而且因为李重茂年轻，韦皇后继续临朝称制，相信所有人都不会说什么。

所以立李重茂为皇帝是当时韦皇后最好的也是仅有的选择！

但问题的关键是，此时除了内朝后妃势力的成员，大部分人都不知道李显已死，既然皇帝依然健在，那干吗还要再立一个皇帝？

我始终认为韦皇后在实现野心的道路上，这个问题是她最难迈过去的一道坎。除了很多人不知道李显已死，当时李重茂并不是皇太子，因为有资格继承皇位的人首先必须是皇太子。所以要想让李重茂顺利继位，就必须首先要立他为皇太子。坦白地讲，当时以韦皇后的身份想要运作成功这件事情难度不是一般的大。

因为，她同时要面对来自以李旦和太平公主为首的李唐宗室的压力。

《资治通鉴》上记载过这么一段话：

太平公主与上官昭容(上官婉儿当时已经晋升为昭容)谋草遗制，立温王李重茂为皇太子，皇后知政事，相王旦参谋政事。

这本来是一段很普通的记载，但如果仔细思考的话，我们就会产生一个疑问，太平公主当时究竟知不知道李显已死？

前边我们说过，当时韦皇后对外已经封锁了李显已死的消息，按照这个来推断，太平公主应该不知道李显的死讯，但她为什么会和上官婉儿谋划起草李显的遗诏呢？而所谓遗诏是皇帝即将驾崩时，为后人留下的遗书或者遗言，也就是起草遗诏的时候皇帝应该是活着的。

太平公主是不可能在事先知道李显即将驾崩时，与上官婉儿一起计划草拟遗诏的，所以答案只有一个，是韦皇后让太平公主参与其中的。

可是问题又产生了，李显属于非正常死亡，韦皇后属于伪造诏书，而她为什么要让太平公主参与其中，又用什么样的方法使太平公主心甘情愿地参与呢？

难道直接告诉她李显已经被自己毒死了吗？

答案显然是否定的！

所以“皇后知政事，相王旦参谋政事”这句话就成了解开此谜至关重要的一句话。

太平公主和李旦作为李唐宗室的代表人物,很长时间以来一直是拴在一条绳子上的蚂蚱。在我看来,当时太平公主参与计划草拟遗诏的工作,其实是代表相王李旦的,而李旦之所以不直接出面参与,是因为他有碍于自己与韦皇后乃是叔嫂的关系,因为古代历来有叔嫂不通问的规矩,这一点宗楚客在这之后也有一篇上疏提到过这个问题。

所以太平公主参与草拟遗诏,很有可能是韦皇后编造了一个谎言,让太平公主作为李旦的代表参与其中,而这个唯一能让太平公主信服的谎言,就是告诉她李显忽然病重。

这是太平公主唯一能信服的理由。

皇帝病重马上立太子,这很合乎情理,所以太平公主代表以李旦为首的李唐宗室参与进来,而韦皇后之所以要让李唐宗室参与其中,我认为在她的内心深处有一个想法,那就是试探性地联合李唐宗室。

"皇后知政事,相王旦参谋政事"这句话恰恰证明了韦皇后的想法,韦皇后的本意是自己摄制政事,李旦也参与谋划政事,典型的权力平衡化。

所以,我认为在景龙四年(710 年)六月二日的某个时间,韦皇后一定秘密地与太平公主达成了协议,李显死后,李唐宗室承认自己的地位,同时李旦辅佐政事。

对于这个结果,太平公主和李旦无疑是能接受的,因为李显在位时,他们虽然地位很高,但实际上基本被架空,而与韦皇后达成这个协议,又使他们重新掌握了权力,双方皆大欢喜。

不过,让他们想不到的是,他们已经被韦皇后着实忽悠了一把,这一切都是建立在韦皇后谎言基础之上的,她现在的目的只有一个,那就是李重茂能够当上太子。

当诏书草拟完毕,李重茂的太子之位固定之后,一直到六月四日对外公布李显的死讯。而后,韦皇后就对先前达成的协议忽然反悔。

起因就是前边说到的宗楚客的那篇上疏,宗楚客说:

"相王辅佐政事,在道理上行不通;相王和皇后是叔嫂关系,不便相互问候,如果未来相王辅佐政事,在朝廷朝议的时候,如何行礼?臣请求皇后坐朝主政,罢免相王辅政的职务。"

值得一提的是,宗楚客的这篇奏疏是联合当时所有宰相一同上的!

我们无法判断宗楚客联合宰相们上疏这件事,是不是就是韦皇后背后指使的,也许是宗楚客担心一旦李旦和太平公主上位,自己先前的地位就会受到冲击。总之一句话,韦皇后单方面撕毁了和太平公主的协议,将李旦的辅政之职改为了具有顾问性质的虚职:太子太师。

在她看来,李显的遗诏已经在手,李重茂的太子地位已经确立,而且所有人当时都知道草拟遗诏这件事,以李旦和太平公主为首的李唐宗室也参与其中。所以现在她完全可以做到翻脸比翻书还快地甩掉李旦和太平公主,更何况她的手中还有数万兵马。

景龙四年(710 年)六月四日,韦皇后下令将李显的灵柩从神龙殿迁到了太极殿,然后召集所有王室宗亲和朝臣公布了李显的死讯,并宣读了李显的遗诏:

“李重茂恭顺温良,立为太子,韦皇后择吉日扶太子登基并摄知政事,相王李旦为太子太师、太尉;即日起改元唐隆,钦此!”

在所有跪听遗诏的人中,最吃惊的当数李旦和太平公主!

皇帝陛下这么快就驾崩了？李旦更是想不到,自己怎么由辅政变成了太子太师？

两个人缓缓抬起头望着高高在上的韦皇后,通过这个女人的阴冷笑容,他们刹那间明白自己被这个阴毒的女人涮了!

……

三天后,年少的李重茂在韦皇后的扶持下登上了皇帝的宝座,韦皇后自然而然地成为韦太后,此刻她十分得意。在她看来,她是这个世界上最聪明的女人,因为继续运用权术,很快就可以实现她的女皇之梦。

与韦太后得意相对应的却是李旦和太平公主的愤恨,不过眼下生米已经煮成熟饭,所以他们只能等待时机,以求东山再起。

此时的大唐帝国似乎已平静下来,但很快随着一个人的急速登场,帝国又将迎来新一轮浪潮的冲击。

这个人的名字叫李隆基!

第十四章

"唐隆政变"

猛男李隆基

李隆基，李旦第三子，窦德妃所生。

李旦生有六子。长子李成器，次子李成义，三子李隆基，四子李隆范，五子李隆业，六子李隆悌。其中李隆悌早夭。

在诸子中，李隆基和父亲李旦及其他五子在性格上有很大的不同，其特征就是生性刚毅。

垂拱元年(685年)八月，李隆基生于东都洛阳宫，他出生的时候正是武曌步步紧逼准备成为一代女皇和李唐宗室反对武曌篡权的斗争白热化时期。在李隆基出生的两年前，伯父李显已经几乎被贬到了房州，父亲李旦虽然名为皇帝，但实际上只是个傀儡，而且那个时候李唐宗室已经几乎被武曌屠杀殆尽，只剩下李显和李旦。

李隆基就是在这样一片腥风血雨之中来到了这个世界。史书上关于李隆基童年生活记载得很少，只用"聪明睿哲"四个字形容他。就是因为聪明伶俐，天真活泼，而且相貌俊美，所以深得老祖母武曌的喜爱。

李隆基七岁那年，和其他兄弟们一起"出阁"，其王府设置官属，护从，出入王府，车骑簇拥，威风凛凛。或许由于这豪华的气派，让幼年的李隆基对自己身为李唐皇族的子弟，有一种本能的优越感，再加上性格刚毅，所以骨子里蔑视一切，尤其是对于武氏宗族的子弟。

长寿元年(692 年)十月的一天清晨,当文武大臣例行上朝议事,刚刚分左右两列立于朝堂之时,突然从殿外传来了一阵急促的马蹄声。当时殿门外值班的将领是左金吾卫大将军,武曌的远房子侄武懿宗,当他发现是李隆基的车驾时,有意刁难,下令让侍卫拦住车驾。

当武懿宗走近车身,准备掀开帘子质问李隆基时,李隆基用佩剑掀开车帘,对着武懿宗厉声喝道:

"尔等大胆,竟敢阻拦本王的车驾,这里是我大唐的朝堂,本王想怎么上朝就怎么上朝,不用你们管,如果再拦着去路,看本王不斩了你们。"

言罢,便下车往朝堂而去!

一个七岁的孩子居然能用大人的口气来呵斥殿前侍卫,而且被呵斥的人还是自己的子侄,这让武曌有些惊奇不已,因为那个时候武氏子弟地位显赫,很多人想去巴结都找不到门路,更别说是当面呵斥了。

而李隆基的做法,可以说让武曌既惊奇又赞赏,当下他让侍卫将这个只有七岁的孙儿带上朝堂,让他坐在自己的身边,仔细端详,心中充满了喜爱之情。

这是展示李隆基个性生猛刚毅的一个鲜活实例,同时也让他在老祖母那里赚足了印象分。

但武曌对李隆基的喜爱,却并没有使年少的李隆基度过一个幸福的童年,甚至可以说他的童年实在有些时运不佳,除了父亲李旦被废黜,自己的母亲窦德妃在他七岁那年也不明不白地死去。

关于窦德妃之死,大部分史书的记载都很模糊,基本上只有八个字:梓宫秘密,莫知所在。

说白了就是死后找不到尸首。

据刘知几的《太上皇实录》记载,当时有一个名叫韦团儿的宫人很受武曌的宠信,韦团儿想和李旦私通,遭到拒绝所以怀恨在心。为了打击报复李旦,韦团儿就私自刻了一个小木人,上边写上武曌的名字,然后偷偷地埋在窦德妃居住的院中。随后她便向武曌告发说窦德妃诅咒武曌早死,韦团儿的陷害伎俩虽然有些小儿科,但当时由于武曌处于一种对敌对势力极其敏感的时期,所以毫不犹豫地将窦德妃处死。

窦德妃被害之后,还连累了李隆基的外祖父、外祖母及舅父,当时外祖父窦孝湛被流放岭南,舅父被贬为罗州司马。而且李隆基等兄弟五人一律被降为郡王,其中李隆基被降为临淄郡王,并且武曌命人对这兄弟五人进行严密的监控。

这突如其来一连串的变故犹如晴天霹雳般，让年幼的李隆基备受打击，他的心中充满了悲痛之情，但在强势祖母阴影的笼罩下，年幼的李隆基没有任何能力和办法改变现状。

但是，性格刚毅的李隆基并没有就此被挫折所击倒，相反这更加激起他奋发图强，要彻底改变命运的决心。他在磨难中砥砺自己，始终用孟子的“动心忍性，增益其所不能”这句话来让自己的心智变得无比强大。

虽然此刻他没有力量左右自己的命运，但他的心中早已经立下誓言，那就是有朝一日一定要设法打倒杀戮自己亲人、凌辱自己宗室子弟的那些人，进而光复高祖、太宗的光辉基业。

从长寿二年(693 年)一直到唐中宗景龙四年(710 年)，十七年的时间使李隆基从一个懵懂少年长成了潇洒倜傥的青年。十七年的时间足可以改变一个人的心智，但对于李隆基而言，富足的生活并没有磨灭他那激情四射的斗志，同时，朝廷中出现的那一幕幕刀光剑影，让李隆基切身感受到了宫廷斗争你死我活的残酷。

尤其从神龙元年(705 年)开始，一直到唐隆元年为止，“五王政变”、太子李重俊政变以及韦皇后大肆任用外戚掌管军队等事情，让李隆基深深地感到要想实现心中曾经立下的誓言，手中掌握军队是多么重要，而一次次的宫廷政变又让李隆基悟出了在所有军队中，掌握禁军是重中之重。

为此，他有意结交宫中那些禁军将领，而在所有的禁军中，他最看重的就是“万骑卫”。“万骑卫”的雏形始建于唐太宗贞观初年，那个时候李世民特意从犯罪被判刑的人家和外族宗室中挑选了一批体格健壮、反应敏捷的精锐子弟，经过严格的训练后，成立了专门为李世民保驾护航的专用卫队，一共有百余人，所以叫作“百骑卫”。

武曌掌权时，将百骑卫的百余人扩编为一千人，所以更名为“千骑卫”，隶属左右羽林军，而李显即位后继续扩编为一万人，所以又更名为“万骑卫”。

李隆基结交这些人，除了“万骑卫”是所有禁军中距离皇帝最近的卫队，最看重的还是他们的战斗力。

而后来的事实证明，正是“万骑卫“在关键时刻的出色发挥，不仅让李隆基实现了幼年时心中立下的誓言，而且成就了李隆基一生的光辉荣耀。

谋划

当李隆基忙着结交禁军将领时，韦太后此时正端坐在新即位的李重茂身边，盘算着接下来该如何实现自己的女皇之梦。

自从她迈出稳妥的第一步、惊险的第二步、绝情的第三步及忽悠人的第四步之后，她已经明白既然走上了这条路，就再也不能回头，前边纵使一路荆棘，她也必须勇敢地闯过去，因为她的身后已经是万丈深渊，毫无退路。

放眼当下的朝廷，韦太后自认为其处境至少要比婆婆武曌当年的处境好，因为她自认为敌手已经不多，身边的李重茂可以任由自己摆布，唯一让她忌惮的只有李旦和太平公主。

自从用谎言忽悠完李旦和太平公主过后，韦太后始终对这两个人加以防备。当她宣布李显死讯并单方面撕毁协议的时候，李旦和太平公主的沉默，反而让她有些坐立不安。

在韦太后看来，这种沉默并不代表就此消沉下去，反而是一种暂时隐忍，进而蓄势待发。所以接下来要迈出的第五步，是必须迅速解决掉李旦和太平公主。

此刻，韦太后终于理解了当年婆婆武曌为什么要将李唐宗室子弟赶尽杀绝，因为要想永久地坐在这个宝座上，就必须抛弃一切情感以及道德的束缚。

韦太后下定决心解决太平公主和李旦之后，就立即付诸行动，她首先做的就是找宗楚客进行商议。对于韦太后的这个决定，宗楚客是热烈鼓掌欢迎的，因为解决完李旦和太平公主之后，朝中再没有能够与他宗楚客争权夺利的人存在了。

在知道韦太后的想法后，宗楚客开始了筹划工作，当然韦皇后并没有忘记提醒宗楚客，在付诸行动之前，一定要做好保密工作。

事实证明，宗楚客的保密工作确实做得不错，但他忽略了一个最关键的问题，那就是在这险恶的宫廷中，知人知面不知心，坦白地讲，对于密谋除掉太平公主和李旦这件事，宗楚客无时无刻不在警惕着，但他恰恰没有提防的，就是他自认为很够朋友的人。

这件事他只跟这个这个朋友说了，这个朋友名叫崔日用，时任兵部侍郎。

如果没有宗楚客密谋除掉太平公主和李旦这件事，崔日用的确很够朋友，因为他也是内朝后妃势力的成员，为了给自身谋个好前程，和当时的朝中红人宗楚客保持着很好的关系。

但在利益面前,尤其是政治利益面前,“朋友“这个词实在很脆弱。知道宗楚客的密谋后,崔日用隐约觉得一场祸事即将袭来,当然崔日用当时是不可能有先见之明地知道韦太后最终会被诛。对于他的这个想法,只能用一个概念来解释,那就是正统观念。

李唐建国已近百年,纵使拦腰斩断数十年,亦不能改变它在人们心中的正统地位。

基于一种对自身前程的考虑和李唐正统观念的驱使,崔日用将宗楚客密谋除掉太平公主和李旦这件事告诉了李隆基,劝他迅速发兵提前出手诛灭内朝后妃势力。

史书上并没有明确记载崔日用为什么选择将这个消息告诉给李隆基,而不是告诉给当时地位更高的太平公主,在我看来可能有两点原因:一个是可能崔日用和李隆基关系也算不错;另一个就是他看中了李隆基和“万骑卫”的友好关系,因为崔日用同样明白,搞政变手中必须有“枪杆子”!

此时的李隆基已经是二十五岁的青年,多年来的隐忍,使他一直在寻找可以让他彻底爆发的机会,现在韦太后的密谋,让他终于找到了突破点,曾经祖母横腰斩断李唐王朝,让他心中充满无奈与苦涩,现在韦太后梦想着实现第二个女皇之梦,而作为李唐子弟的李隆基绝不能再容忍李唐宗室被人蹂躏和欺凌。

李隆基有这个能力,也有这个决心,那幼年时心中立下的誓言此刻正是实现的时候。

回想起曾经朝堂那一幕幕的刀光剑影,李隆基决定效仿诸多前辈的做法,用武力解决韦太后。

李隆基,当你此时下定决心付诸行动的时候,你可知道,你一生的辉煌伟业即将从此时开始!

在决定使用武力手段后,李隆基明白虽然自己有着满腔热血,但要想扳倒韦太后这个强大的敌人,必须团结一切可以团结的力量,决不能重蹈李重俊失败的覆辙。

为此,他很想去找自己的父亲李旦商议,但很长时间以来父亲那懦弱的性格,又让李隆基担心会拖住自己的后腿,所以思前想后他决定去找更为强悍的姑姑太平公主。

自从太平公主知道自己参与草拟李显的遗诏,是被韦太后忽悠了后,她的心中一直有一个解不开的心结,尤其是当韦太后端坐在高高的宝座之上,用轻蔑的眼神注视她时，太平公主恨不得立即上前将这个恶毒的女人撕得粉碎，但她实在没有这个能力，虽然她的地位很高，但她的手中没有军队，而且她并不是莽撞的人，所以面对韦太后的嚣张跋扈，她暂时忍了下来。

这种忍耐一直持续到李隆基找她商议政变事情的时候。

当李隆基将韦太后和宗楚客密谋的消息，以及自己准备发动政变的想法告诉太平公主时，太平公主立即意识到李隆基是领导这次政变的最佳人选，所以她毫不犹豫地表示支持李隆基，虽然太平公主此时不能为李隆基提供更多的军队，但可以用自己的地位优势，为李隆基团结一大批人，如朝邑县尉刘幽求、禁苑总监钟绍京、尚衣奉御王崇晔、利仁府折冲麻嗣宗全都加入了以李隆基为首的政变集团。当然太平公主并没有忘记让自己的儿子卫尉卿薛崇简也一并加入其中，由此可见太平公主的决心。

事实证明，太平公主所团结的这些人，在李隆基即将发动的“唐隆政变”中，每个人都发挥了至关重要的作用，虽然这些人的官职不高，但他们掌管的地方和当时在宫中所处的位置，可以说对“唐隆政变”的成功起了关键性的作用。

而所有人都明白，对于这次政变成功起决定性作用的，就是手上有多少禁军！

坦白地讲，此时他们一个也没有！

李隆基虽然和“万骑卫”的部分人始终保持友好关系，但并不代表人家会支持政变，更何况谁放着好好的公务员工作不干，而冒着风险去干掉脑袋的事儿。

不可否认，李隆基具有满腔热血，太平公主也是鼎力支持，但所谓巧妇难为无米之炊，手中无兵的窘境让李隆基和太平公主一时伤透了脑筋。

事实上，当李隆基正在为如何争取禁军支持政变而感到苦恼时，和他保持友好关系的“万骑卫”那些人，也有着自己的难言之隐。

而时任万骑果毅的葛福顺和陈玄礼就是其中的代表！

自从韦太后将自己弟弟韦播和外甥高嵩提拔为禁军统领之后，两个人顿时犹如穷人乍富一般，经常殴打禁军士兵用来提高自己的威信，久而久之禁军们怨声载道，其中火气最大的就是葛福顺和陈玄礼。

由于官阶较低，两个人是敢怒不敢言，只能牙掉了往肚子里咽，唯一能做的就是四处找人去诉苦，而李隆基由于和他们关系亲密，所以成了两个人倾诉苦楚的对象。

对于葛福顺和陈玄礼的到来，李隆基认为这实在是天赐良机，所以在两个人诉苦时,他将自己的想法大胆地告诉了这两个人。

“不诛韦党,禁军兵士们永无出头之日,我们两个人掌管的两个营愿听从临淄王的调遣!”葛福顺和陈玄礼所掌管的两个禁军营,虽然不是唯一参与兵变的禁军营,但却是第一个响应李隆基的,而事实上在李隆基发动“唐隆政变”的过程中,所率领的禁军就是以这两个营的禁军士兵为班底的。

在葛福顺和陈玄礼响应之后,他们又将万骑卫的副统领李仙凫争取过来,以期望能有更多的禁军士兵参与进来。

政变组织核心已经形成,接下来就是如何行动的问题。

兵变

当越来越多的人加入以李隆基为首的政变核心组织后,李隆基首先要做的就是制订政变的行动方案及每个人的分工。在李隆基看来,政变要想成功,除了需要有迅雷不及掩耳之势的速度,该如何安排每个人的任务也是重中之重。

而这一切的前提就是究竟应该采用哪个线路直捣韦太后所在的内宫。

唐隆元年(710 年)六月十七日,李隆基召集政变核心集团的所有人秘密地在他的王府召开了政变前的最后一次会议。

这次会议的主题就是关于线路和分工的问题。

当政变核心集团所有人全都冥思苦想之时,李隆基的手指在皇宫地图上指向了一个地方。

玄武门!

“玄武门?”葛福顺有些诧异地问道。

“对!只有在玄武门才有成功的希望。”李隆基坚定地回答。

“大唐建国以来,历次宫廷政变都是始自玄武门,韦太后是个精明人,会不会在那里已经布下重兵把守?”葛福顺说道。

“即使有重兵把守也要闯一闯,唯有玄武门才能实现以最快的速度到达内宫。”李隆基说道。

“我知道你们两个营和其他禁军营轮流把守玄武门,最近一次你们值守是在什么时候?”李隆基继续问道。

“三天后!”陈玄礼答道。

“六月二十日……”李隆基口中喃喃自语,眼神中放射出一丝精光。

“那就定在六月二十日晚间动手。”

“要不要通知一下相王啊?”

“不必!此次兵变乃是为了大唐江山社稷,如果成功让相王享受福报,如果不成功,所有的罪责由咱们承担。现在如果告诉他,就是连累了他,他不同意反而成了咱们的绊脚石。”

“六月二十日午时三刻,大家先到玄武门外的禁苑集合,然后晚间亥时三刻一起动手,葛将军和陈将军你们在把守玄武门时,等到亥时三刻先把玄武门的守军除掉,然后咱们迅速冲进玄武门杀掉韦播等人,然后直入内宫。”

李隆基把拳头用力地捶在桌子上,然后斩钉截铁地说道。

……

唐隆元年(710年)六月二十日。

炎炎夏日让每个人都有一种躁动的感觉,尤其是午间的太阳,毒辣得似乎要将人们烤焦。

午时三刻,李隆基和刘幽求等人如约到达了玄武门外的禁苑,前边我们说过,掌管这个地方的是禁苑总监钟绍京。

三天前在临淄王府的那个密谋会议,等于明确了钟绍京的任务就是接应李隆基等人在禁苑会合,当时钟绍京并没有提出反对意见。

可是当这一刻李隆基等人来到禁苑门前时,钟绍京打了退堂鼓。原因是他怕政变如果不成功会连累自己。

任凭李隆基和刘幽求在外边怎样叫门,钟绍京始终没有理会,他不停地在屋里踱来踱去,汗水已经浸满了脸颊。

对于钟绍京来讲,此时面临着一个艰难的选择,他面前的那扇门决定着他的命运,因为开启这扇门后,他将永远不能再回头。

就在钟绍京犹豫不决的时候,他耳边的一个声音响起:

“舍身救国,神灵都会保佑,况且你已经参加了事先的密谋,你认为今天不参加政变,就能免祸吗?”

说话的人是钟绍京的妻子!

“这……”钟绍京有些无言以对。

“临淄王伟岸聪慧,必成大事,夫君不可再犹豫啊!”妻子继续苦劝道。

坦白地讲,从钟绍京参加事先的密谋来看,他并不是个胆小的人,在我看来之所以他在关键时刻打了退堂鼓,是因为他必须考虑更多人的感受和前途,其中就包括他的妻子。

如今在他犹豫不决时，他妻子说的这番话无疑是对他莫大的鼓舞，所以在妻子说完后，钟绍京走到门前，缓缓地打开了门。

“临淄王……我……”钟绍京难为情地低下了头！

事实上当钟绍京没有如约打开门迎接李隆基时，随着屡次叫门没有人回应，李隆基的心几乎要蹦出胸口。如果钟绍京打了退堂鼓，那么事先的计划无疑将会全被打乱，而且身在不远处玄武门内的葛福顺、陈玄礼和李仙凫等人是无法事先知道这个变化的。

随着时间的推移，李隆基有些绝望了，因为他知道钟绍京久久没有回应，一定是打了退堂鼓，此刻李隆基的内心并没有怨恨钟绍京，因为他理解任何人在面对死亡的危险时，都会有一种本能的求生欲望。

李隆基准备转身离去了，只是他依然有些不甘心，因为曾经距离实现幼年时心中立下的誓言是那么触手可及，而转瞬之间却又变得那么遥远。

不过，让李隆基想不到的是，就在他转身即将离去时，身后的那扇门缓缓地打开了。

李隆基转身上去紧紧握住钟绍京的手，没有说一句话。

此刻无须多言，因为彼此的心全都懂得！

……

夜色降临，此时距离李隆基到达禁苑已经整整过去了四个时辰。

身在玄武门的葛福顺、陈玄礼和李仙凫及所属禁军士兵已经做好了准备，让他们欣慰的是今天把守玄武门的只有他们的禁军营，看来密谋政变这件事，韦太后事先并不知道。

为了让李隆基在第一时间知道玄武门的情况，以及知道是否按原计划发动政变，葛福顺和李仙凫特意来到禁苑将玄武门的情况告知了李隆基。

“按原计划进行？”葛福顺问道。

“嗯！有劳二位将军，无论成败你们都是大唐的功臣！”

“那就二更时分我们先直奔羽林军大营，杀韦播等人一个措手不及！事成之后以火光为号，临淄王随后而至。”

“好！两位将军一定要多保重！”李隆基说完，将手伸了出来。所有人都明白他的意思，随后也伸出手来，大家紧紧地握在一起。

此刻李隆基不禁又一次热血沸腾，他抬头仰望星空，发现月是那么明亮，星是那么耀眼，霎时一颗流星划过天际，让人产生无限的遐想。

“流星划过，看来天意如此啊，我们万万不可错失光复大唐的时机。”刘幽求说道。

李隆基缓缓地点点头，俊俏的脸庞上此刻布满了凝重。

“开始吧！”

……

二更时分，当葛福顺、陈玄礼和李仙凫一切准备就绪后，他们带着所属的禁军士兵，急速冲进了羽林军大营。

此时韦播、韦璿、高嵩等人还在睡梦中，第一个冲进来的是陈玄礼，二话不说就将三个人的脑袋砍了下来，然后将人头带到了营外交给了葛福顺。

“葛福顺拿着人头冲着羽林军卫士高声喊道：“韦太后毒杀先帝，危害社稷，今晚我禁军将士一同诛灭韦氏乱党，大家记住比马鞭高的韦氏族人一个不留，事后拥立相王为帝，大家一同富贵，如果敢有三心二意者，格杀勿论！”

葛福顺说完将人头狠狠地扔在了地上，并已是血灌瞳仁！

“韦播、韦璿时常鞭打我们，老子早就受够了，大家不要犹豫了，跟着葛将军进宫杀了那个老女人。”禁军中忽然间不知谁高声喊道。

这句话立即得到了众人的响应，于是这些平常经常受韦播、韦璿毒打的禁军士兵们全都抽出宝剑准备和葛福顺、陈玄礼一同冲进内宫。

“放火！给临淄王发信号！”

葛福顺说完后，便和陈玄礼、李仙凫一同带领禁军士兵向韦太后所在的内宫冲去。

……

在葛福顺、陈玄礼等人大闹玄武门时，李隆基和刘幽求、钟绍京等人在禁苑门外一直在焦急地等待，他的眼神一直在注视着玄武门的方向，当看到冲天的火光时，他的嘴角露出了一丝笑意，因为他知道玄武门已经在自己的掌控之中。

“点齐人马，跟我来！”李隆基急促地说道。

钟绍京当即调集了所管辖的禁苑二百多名工匠和用人跟着李隆基和刘幽求等人到达了玄武门。

而在他们到达玄武门的时候，葛福顺和陈玄礼已经兵分两路，分别从玄德门和白兽门打进内宫，双方约定在凌烟阁前会师。

三更时分，李隆基已经听到了内宫中的喊杀声，随即带领人马从玄武门又赶奔至内宫，当到达停放有李显灵柩的太极殿时，李隆基当即又策反了护卫李显灵柩的禁军士兵，使他们一起加入了诛灭韦太后的政变队伍中。

而此时，葛福顺和陈玄礼已经顺利进入了内宫，在凌烟阁会合后，直奔韦太后的寝宫而去。

当宫外的喊杀声渐渐逼近韦太后的寝宫时，她猛然被惊醒，最初她并没有想到会发生政变，但当听到外边有人高喊“诛杀韦太后”时，她意识到大事不妙，所以她顾不得穿衣服，只穿着一件内衣，向门外跑去。

刚出门便碰上了同样被惊醒的马秦客和杨均。

“怎么回事？怎么会变成这个样子？”韦太后惊恐地问道。

“臣等也不知道啊！一定是有人煽动禁军造反！”马秦客慌忙答道。

“先赶快到飞骑卫那里去躲一躲，飞骑卫是我的贴身护卫，一定不会作乱。”

不过，出乎韦太后意料的是，当她和马秦客、杨均到达飞骑卫的营帐时，那里的禁军士兵刀已出鞘，正在用冰冷的眼神紧盯着她。

面对眼前的一幕，韦太后顿时惊呆了，但她马上稳住心神，开口说道：“还不赶快护驾？”

没有人动弹！

“护驾啊？你们是我的贴身护卫，怎么不动弹，难道……难道也想造反吗？”

依然没有人动弹。

忽然间，一个士兵高声叫道：“老子就是要造反，我们要做大唐的护卫，不做你韦太后这个逆贼的护卫！”

“你们……”韦太后正要发问，她忽然觉得眼前一片血红。

因为一柄长剑已经插进了她的胸膛！

对于韦太后的一生，我不想做过多的评价，我只想说优秀的前半生和很糟糕的后半生，汇成了她有些悲情色彩的整个人生。

一个平庸的、狠毒的、权力欲望极强的女人，在得到本不属于她的权力后，妄图效仿武曌，然而她并不具备武曌的智慧。

所以，她只能死在另一个比她有着更高智慧的人手里！

才女？ 投机者？ 野心家？

对于这场政变来讲，韦太后的死不过刚刚是个开始。

当飞骑卫的士兵将韦太后杀死后，他们并没有就此罢休，除了将跟随韦皇后而来的马秦客、杨均一并杀死，又闯进了安乐公主的寝宫，将半夜三更在镜子前不断打扮自己俊俏脸庞的安乐公主也送上了西天。

而此时，葛福顺和陈玄礼在肃章门外也解决了武延秀！

当宫内的厮杀不断进行时，李隆基已经带领刘幽求和钟绍京等人进入内宫，最终双方在肃章门外成功会合。

“临淄王，韦太后、安乐公主、武延秀等人已被我等诛杀！接下来是不是还要继续？”葛福顺问道。

“嗯！一个不留！凡是和韦太后亲近的格杀勿论，绝不给他们任何回转的余地。”

“是！”

正当所有人准备全都分散出去、四处搜捕韦党的时候，李隆基叫住了刘幽求。

“上官婉儿也是韦太后的人，不能留她！你跟我一起去。”李隆基说这句话的时候，语气异常坚定。

刘幽求注视着李隆基，缓缓地点了点头，然后带着士兵跟着李隆基前往上官婉儿的寝宫！

事实上，他并没有真正理解李隆基说这句话的含义。

……

此时上官婉儿正坐在她的寝宫内，不断地思索着对策，在不久之前宫女已经向她禀报过李隆基忽然发动政变和韦太后被杀的消息。和那些惊慌失措的人不同的是，上官婉儿表现得异常镇静。

这么多年来她一直在几大派别之间游走。现在看来，她觉得自己的策略是正确的，因为在这个充满血腥的深宫中，只有一个靠山是远远不够的。

上官婉儿拿出了那份和太平公主一同草拟的李显遗诏，她的嘴角露出了一丝笑意。

事实上，她已经找到了自保的方法，这个方法让她有足够的自信能够平安地渡过这场劫难！

至少。她自己是这么认为的！

当下她决定主动出击，带着宫女前往肃章门主动迎接李隆基。

当她在半路上看到李隆基的时候，并没有惊慌失措，不等李隆基开口，她便将那份诏书递给了刘幽求，以求证明自己和韦太后是划清界限的。

“我曾经就认为韦太后专权早晚会有这一天，我也提醒过她，可是……唉！”上官婉儿叹着气说道，事实上她一边说着一边观察李隆基的反应。

李隆基没有答话，用冰冷的眼神注视着她！

“韦太后让我起草遗诏的时候，我也曾经争取过让相王辅政，本来都已经决定的事了，谁知韦太后又反悔了，这封遗诏就是证明！”

李隆基依然没有答话！

上官婉儿的心开始不安起来，在她看来今天的事情可能并不像她自己想象的这么简单！

“临淄王！看来上官昭容确实不是韦太后的人啊！还是不要追究了吧！”在现场气氛凝结之时，刘幽求忽然替上官婉儿求起情来。

李隆基将目光缓缓地移到刘幽求的身上，然后摇了摇头，忽然间他又转脸面向上官婉儿开口说道：

“和武三思私通的是不是你？一句话置先太子于死地的是不是你？和安乐公主卖官封赏的是不是你？”

三个问题立即让上官婉儿哑口无言！

“临淄王……我……”正待上官婉儿开口辩解的时候，李隆基不等她说话，便厉声喝道：

“无耻淫妇，妖媚祸国，留你始终是祸害！”说话间，李隆基瞬间抽出宝剑直刺上官婉儿的心窝。

上官婉儿至死也没有想到李隆基会这样评价自己，瞬间她惊恐的眼神中流露出一丝悲伤的神色，而鲜血也已经淌满嘴角。

“淫妇……淫妇……”上官婉儿的嘴角露出了一丝苍白的微笑，然后她的身躯渐渐地倒了下去。

46 岁的上官婉儿就这样结束了生命！

在我看来，上官婉儿的死正是因为她那封自认为可以保平安的遗诏，要知道李隆基和太平公主在政变结束后是要立李旦为皇帝的，而遗诏的存在显然使李隆基和太平公主无法完成接下来的计划。

千百年来，对于上官婉儿，人们大多从两方面来评价，一个是她的才学，另一个就是她的情感经历。

而这二者又紧密相连！

当年 14 岁的上官婉儿之所以能以罪臣孤女的身份被武曌看重，从而成为武曌最信任的机要秘书，不能不说与她出众的才学有关。

事实上，在上官婉儿死后的开元年间，昔日的敌人李隆基早已经化解开曾经的恩怨，命人收集上官婉儿的诗，并结集二十卷，由时任宰相的张说作序以传后世，张说给出的评价是：“敏识聆听，探微镜理，开卷海纳，宛若前闻，摇笔云飞，成同宿构。”

这种评价足以证明上官婉儿的文学成就！

从某种程度上而言，与其说是韩愈、柳宗元开创了古文复兴气运，毋宁说上官婉儿早已经为盛唐的文学描绘了清晰的蓝图。只因为她那一洗江左萎靡的诗风和力革南朝以来四六骈俪的章法。

回顾上官婉儿的一生和临死前李隆基对她的评价，上官婉儿并不是个道德高尚的人，但作为政治人物我们本就不能以简单的道德标准来评价，切身站在她的角度来想，作为罪臣孤女，而且能够跻身权力中心，外人是不会仅仅把她当成一个才女来看待的。

所以上官婉儿的见风使舵以及一切手段，事实上都是一种在腥风血雨中自保的手段。因为巨大的“原罪”阴影和瞬息万变的政治斗争给了她必须认清现实的头脑，不过她的身份决定了在任何时候，她都是不可能掌握主动权的，只能作为一颗棋子任人摆布。

所以在她临死时，李隆基给出了“淫妇”的定论，在我看来有失偏颇。

因为上官婉儿曾经也是个情感单纯的人，盼望生命中能遇到真爱并能与之相守一生。在她现存的32首诗中多为应制之作，但有一首《彩书怨》却是完全发自内心，抒发了少女对意中人的思念之情：

叶下洞庭初，思君万里馀。
露浓香被冷，月落锦屏虚。
欲奏江南曲，贪封蓟北书。
书中无别意，惟怅久离居。

有人说这首诗是上官婉儿写给一个叫李逸的李唐宗室子弟的，也有人说是写给章怀太子李贤的，而正是因为她的这首诗，使上官婉儿的情感经历千百年来被人们所津津乐道。

在我看来，这首诗写给谁并不重要，重要的是通过这首诗我们看到了一个不同于传统史书评价的上官婉儿，诗中的她是一个情怀浓郁、内心意境高远的人。

只记得妖媚邪淫，渎乱宫闱，狡黠觊觎，八面玲珑！

可记得柔情似水，才华横溢，权柄国政，叱咤风云？

那夹缝中求生存的艰难，曲意逢迎的甘苦，谁又知道！

重归正统

韦太后、安乐公主、上官婉儿等一个个内朝后妃势力的核心成员顷刻间全部成了李隆基的刀下之鬼，但此时李隆基似乎依然心有顾忌。

因为从政变伊始到现在为止，他始终没有找到内朝后妃势力的另一个核心成员——宗楚客！

难道跑了？

“将所有城门全都关闭，没有我的命令任何人不许出城！仔细地搜，就是挖地三尺也要把宗楚客给挖出来！”李隆基下令说道。

事实上，当韦太后被禁军士兵诛杀后，宗楚客就得到了宫廷政变的消息，这位仁兄的第一反应是立即钻到床下躲了起来。当内宫的刀光剑影渐渐平息下来时，宗楚客才从床下谨慎地爬出来，坐在床上思考着对策。

如今自己的大靠山已经崩塌，在他看来李隆基是不可能饶恕自己的，所以经过仔细的思考，宗楚客决定化装逃出长安，从此隐姓埋名。

要说宗楚客的化装功夫还是很高超的，头裹白色围巾，身穿白色丧服，骑一头青色小毛驴，和弟弟宗晋卿走出自己的府门，鞭打小驴向着距离自己府中最近的通化门走去。

当他走近通化门时，被守门卫士一把拦住。

“干什么的？”

“家中有亲人亡故，前去吊唁！”宗楚客颤巍巍地答道，此时他全然没有了往日的威风。

“吊唁？哼哼！这城门紧闭，谁进城来给你送的信儿啊？”守门卫士逼问道。

“这……”

宗楚客犹豫之时，守门卫士一把扯下了他头上的围巾。

“你是宗尚书？”

“嘿嘿！是我啊！诸位弟兄行个方便，让我过去吧！”宗楚客满脸堆笑地说道。

宗楚客的请求当然不会被接受，就在通化门外，他和弟弟宗晋卿走向了人生的终点，最终的结局是被斩身死。

与韦太后、上官婉儿等人不同的是，宗楚客一生都在扮演着一个弄臣的角色，直到临死时他依然为我们保留了一丝滑稽的色彩，就像一个跳梁小丑一样滑稽谢幕。

当然，内朝后妃势力成员中在死亡来袭时，既有宗楚客这样灵魂猥琐的人，其中也不乏有骨气的人。与宗楚客比起来，时任尚书左仆射的韦巨源其表现堪称风范十足。

这位本不属于韦氏家族的人，自从神龙元年(707 年)加入韦皇后的势力后，便一路扶摇直上。当他这次听到李隆基发动政变，韦太后、安乐公主等人已经被诛杀后，他并没有像宗楚客那样，来个脚下抹油彻底溜号。相反他却主动向那充满血腥之气的内宫走去，除了他知道李隆基是不会放过他这个韦氏同党的核心成员，他更知道自己到现在为止，无论曾经的选择是对是错，此刻只能义无反顾地一路走下去。

所以，他在转身走出家门的时候，对家里人说了这样一句话："我位列大臣，怎么能听到朝廷有难而不去救援呢？"

言罢，从容赴死！

虽然你站错了队，但面临危局而置生死于度外，你是个勇敢的人！

……

随着李隆基的不断整肃，皇宫内逐渐平静了下来，"唐隆政变"在一片刀光剑影中，随着内朝后妃势力成员一个个地倒在血泊中，终于取得了胜利。

当然，所有人都没有忘记政变前约定好的，那就是事成之后共同拥立相王李旦为帝。

只是，此刻那个宝座上，李重茂还坐在那里，虽然自即位以来，他只是韦太后手中的一个傀儡，但在李隆基等人看来，一个有名无实的皇帝也是皇帝，虽然他可以继续用武力将那个年少的李重茂从宝座上一脚踹下去，但那样无形当中也使李旦成了一个篡权者，所以对待李重茂就不能像对待韦太后等人那样。

于是，又一场禅让的大戏，在一群人的导演下开始上演！

唐隆元年(710 年)六月二十四日，太极殿。

当李重茂站在父亲李显的灵柩前，面对着李旦、太平公主、李隆基等众人时，他的内心有些忐忑不安。虽然眼前的这些人很多都是他的亲人，但在年少的李重茂眼中，他们比那些陌生人更加可怕。

李重茂清楚地知道，如果稍有不慎便会有杀身之祸。所以在环顾左右之后，他主动开口说道：

“韦氏逆贼已除，朕年幼无知，实在不能堪当大任，相王仁慈贤明，以前也做过皇帝，今朕已经起草好让位的诏书，愿让位于相王!”李重茂怯生生地说道。

“呵呵！皇帝要让位于相王，大家说可以吗?”

问话的人是太平公主，作为政治老手，太平公主当然明白这场禅让的大戏，必须做得自然和真实，硬来是不行的，就像当年李渊接受杨侑的禅让一样，要做到水到渠成。

坦白地讲，太平公主的问话完全是一句废话，而她之所以问，是因为她需要一股势。

就像足球赛一样，前锋要想进球，前卫必须做球，甚至后卫也必须助攻。

现在太平公主这个后卫已经助攻上来，将球传到前卫脚下，就看前卫怎样做球了，此刻司职前卫的是以刘幽求为代表的一群朝臣。

所以在太平公主问完后，刘幽求站了出来，跪在地上说道：

“国家多难，皇帝仁孝，效仿圣人尧舜，把皇位让给叔父是出于一片赤诚之心，相王登基后，对侄儿的关爱必定会十分深厚。”

刘幽求做的球的确很好，言简意赅，主题明确，隐含的意思就是说李旦今天必须登基。

太平公主点了点头，然后向着众人问道：

“还有不同的意见吗?”

朝堂上一片寂静。

太平公主继续点了点头，然后便将李重茂让位的诏书交给了李旦。

“吾皇万岁，万岁，万万岁!”李隆基立刻带着朝臣们一跪到地。

前锋进完球，总得有队友跑过来庆贺一下才有气氛!

此时的李重茂心中有些说不出的苦涩，自从父亲李显死后，他就成了一个任人摆布的角色，昨天是后妈韦太后，今天是叔叔、姑姑和哥哥。

曾经他是多么不愿意坐在这里，之所以坐在这里也是因为别人的需要，今天即将离开这里，也同样是别人的需要。

而他自己从不曾主宰过自己的命运。

“那个座位已经不应该是你坐的了。”李重茂低头沉思时，太平公主的声音忽然响起。

太平公主的话让李重茂的思绪又重新回到现实中，他缓缓地抬起头来，眼神中透露出一丝迷茫。

"那个座位已经不应该是你坐的了!"太平公主一边说着一边走到李重茂的身边,没等李重茂反应,便一把将他从宝座上揪了下来。

李重茂就这样结束了他只有十七天的皇帝生涯,就此彻底退出了唐朝的历史舞台。

当他被人带出朝堂时,他长舒了一口气,对于他来讲这算是一种解脱,因为从现在开始,他再也不用像木偶一样被人牵来牵去,曾经这个愿望是他最大的奢望,如今已经实现,虽然是以一种尴尬无奈的方式实现的,但比起倒在血泊中的韦太后、安乐公主等人,他已经很知足了。

想到这里,他的嘴角露出了一丝苦笑。

……

重福叛乱

前半生让过两次皇位的李旦,如今在太平公主和李隆基等人的帮助下,又重新荣登大宝,这是李旦万万没有想到的。当他被群臣簇拥着坐上那个宝座时,李旦的心中不禁百感交集。

和哥哥李显一样,李旦也是一生当过两次皇帝,只是他这个皇帝是被人推上去的,而他却是那种生性恬淡、超然物外的人。后来的事实证明,他这个皇帝当得确实有些老猪进篱笆——进退两难!

不过再苦再难,眼下既然已经坐在这个宝座上了,该干的事儿还是必须要干的。除了论功行赏,该平反的平反,该追赠的追赠,李旦心中思考最多的,就是立嗣问题。

因为此时48岁的他已经不再年轻。

对于立嗣这个问题,李旦有两个选择,一个是长子宋王李成器,另一个就是拥有复立自己之功的三子李隆基,究竟该立谁,李旦有些举棋不定。

就在李旦犹豫的时候,李成器忽然上了一道奏疏,明确表示要将太子之位让给弟弟李隆基。他的理由很简单,国家安定时要遵循立嫡立长的原则;而在国家危难之时,则要拥立功勋卓著的人,而李隆基具有兴复李唐社稷之功,所以应该由他做太子。

而李隆基也随即上疏表示哥哥李成器应该做太子。

最终,李旦决定立功勋卓著的李隆基为太子。

从唐高祖李渊一直到武则天,立嗣始终是一个老大难问题,甚至会引发兵戎相见。而如今我们终于看到了互相谦让的场面出现。在很多人看来哥俩的互相谦让有作秀和表演的嫌疑。但我要说,无论是出于何种目的和心理,互相谦让总比兵戎相见要好很多。

事实上,李隆基做了太子之后,直至做了皇帝,始终和他的兄弟们保持着友好的关系,这在充满尔虞我诈、政治利益纷争的皇族中确实是不多见的。

亲情,无论你的身份高低贵贱,终究不能缺少,亘古不变!

李旦做了皇帝,李隆基做了太子,这标志着经历了诸多政治斗争之后,李唐又重新恢复了正统,但有时候正统这个词儿,不同的人有不同的理解。

对此,远在均州(今湖北丹江口市)的李重福此时就有着自己独特的理解!

作为李显的次子,由于在神龙年间得罪了韦皇后,所以被贬为均州刺史。虽然远离了朝廷的政治斗争,但这几年李重福过得并不快乐。

早在景龙三年,李显和韦皇后祭祀南郊,宣布大赦天下的时候,唯一没有得到赦免的就是李重福。为此李重福的心里十分不舒服,他曾经上书给自己的父亲,请求回到长安,回到阔别已久的亲人身边,奏疏的言辞不可谓不恳切,但递上去之后,却杳无音信。

李重福每天都在均州盼望着父亲能够一纸诏书将自己召回长安,但随着时间的推移,他渐渐地绝望了,他预料自己此生可能永远也回不到长安了,但他的心中并不怨恨自己的父亲,因为他知道父亲是个性格懦弱的人,在父亲身边左右一切的是那个妖媚的韦皇后。

自此开始,李重福的心中对韦皇后充满了极度的怨恨之情,而恰在此时一个人的到来点燃了李重福那胸中复仇的火焰。

这个人的名字叫郑愔。

郑愔是个毫无原则的人,时任吏部侍郎,一生以拥有荣华富贵为目标,最初是依靠来俊臣而进入仕途。来俊臣死后,他投靠了张易之;张易之死后他投靠了韦皇后;后来因为卷进了一起受贿案件,被贬为江州司马,所以他对韦皇后又开始恨之入骨。

充满仇恨之心的郑愔前往江州,半路路过均州时特意拜访了李重福,于是两个同样有怨恨之心的人就这样走到了一起。

他们相约,如果时机成熟就起兵打进长安,诛灭韦皇后。

可是上天并没有给他们这个机会,不久之后李隆基发动政变,韦皇后被诛杀,叔父李旦即位,而且李重福得到了调令,前往集州(今四川省南江县)担任刺史。

与上一次请求回长安的奏疏杳无音信相比，这一次李重福可以说失落至极。

因为此时的朝廷已经是叔父一脉的人掌控，作为一个已经被贬黜多年的人，谁也不会顾及他的感受，此时李重福刚刚升腾起的复仇火焰，随着韦皇后的死，又渐渐熄灭了。

失望至极的李重福每天用酒来麻醉自己的神经，在他看来，或许一生将定格在集州。

而恰在这时，一个叫张灵均的洛阳人来到了李重福的身边，如果说先前的郑愔是点燃了李重福复仇的火焰，那么张灵均的到来，则燃起了李重福争夺皇位的野心。

张灵均劝李重福，说大王是先帝的儿子，现在韦皇后已死，长安那边应该迎接大王回去即位，相王李旦虽然有诛灭韦皇后的功劳，但也不应该越位次做皇帝。现在相王在长安登基已成事实，但洛阳的百姓可都盼着大王的到来，所以大王应该前往洛阳，杀掉洛阳留守，掌握那里的兵权，到时候向西可以进兵长安，向东可以占据黄河以北，最次也能与长安形成对峙。

史书上并没有记载洛阳人张灵均是个什么来历，但分析他对李重福所说的话，只能用两个字来评价：扯淡。

或许张灵均本来就是个唯恐天下不乱的投机分子，但问题的关键是李重福听完后，确实很兴奋。事实上，张灵均利用了李重福的一个致命弱点，那就是李重福的身份。

一个已经死去的皇帝的儿子，一个由于客观环境的局限而将自己的权势欲掩盖于胸的皇子，在听到张灵均这样极富有煽动性的话语后，内心怎么可能还会稳如磐石？

终于，在利益的驱动下，30岁的李重福下定决心，要用自己的力量对抗这不公的命运！

随即他便开始了自己的计划，他让张灵均到江州和郑愔取得联系，让郑愔秘密到洛阳接应自己，而他自己则挑选了很多勇士跟着自己前往洛阳，当然在临走之前，他并没有忘记伪造一份畅通无阻的政府文书。

在做好一切准备后，李重福踏上了他实现夺取皇位的道路，而事实证明，这是一条名副其实的不归路。

闹剧收场

在李重福积极准备的时候，负责和郑愔联系的张灵均到达了江州，郑愔在知道李重福决定起兵的消息后，也立刻进行了准备。

不过在我看来，郑愔的准备有些华而不实，他先是伪造了一份李显传位于李重福的遗诏，然后又撰写了一份大功告成之后的官员职位分配表。

仅此而已！

郑愔就这样带着这两样东西，动身前往洛阳，在他到洛阳的两天后，李重福也来到了这里。

由于是秘密前来，所以在郑愔的安排下，他们住进了驸马都尉裴巽的家中。

裴巽是个嘴很严实的人，李重福和郑愔的到来他并没有向任何人透露，但世界上没有不透风的墙。

三天后，洛阳县令带着衙役来到裴巽家进行搜查。

在裴巽家里搜了一通后，并没有发现李重福的人影儿，可是就在县令准备打道回府时，李重福突然出现在裴巽家门口，这个县令的第一反应是三十六计，走为上策。

当他第一眼看到李重福时，不等李重福有任何反应时，便带着衙役们一路小跑到了洛阳留守府，并将李重福到来的消息告诉了洛阳留守。

洛阳县令本以为留守会立刻发兵捉拿李重福，但出乎他意料的是几乎所有的官员全都只有一个反应，那就是迅速收拾东西准备逃跑。

只有一个人没有动，这个人就是将韦太后密谋除掉太平公主、李旦的消息秘密透露给李隆基的崔日用的弟弟崔日知，时任洛州长史。

当所有官员全都在做逃跑准备的时候，崔日知反而带领一队人马主动前往裴巽家捉拿李重福。

当李重福看到洛阳县令二话不说转身就逃的时候，他并没有就此追击，他马上意识到很快洛阳留守府就会派大军来镇压自己，所以他立即决定利用手中那份伪造的遗诏，前往洛阳城外的屯军大营，争取营中士兵的支持。

事实上，李重福高估了那些洛阳留守的长官，而从那些长官准备逃跑的架势来看，其实双方是麻秆儿打狼——两头怕！

李重福就这样带着手下人赶往屯军大营，在他看来，只要到了屯军大营，拿出那份“遗诏”，一切就此可定。

但让他想不到的是，在他赶往屯军大营的时候，一个人在暗中发现了他的动向，这个人抄近路率先赶到了那里，正是这个人完全打乱了李重福的计划。

这个人是时任留台侍御史的李邕。

对于李邕而言，现在最急需的就是时间，所以他急忙让轿夫停下轿子，然后自己钻出轿子飞一般地赶往屯军大营。当他到达那里时，立即对屯营长官说道："李重福现在到洛阳来了，按说他应该前往集州上任，现在无故来到洛阳，肯定想要犯上作乱，如果他到这里来，诸位将士千万不要相信他。"

在平息李重福叛乱的事件中，在我看来最关键的就是李邕的这句话。

有了李邕事先做的工作，当李重福到达屯军大营的时候，士兵们并没有相信他手中的那份遗诏，相反倒是对着李重福不断地放箭，以期用这样的方式来阻止他靠近屯军大营。

屯军大营有如此激烈的反应，让李重福有些始料不及，仓促间他又带着手下人准备二次进入洛阳城，前往洛阳留守府，在那里或许能够争取到一部分士兵的支持。

但此时率兵前来迎战的崔日知，迅速关闭洛阳四面城门，李重福顿时陷入了进退两难的境地。

"放火烧开城门，杀进去！"万般急躁之下的李重福迫不得已地使出了最后的撒手锏。

可是没等他手下人点火的时候，忽然之间城门打开，崔日知率领士兵向他猛扑过来。

崔日知带领的是正规军，而李重福的手下却是没有经过正规训练的散兵游勇。

所以，结果只有一个：李重福大败！

此刻，李重福终于明白了自己的力量实在微不足道，但既然已经走上这条路，他只能一股脑地走到黑，情急之下的李重福已然没有重整旗鼓的信心，于是在一片狼藉之中，独自一人逃出重围，奔向了洛阳附近的一座山谷，躲在一个偏僻的山洞里。

而崔日知并没有给李重福喘息的机会，一路追击到山谷中，下令搜捕全山。

当李重福从隐身的山洞中向外窥视的时候，发现满山全是搜捕自己的士兵后，顿时绝望，他的眼泪不知不觉地流了下来。

如今，再想回到从前已是不可能！

皇位！皇位！对于我来讲真的重要吗？已经不属于我的东西，我为什么要鬼迷心窍地妄图拥有它?

“啪”,李重福随即抽了自己一记响亮的耳光!

然后他整了整衣冠,起身走出山洞,眼前是一条湍急的河流,在这苍茫如烟的大地之间,李重福陡然间发出哀叹之声,在向着长安方向拱手一辑后,纵身跳入了河水中。

景云元年(710 年)八月十二日,在李重福上演了一场“夺取皇位”的闹剧后,他的生命也随之结束,时年 30 岁!

在螳臂当车不自量力的背后,又有多少人曾经在乎过他的感受。

自古以来只有新人笑,又有谁听到旧人哭,在长安城内一片歌舞升平之时,远在千里之外洛阳城外的山谷中,一个凄怨灵魂的悔恨之情只能诉说于天地间!

李重福已经身死,一起同谋的郑愔和张灵均被斩首于洛阳东市之上。回想起郑愔的经历,我不禁要说,这位一生以拥有荣华富贵为目标的仁兄,直到临死那天或许依然没有总结出自己一生的特点,那就是他投靠谁,谁最后肯定是必死无疑。

来俊臣、张易之、韦皇后、李重福一个个全部倒下!

用一句民间老百姓的话来讲:典型的扫帚星!

第十五章
诛灭太平

分歧

景云元年(710 年)十一月二日,李旦带领太子李隆基、太平公主和所有朝臣,为李显举行了隆重的葬礼,将他安葬在定陵,庙号“中宗”。李显虽然没得善终,但死后终究还有一棺存尸之地,而且享受后世的祭祀,结局总算不错。

但死于“唐隆政变”的韦太后和安乐公主就没这么幸运了,不仅没有存尸之地,而且在此之前已经被剥夺名号,并追废韦太后为韦庶人,安乐公主为悖逆庶人。

而最惨的就是武三思和儿子武崇训,不仅被剥夺爵位谥号,而且破棺暴尸,并被夷平坟墓。

在对待这些企图篡夺李唐江山的逆党问题上,当时朝廷上到皇帝下到朝臣,全都是观点一致,而且也都认为要重新选取一批贤能之士执掌朝政,在这些人中,姚元崇和宋璟是颇具代表性的人物。

姚元崇就是后来开元年间大名鼎鼎的宰相姚崇,为了避李隆基开元的年号,所以将名字中的“元”字去掉,改名为姚崇。早在武曌在位时,姚元崇便是宰相班子的成员,但因曾经参与拥立李显复位而受排斥。直到这次李旦做出要让才能之士执掌朝政的决定后,姚元崇才重新获得重用。

而宋璟我们前边提到过,曾经对抗过张易之、张昌宗兄弟,李显在位时也得罪过当时权倾朝野的武三思，因此受到排挤，被外调为贝州刺史。随着李旦的重新登基，宋璟重新被起用，任命为吏部尚书、同中书门下三品，这也是宋璟首次进入宰相班子。

当然，目前两个人虽然被重用，但对于他们来讲，前方的道路依然漫长，因为命运要让他们经受千锤百炼，而只有经历过千锤百炼的人，才会具有战胜一切艰难困苦的勇气。

事实证明：两个人的价值将在即将到来的开元时期得到非凡的体现。

随着姚元崇和宋璟等一批贤能之士重回朝堂之后，在他们的精心辅佐下，经历了很长时间动荡的大唐王朝，终于重新焕发出了生机。

但此时朝廷内部的政治斗争并没有就此结束，而根源则来自又一个人那不可遏止的权势欲。

这个人就是太平公主！

在"唐隆政变"中，太平公主和李隆基联手出招，可谓同舟共济。但李旦即位后，李隆基被立为太子这件事，史料上没有太平公主参与其中的记载，也就是说太平公主根本没有表态。

从后来太平公主失败的结局来看，没有参与立太子这件事，是她一生最大的失误，因为当时太平公主可谓权倾朝野，不仅实封五千户，而且每次朝廷议事，李旦对于她的话基本上是言听计从，甚至有时朝廷议事她没来时，在朝议过后，宰相们都要亲自到她的府上去请示。如果她参与立太子事宜，相信李隆基的太子之位会存在很大的变数。

当然历史本身是不能假设的，或许太平公主当时也认为李隆基是最合适的人选，或许是因为她从内心根本就没有重视这个侄子。总之一句话，李隆基当了太子后，太平公主以李旦为依托，依旧妄图独揽朝政。

而事实上，她确实做到了。

甚至在她的心中也有一个女皇之梦，因为很长时间以来，她感觉到李旦由于性格的原因，对于做皇帝这件事有些勉为其难，触目惊心的历次宫廷政变使得李旦变得更加怯懦，加上"唐隆政变"李旦完全是置身事外，这个皇位都是儿子和妹妹扶上来的，所以李旦养成了一种凡事依赖别人的心理。

对于这一点，太平公主心里看得十分清楚，所以她认为只要李旦坐稳皇位，她就可以凭借自己超凡的能力，像当年母亲武曌那样控制朝廷。

但是，现在朝廷中一股新兴的势力，渐渐成为太平公主的绊脚石，这股势力就是以李隆基为首的太子集团。

有人说，太平公主和李隆基之间的姑侄斗争，是因为太平公主想做女皇，这个说法确实有道理，但导致两个人最终决裂的并不仅仅是这个原因，因为女皇之梦只是太平公主内心深处的想法，能否实现当时连她自己也不能打包票，她只能向着女皇的方向去努力。

在我看来，导致姑侄二人产生不可调和矛盾的导火索，是景云年间的朝廷施政方针问题。准确地说是究竟该恢复贞观之风，还是继续奉行韦皇后的路线。

表面看来，这个问题似乎没有争议，当然是应该恢复太宗时期的贞观之风。但经历了中宗李显在位的五年时间，有很多政策和制度已经形成了定律，甚至已经涉及诸多人的利益，如果不采用循序渐进的方式而完全推倒重来，势必会引起混乱。

在所有的问题中，是否依然沿用斜封官旧制成了争议的焦点。

所谓斜封官是指李显在位时期，在韦皇后的操作下，社会上无论是何种出身、何种文化水平的人，只要向内朝后妃势力成员送上 30 万钱，就能绕开吏部的考察，直接得到由皇帝亲笔敕书任命的官位。

由于这种敕书是斜封着交付中书省的，所以被任命的官员人们称为“斜封官”。当时的“斜封官”都是不通过中书省、门下省而由皇帝直接任命，两省长官都不敢过问，只是将任命文件向有关部门传达而已。

斜封官制度一经实施，最大的弊端就是不能保证做官之人的品行和素质，而这些官员大多都是地方的首脑，直接关系当地老百姓的切身利益，遇到素质高的官员倒还不错，要是遇到那些混蛋二杆子官员，最倒霉的就是老百姓。

李旦即位后，太子李隆基和姚元崇、宋璟等人敏锐地意识到斜封官带来的危害，所以上疏李旦要求罢免李显在位时所封的斜封官，并废除斜封官制度。经过一番整治，一直到景云元年底，朝廷共计罢免斜封官将近 2000 余名，可谓大手笔。

而当时太平公主对以李隆基为首的太子集团进行这样大刀阔斧的改革，显然持反对意见。她认为斜封官制度虽然有危害，但既然已经形成惯例，即使要罢免和废除也应该采取循渐进的方式，何况这些斜封官中还有不少贤能之士，如果全部否定，显然有失公平。

不可否认，太平公主反对立即废除斜封官制度，固然有自己内心权势欲在作祟，因为斜封官对于她的一大好处，就是可以任人唯亲，这当然与李隆基任人唯贤的理念相左。

但如果抛开太平公主的私心来看，她反对立即废除斜封官制度并不是完全没有道理，在太平公主提出反对的意见后，景云二年（711 年）二月，殿中侍御史崔莅和太子中允薛昭就这个问题也上疏李旦，他们的意见和太平公主相同，李旦最终下令斜封官可以量才取用。

从对待斜封官的问题上，我们明显看出当时太平公主和李隆基在经历了诛灭韦后那段同舟共济的岁月后，双方关系出现了裂痕。

如果仅仅局限在施政理念不同的范围内，姑侄二人不一定会最终兵戎相见，但因为太平公主将政见不同逐渐升级为人身攻击，最终演变成了一场宫廷政治斗争。

一切都是出自她那不可遏止的权势欲。

出招

总结武曌晚年到李旦二次即位这几年的历史，可以说完全就是四个派别的斗争史，先是以张柬之为首的政变功臣派扳倒了以张易之、张昌宗为首的“面首”宠臣派，接着以武三思为首的武氏集团和以韦皇后为首的内朝后妃势力，在李显的暗中支持下，又扳倒了政变功臣派。

最后以李隆基为首的李唐宗室，又拍了内朝后妃势力的黑砖，随着内朝后妃势力的垮台，四大派别中最终还是李唐宗室笑到了最后。

但正所谓党内无派千奇百怪，李唐宗室独领江湖风骚的时候，他们内部也并不安定，随着景云元年对待斜封官问题上的政见不同，太平公主明显感觉到李隆基正在逐渐成为她的绊脚石，为此她也对自己没有干预立太子事宜而后悔不已。

所以在她的心中渐渐产生了一个想法，那就是通过自己的努力和运作，促使哥哥李旦废掉李隆基，而立一个性格比较软弱的太子。

综合考虑眼下朝廷的局势和李隆基的实力，太平公主决定从散布舆论开始，而事实上她的这种做法，并没有给她带来任何回报。

景云元年（710 年）十月，太平公主通过死党散布“太子不是长子，不当立”的言论，这个言论当时对李隆基具有很大的杀伤力。太平公主充分掌握了“礼法”这件利器，从而蛊惑人心，言论一经散布，立刻引起很大的反响，人们纷纷猜测李隆基之所以能够当上太子，靠的是不是暗中胁迫性格软弱的李旦。

针对这个蛊惑人心的言论，李旦还特意下诏辟谣，据《大诏唐令集》记载，景云元年(710年)十月，李旦亲自起草了一份内容很长的诏书，大意是赞美李隆基具有拥立自己的功劳，肯定了李隆基在非常时期具有特殊的功勋，他的太子之位，不能用常礼来衡量(所谓非常之事，不可以常礼议之)。

从李旦当时的反应来看，显然他并没有为太平公主散布的言论所动，而且态度明显倾向李隆基，可是李旦并没有追究太平公主散布言论蛊惑人心的责任，从这一点来看，李旦事实上在变相地纵容太平公主。

在自己所散布的言论没有达到目的之后不久，太平公主再次出招，这一次她从幕后走到了台前。

景云二年(711年)正月，太平公主乘坐辇车在光范门内，宴请宰相班子成员，当时宰相班子共有七人，分别是姚元崇、宋璟、张说、郭元振、魏知古、陆象先和刘幽求。值得一提的是，这七个人是清一色的李隆基太子党成员。

而太平公主宴请他们，则是向他们亮明自己的底牌，当然也可以说是一种争取。

当酒过三巡，菜过五味之后，太平公主说道：

"自从皇帝陛下登基后，当今朝廷面貌已经是焕然一新，这都有赖于诸位宰相大人辛勤劳苦啊！"

太平公主说完后，宰相班子的所有成员没有回应，因为在他们看来，今天的这顿饭，颇有些鸿门宴的味道。

在看到没有人答话后，太平公主颇有些尴尬，于是举起酒杯打圆场地说道："来！诸位大人，我们一饮而尽。"言罢，太平公主率先喝尽杯中酒。

所有人全都端起酒杯一饮而尽，但每个人都觉得氛围不太对劲儿。

太平公主放下酒杯后，开口说道："虽然朝廷如今面貌一新，但身为宰辅之臣，要考虑的是如何将这种焕然一新的面貌保持下去，不是吗?"此刻她开始展露出威严。

"公主说的极是，臣等定会鞠躬尽瘁，死而后已！"陆象先跟着说道。

"陆大人这句话说得好，但想要做到可不是那么容易，你们想鞠躬尽瘁，未必有人能够给你们这样的机会。"太平公主的脸上泛起轻蔑的微笑。

七个宰相开始意识到太平公主接下来的话才是她今天最想说的话。

"我的话诸位明白吗?"

"臣等愚钝，还请公主示下！"郭元振说道。

“呵呵！现在有皇帝陛下在，你们肯定能做到，但未来太子即位后，你们未必能够做到。”

“太子殿下仁孝聪慧，又功勋卓著，未来我们愿意为他做到。”刘幽求说道。

“未必！太子不是像你们想象的那样，更何况他并非长子，按说应该是成器做太子，隆基实在没有资格，你们身为宰辅之臣应该多劝劝陛下考虑更换太子的人选。”

到现在为止，七位宰相全都明白了太平公主的用意，那就是拉拢他们，一同劝李旦废掉太子。

问题的关键是，他们中的很多人要么是李隆基的患难战友，如刘幽求，要么是李隆基当了太子后，由他向李旦推荐任命的，如姚元崇、宋璟和张说。

所以，太平公主的拉拢不可能成功。

“公主所言差矣，太子有功于天下，乃是宗庙社稷的真主，公主怎么突然有废掉太子的想法呢？”张说起身开始回击。

“请恕臣直言，公主应该不会忘记韦后当权时，您可是受排挤的啊？是太子殿下诛灭韦后乱党，才使您重新立身于朝堂之上啊！”姚元崇继续说道。

“公主有废太子的想法，还是请您亲自和陛下去说，臣等愚钝，不知该如何开口，更不想做奸佞的小人。”

说最后这句话的是宋璟。

“你们……”此时太平公主面对七位宰相的轮番轰炸，顿时有些愤怒，正待要发作之际，她忽然意识到吵嘴架是没有任何意义的，所以她按捺住自己的性子，然后继续堆满了笑脸说道：

“今天本公主喝多了，权当是酒后妄语！”

……

酒席在太平公主那愤懑的情绪中不欢而散。拉拢七位宰相的失败，让太平公主更加切身地感受到太子李隆基的根基之深，她明白现在自己要做的是尽快平复自己的情绪，等待有利的时机再向李隆基施以重拳。

所以在接下来的一段时间内，太平公主选择了沉默。

而七位宰相面对太平公主的咄咄逼人，他们也意识到如此下去，李隆基的太子之位会充满很多变数，因为李旦对太平公主可谓言听计从。为了李隆基的前途，也是为了自己的命运，他们决定用自己的方式反击太平公主！

策略

事实上当太平公主不断散布废太子的言论，以及拉拢宰相们失败的时候，李隆基的日子并不好过。史料上没有记载在太平公主不断向他出招时，李隆基有什么应对之策，不过后来晚唐名相李德裕写过一篇《次柳氏旧闻》，其中详细记载了李隆基当时的窘境。

这篇文章记载，当时李隆基身在东宫，对太平公主甚为忌惮。因为东宫周围遍布了太平公主的党羽，在暗中侦察李隆基的一举一动。当时恰逢李隆基的杨妃（不是杨贵妃）身怀有孕，李隆基秘密跟张说说太平公主不希望自己多子嗣，今后一旦有祸患会殃及这个妃子，所以让张说从宫外悄悄搞来了堕胎药，准备打掉杨妃所怀的孩子。

但是，李隆基在熬药时，忽然感觉自己昏昏沉沉，好像有神仙在阻止自己。李隆基将这种感觉告诉了张说，张说劝李隆基说死生由命，不要考虑太多，希望放弃打掉孩子的想法，最终李隆基听从了张说的劝告，从而保住了杨妃腹中的胎儿。

顺便说一句，这个经张说劝告保存下来的胎儿，就是后来唐朝第八代皇帝唐肃宗李亨！

从李德裕的记载来看，虽然李隆基熬药时的感觉有些夸张，但可以看出李隆基当时确实陷入了绝境，不然谁也不会忍痛打掉自己的亲生骨肉，而正是因为李隆基当时的这种处境，促使了宰相们决定出招来对抗太平公主，挽救深陷不利境地的李隆基。

景龙二年（711 年）正月，在太平公主拉拢宰相们失败的七天后，宋璟、姚元崇联合上疏李旦，提出了如下建议：

一、将宋王李成器、邠王李守礼调出京城，任命为地方刺史。

二、免去李隆范和李隆业的左、右羽林将军职务，分别改任太子左、右卫率，以侍奉太子。

三、将太平公主夫妇迁往东都安置。

四、让太子李隆基监国。

仔细分析宋璟和姚元崇的上疏，我们不难看出他们提出的这四点建议，其中具有很深的玄机，可以说是四两拨千斤的高超政治策略。

李成器是李旦的嫡长子，李守礼是章怀太子李贤的长子，如果从礼法角度而言，两个人确实比李隆基更有资格做太子，而事实上太平公主也曾暗中鼓动李成器争夺太子之位，但被李成器断然拒绝。虽然他们二人并没有争夺太子之位的野心，但由于身份过于特殊，所以容易被太平公主一党所利用，成为不安定因素，所以宋、姚的意图很明显，将他们调往地方任职，是想掐断太平公主制造事端的诱因。

再看李隆范和李隆业，两个人掌管着皇家禁军，但皇家禁军并不是东宫太子的私人卫队，而将他们改任为太子左、右卫率，事实上就变成了东宫太子的私人卫队长官，固然李隆范和李隆业与李隆基兄弟三人始终保持着友好的关系，如果让他们入驻东宫无疑会更增加一重保险。

而建议将太平公主夫妇迁往东宫，则是为了避免与李隆基发生正面冲突。让太子李隆基监国，则是变相地确立了李隆基与太平公主的君臣地位，如果今后太平公主再散布废太子的言论，等于是犯上作乱。

综合宋、姚的四点建议，采用的全是政治策略，而没有丝毫的越轨行为。

在奏疏递上去之后，李旦确实采纳了他们的建议，可是就在宋、姚等宰相们刚刚长舒胸中一口气的时候，太平公主便打上门来！

太平公主知道这个消息后，她彻底愤怒了！

前三条建议她都能接受，甚至让她去东都她也可以退一步海阔天空，但让李隆基监国，她是坚决不答应。

宋璟、姚元崇你们两个无赖，破坏我们姑侄情谊，应当严惩不贷！

为此，太平公主一边上疏李旦请求收回诏令，而且特意找到李隆基当面质问，并且利用其长辈身份，对李隆基进行严厉的训斥，搞得李隆基很是难堪！

为了息事宁人，李旦便让李成器和李守礼依然留在京城，太平公主暂时先去蒲州避风，并罢免了姚元崇和宋璟的宰相职务，外贬为地方刺史。

表面看来这件事随着李旦和李隆基的妥协而暂时告一段落，但残酷的现实告诉我们，在严酷的政治斗争中，一方的妥协只会纵容另一方的嚣张。

三个月后，性格软弱的李旦因为思念亲妹妹，所以让太平公主又回到了长安。

斗争依然继续！

太平公主通过先前散布废太子的言论以及拉拢宰相的失败，切身感受到想扳倒李隆基并不是件容易的事情，可以说"唐隆政变"使李隆基聚积了丰厚的势力，针对这种现状，太平公主决定改变策略，由先前的猛冲猛打策略改为持久战策略。

为了更好地贯彻持久战的方针，太平公主还是决定先从宰相班子开始，只不过这一次由原先的拉拢，变成了逐渐整合。

由于宋璟和姚元崇外贬，目前宰相班子空缺了两人，太平公主敏锐地抓住了这个机会，于是上疏李旦请求让左御史大夫窦怀贞、户部尚书岑羲、蒲州刺史萧至忠进入宰相班子。

这三个人全是太平公主的死党！

之所以要增补三人，是因为太平公主考虑到宰相班子的其他五人都是李隆基的太子党，自己虽然不能迅速使宰相班子的死党成员达到对抗太子党的人数，但至少应该利用一切可以利用的机会来缩短差距。

而且，在她看来，未来她还有的是时间！

李隆基！先前的猛冲猛打是因为我低估了你，从现在开始，我要让你在我的温火煎煮之下，一点点地陷入孤立！

但让她始料不及的是，在她重新修订自己的计划，并刚刚付诸行动时，李旦的一个决定犹如晴天霹雳般使她瞬间感觉跌入了谷底。

景云三年（712 年）七月二十五日，李旦下诏传位于太子李隆基！

传位

很长时间以来，李旦备受李隆基和太平公主之间矛盾的困扰，他并不具备李世民的雄才大略，同样也不具备母亲武曌的权术手段，所以当年武曌为立嗣问题绞尽脑汁时，他就竭力推荐自己的哥哥李显，因为他知道自己实在没有做皇帝的能力。

虽然“唐隆政变”之后，自己被太平公主、李隆基等人重新扶上帝位，但李旦最初的想法只是想利用自己特殊身份的优势，出面稳定下政局，可是随着时间的推移，他渐渐觉得在朝堂之上有些左右为难，太平公主的肆意妄为让他很是苦恼，而太子李隆基的处境更是让他坐立不安。

最关键的是以他那软弱的性格，是无法下定决心在两个他最亲近的人中做出取舍的。

从景云元年一直到景云三年，李旦都是在一种焦虑、担心、彷徨之中度过的。如果说景云元年自己刚刚即位时，在李隆基、姚元崇、宋璟等人的努力下，朝廷风气焕然一新的话，那么现在随着太平公主将自己的死党拉进了宰相班子，现在的朝廷又逐渐走回了中宗李显神龙年间任人唯亲的老路，这在李旦看来实在感觉有些羞愧。

处在矛盾与痛苦中的李旦不断探寻着出路，性格的原因使他无法拒绝太平公主的很多要求，可以说李旦纵容太平公主的根源，有着很深的亲情因素。但他同时也明白太子李隆基足智多谋，而且已经形成了维护自己的班底，在李旦看来，凭借李隆基的才能和他身边的智囊团的努力，这个帝国未来在他的手中定能重现高祖、太宗的光辉业绩。

可是眼下，虽然李隆基已经监国，但由于太平公主的存在，使李隆基陷入了一种颇受掣肘的境地。李旦担心随着时间的推移，李隆基的太子之位会存在诸多变数，因为他没有十足的把握和足够的能力去应对那充满未知的变数，而且他的性格也使他不愿意去面对。

所以在经过慎重的思考后，李旦决定将皇位传给李隆基。

当然李旦做出传位的决定固然是出于对朝廷当前局势的考虑，但促使他最终做出决定的诱因，史料上记载是源于太平公主的自作聪明。

据《资治通鉴》记载，景云三年(712 年)七月，太平公主让一位术士对李旦说近来彗星频现，而彗星象征着除旧布新，而且象征太子的星在天空中频现，这意味着太子很快就会做皇帝。

史料上记载太平公主之所以让术士这样说，是因为她想利用这条讯息，来挑拨李旦和李隆基的父子关系，从而让李旦怀疑李隆基有异心，最终达到她废太子的目的，可是太平公主实在没有想到，她的自作聪明反而弄巧成拙，结果李旦真的决定传位给李隆基。

《资治通鉴》上的这个记载在我看来并不靠谱，如果说李旦下定决心传位给李隆基是因为术士的报告，这个倒还可信，但说背后有太平公主的指使，则有些让人怀疑。

要知道太平公主也算是一流的政治家，对李隆基监国她都坚决持反对意见，甚至打到东宫之中，何况是李隆基当皇帝！在这个敏感的话题上，太平公主是不可能铤而走险，采用赌博的方式去换取李旦对李隆基的怀疑的。

因为她太了解自己的哥哥了，即使怀疑他也没有能力去追究！

所以李旦决定传位给李隆基是出于他的无奈，而且更像是一种逃避，一种对自己能力的妥协。

事实上，当李隆基听到父亲要传位给自己的消息时，他立刻感到了一种不安，一方面是因为没有任何准备；另一方面直觉告诉他，在政治利益面前，尤其是在只有一个人享有的皇权面前，即使是父子，也不可能坦诚相待。

所以，李隆基不敢有丝毫的疏忽，而是怀着忐忑的心情，马上入宫觐见，在见到李旦后，既是父子又是君臣的两个人开始了一番对话，这也是李隆基即位前以太子身份和李旦的最后一次对话。

李隆基的目的只有一个，敏感时期避祸为上！

“儿臣因尺寸之功，被破格立为皇嗣，现在即使做太子还唯恐无法胜任，父皇又突然要将皇位传给儿臣，儿臣实在不清楚这是为什么？”

李隆基率先亮明自己的观点，单刀直入，因为他知道在父皇面前没有必要遮掩。

坦白地讲，此时李旦的想法确实很单纯，他缓缓地走到李隆基身旁，抚摸着他的额头说道：

“大唐的社稷之所以到今天依然稳如泰山，我之所以能够再次登基，全是有赖于你的功劳，现在有术士对我说星象显示出你要做皇帝，那我就顺应天意传位于你，希望你不要多虑啊！”

“不！父皇！您为什么要相信那些术士的话呢？儿臣坚决不答应！我……”李隆基抬头说道，不过没等他说完，李旦打断了他。

“朕知道你是个孝子，何必非要等到你在我的灵柩前即位呢？”李旦微笑着说道。

“朕累了啊……朕累了啊……”李旦口中喃喃自语，眼神中透露出一丝疲惫。

此时，李隆基已然明白李旦是真心传位于自己，所以他的内心犹如翻江倒海般的，有种说不出的滋味，因为眼前的这一幕是他实在没有想到的，在他的意识中，不会有人主动地放弃属于自己的权力，更何况是皇权，可是眼下李旦温情般的话语，让李隆基备受感动。

于是他的眼泪夺眶而出！

……

先天元年(712 年)八月三日，在皇城巍峨的太极殿前，李旦举行了隆重的传位仪式，随着殿前太监宣读完李旦传位的诏书，李隆基就此龙袍加身，成为大唐帝国的第七任皇帝。

为了表达对李旦的感激之情，李隆基尊李旦为太上皇，而且三品以上官的任命和罢免还是由李旦决定，其他的事情则由自己处理。

此时的李隆基可谓意气风发，英姿勃勃的他在所有朝臣的簇拥下坐上了那个宝座，当他接受文武百官的膜拜时，心中不禁感慨万千。

而此时参加传位仪式的太平公主心中有着说不出的苦涩！

在文武百官膜拜李隆基时,她始终用冰冷的眼神注视着李隆基,当时没有人注意到她的表情,随着她那不可遏止的权势欲的泛滥,太平公主的心中升腾起了一股杀机!

狠招

当太平公主暗中窥视着一切时,做了皇帝的李隆基并没有注意到太平公主的变化,依旧做着他该做的事情,但三品以上官员的任免权掌握在太上皇李旦手中。李隆基即位后,为了使宰相班子更加优化,李旦将刘幽求任命为尚书右仆射、窦怀贞为尚书左仆射,并将崔湜任命为检校中书令。

而崔湜是太平公主的死党!

现在宰相班子共有八人,分别是魏知古、岑羲、崔湜、张说、陆象先、刘幽求、郭元振和窦怀贞。表面看上去李隆基和太平公主的实力是平分秋色,显然李旦的这个安排明显带有搞平衡的色彩,他知道已经将李隆基扶上了皇位,和太平公主之间已经确立了君臣的名分,所以对待这个和自己很多年荣辱与共的唯一亲妹妹就不要再那么苛刻。

但是,李旦的平衡策略显然忽略了一个很重要的问题,那就是当双方的力量势均力敌时,谁也不会主动退缩,相反却激起了各自的斗志。

事实上,当太平公主的心中升腾起杀机时,最先祭出狠招的反而不是她,而是李隆基的太子党。

起因是刘幽求的不满!

当李旦任命刘幽求为尚书右仆射之时,他的内心十分不满,因为刘幽求的志向是尚书左仆射的官职并兼领中书令,现在不仅自己的愿望落空,而且自己心仪的两个官职分别由太平公主的死党崔湜和窦怀贞担任,这让刘幽求很是不爽。

当年"唐隆政变"的时候,老子可是提着脑袋走过来的,那个时候你们在哪里?

于是心中不平的刘幽求将矛头指向了太平公主,他决定利用李隆基和太平公主的矛盾,煽动李隆基用武力的方式除掉太平公主。

刘幽求先是和右羽林将军张暐密谋,然后让张暐密谋求见李隆基,告诉李隆基现在太平公主的势力已经达到可与皇上相抗衡的局面,而且始终在暗中不断地活动,如果长此以往下去恐将不利,所以应该采取措施及早下手。

对于刘幽求和张暐的谋划，坦白地讲，李隆基很是赞同，因为从眼下的朝廷局势来看，解决自己和姑姑太平公主矛盾的最终方法，只有武力。

但此刻刚刚即位的他，还不能立即付诸行动，因为他必须考虑诸多人的感受，在这些人中他最在乎的就是太上皇李旦的感受。

“朕知道你是个孝子……”即位前和父皇那番对话的场景，始终刻在李隆基的脑海之中。

李旦在有生之年传位给自己，就是为了化解自己和太平公主的矛盾，如果自己刚刚即位，便用武力解决太平公主，那么太上皇李旦会是什么感受呢？

所以对于刘幽求和张暐的建议，李隆基虽然能理解，但他眼下并不能同意，所以他要求刘幽求和张暐严格保守秘密。

现在他所能做出的选择只有等待！

但刘幽求同时却将这个密谋告诉了时任侍御史的邓光宾！

李隆基坐不住了。

虽然邓光宾当时并不是太平公主阵营的人，但世界上没有不透风的墙，如果李旦和太平公主知道了此事，那么自己这一派的所有人将会陷入极其被动的境地，密谋之人不仅人头落地，而且自己还会受到牵连，而那样等于反而为太平公主扫清了障碍。

所以李隆基决定主动出击，在经过慎重的思考后，他上疏李旦将刘幽求和张暐的密谋全部说了出来。

这绝不是出卖，而是变相地保存实力！

最终在李隆基的力保下，刘幽求和张暐被免去死罪，流放到了两广地区，在李隆基看来，虽然他们远离了朝廷，但只要活着就有希望回来。

刘幽求的不慎泄密，让李隆基不得不暂时忍痛割爱，同时他这一派的实力也暂时受损，但李隆基并不后悔，因为他知道自己现在所做的一切都是暂时的，而目的是最终的胜利。

事情就此过去，但刘幽求的这一行为却引起了太平公主的足够重视，而这一事件的出现，也标志着李隆基和太平公主这场姑侄之间的斗争进入了最后的阶段！

当太平公主知道李隆基主动交代了刘幽求和张暐的密谋后，并没有善罢甘休，因为她知道这只是李隆基的一种策略，并不意味着李隆基主动示好。可以说刘幽求和张暐的做法给了太平公主打击报复的机会。而太平公主当然不会错过这个机会。

除了刘幽求和张暐被贬，在太平公主的运作下，张说也被贬出京城，前往洛阳担任留守。到现在为止,宰相班子的成员组成已经向着太平公主阵营倾斜,所以太平公主决定依然从宰相班子入手,继续谋划废掉李隆基。

先天元年(712年)十二月,太平公主继续召集宰相们谋划废立一事,结果当堂遭到了陆象先的强烈反对。

在那次会议上,陆象先已经明确表态,如果太平公主决定废掉李隆基,自己定会与她拼个你死我活。

陆象先的态度让太平公主很是震惊,在她看来运用政治手段来解决问题,显然已不合时宜,为了尽快解决她与李隆基之间的矛盾,为了她那个隐晦的女皇梦想,太平公主最终率先选择了使用武力手段。

李隆基,在你我这场姑侄斗争中,没有是非对错之分,因为你我追求的利益不同,为了实现我能追求的利益,我将用你曾经用过的方式——政变,来平息这场纷争。

据史料记载,当时太平公主经常和她的那些宰相死党以及左羽林常元楷和知右羽林军事李慈一起密谋发动政变,不过出乎他们意料之外的是,在这场斗争的关键时刻,李隆基却是先发制人!

先发制人

就在太平公主等人积极密谋的时候,李隆基太子党的成员觉察到了一丝不利的倾向,于是他们也开始积极行动起来,不断劝说李隆基赶快抢得先机,一举铲平太平公主集团。

时任中书侍郎的王琚就劝李隆基说形势已经很紧迫,必须赶快行动。张说也从东都洛阳特意为李隆基送来了一把佩刀,暗示其应该当机立断。而且荆州长史崔日用借进京奏事的机会,向李隆基劝说,他认为当初李隆基没有即位时,要是想铲除太平公主集团,可能得需要动一番脑筋,可现在已经做了皇帝,只要下一份诏书,相信没有人敢不从命,希望李隆基能够尽早行动。

而李隆基的回答是这样做怕惊动太上皇。

他的意思其实很明显,就是继续等待!

在我看来,李隆基的等待并不是毫无主见的表现,如果说先前太平公主还没决定以武力的方式来对付自己的时候,李隆基尚且有些于心不忍,那么现在在这场只有你死我活的斗争中,李隆基只有采用以暴制暴的手段来平息这场斗争。

事实上他的这种等待反而是在给自己创造一种先机，准确地说是创造一种师出有名的机会，因为此时作为皇帝的李隆基思考得更为全面，他不想给任何人造成一种新君刚刚即位，就利用自己的权力、用屠刀砍向自己姑姑的印象。

虽然所有人都知道李隆基和太平公主的矛盾已经不可调和，但每个人的潜意识中依然存在两个人可以利用亲情去化解，即使是只有百分之一的希望。

太平公主虽然已经决定使用武力手段，但并没有决定具体的时间，李隆基就是要在她出手的一刹那，给予她致命的一击。

两个武林高手的对决，胜败并不在于谁先出手，而是在于谁能够利用好对方的破绽。

事实上，李隆基的一些做法也说明他并不是没有准备，如在崔日知劝说自己后，他将崔日知留在了长安担任吏部侍郎，并且想拉拢崔湜进入自己的阵营，只不过崔湜没有同意。

最重要的是他时刻都在探听太平公主的动向，乃至太平公主最终决定了发动政变的时间！

而太平公主最大的失败就是她毫无顾忌地率先出手！

经过多次密谋和不断完善政变计划后，太平公主集团最终决定在先天元年（713年）七月四日发动武装政变，他们计划当天乘李隆基在武德殿朝见百官之际，由常元楷、李慈率领率左右羽林军突入武德殿，窦怀贞、萧至忠、岑羲等人在太极殿举兵响应，然后将李隆基集团一举消灭。

不可否认，这是个突然袭击的绝佳方案，但事实却是李隆基并没有让他们等到那一天的到来。

在太平公主集团决定的一个时辰后，身为李隆基集团的宰相魏知古探听到了消息，于是他立即将这个消息报告给了李隆基。

在李隆基看来，他终于找到了对方致命的破绽，而现在终于有了出手的机会！

李隆基决定召集本集团的所有成员商议应对之策，其中包括李隆业、李隆范、兵部尚书郭元振、龙武将军王毛仲、殿中少监姜皎、太仆少卿李令问、尚辇奉尉王守一、内给事高力士和果毅将军李守德。

从这些人的身份来看，可以分为两种，一种是李隆基日常的贴身人员，如高力士和王毛仲；另一种就是掌握禁军的人，如李隆业和李隆范。

李隆基之所以决定召集这两种身份的人来参与诛灭太平公主的行动，原因在于对于行动他已经有了详细的计划，和当年“唐隆政变”一样，突然袭击是最好的方式。

当然，凡事不能照搬，经过通盘考虑，李隆基并没有采取当年诛杀韦皇后的“擒贼先擒王”，而是采取了削其手足的方式，所以李隆基召集的人选就显得至关重要。

而时间则定在七月三日，先于太平公主集团一天足矣！

七月三日，清晨！

李隆基让王毛仲从御马厩中调来了三百匹御马，然后又让李隆业和李隆范调来了三百名禁军士兵，李隆基的安排是自己率领这三百名禁军士兵以及贴身人员李令问、高力士、王守义等人从武德殿出发，进入虔化门，召集常元楷、李慈，当场处死，使他们无法再调动左、右羽林军。然后进入内客省的朝堂之上，将太平公主的死党一并逮捕。

同时，李隆基让李隆业、李隆范以及王毛仲等人配合自己的行动，率领禁军从玄武门直奔承天门，目的是逮捕太平公主本人，防止她利用公主的身份调集其他禁军。

所有人在知道自己的职责后，立即开始了行动！

李隆基这一路进展异乎寻常地顺利，在虔化门将常元楷和李慈斩首后，在进入内客省的时候正好碰到太平公主的死党时任散骑侍郎的贾膺福、中书舍人李猷，二人在见到李隆基全副武装气势汹汹的架势后，立即意识到情况有变，正待要转身逃跑想去向太平公主报信儿时，李隆基下令让禁军士兵将他们追捕，一并斩首。

进入朝堂后，又碰到了岑羲和萧至忠，李隆基二话没说，亲手将两个人杀死。而窦怀贞在听到消息后仓皇出逃，不慎掉到了水沟之中，在自知性命难保后，他选择了自缢身亡！

行动如此顺利确实大大出乎了李隆基的意料。在完成任务后，他并没有对自己的成功沾沾自喜，而是率领众人急速向承天门赶去。

与李隆基这一路的顺利相比，李隆业和李隆范这一路遇到了一些麻烦！

当他们率领禁军在前往承天门的路上时，太上皇李旦知道了李隆基行动的消息，为了保护太平公主，他率领众人先于李隆业和李隆范等人来到了承天门楼，并下令关闭承天门楼。

当李隆业和李隆范等人到来时，发现城门紧闭，而且太上皇就在城楼上，顿时傻了眼。接下来该怎么办他们没有了主张，因为李隆基在部署的时候，没有预料到李旦会出现。

是进，还是退，这是个问题。

此时，李隆业和李隆范等人全都成了热锅上的蚂蚁，因为时间紧迫，如果不能急速通过承天门，让太平公主有了喘息的机会，那么结果将会很难说。

而此时率兵护卫李旦的郭元振，在看到城门下的一切后，他向李旦进言道："太上皇，皇帝陛下因为太平公主想要作乱，只是将其同党窦怀贞、萧至忠等人诛杀，没有发生其他的事情。希望太上皇不要惊慌。"

坦白地说，郭元振的话此时起了关键的作用。

而与此同时，李隆基等人也赶到了承天门前。

当李隆基看见自己的父亲站在承天门楼上时，下令所有的人停止一切行动，然后他径直走上承天门楼，向李旦说明了详细的情况。

……

七月四日，李旦下诏宣布交出一切权力，然后搬出了太极殿，迁居到偏僻的百福殿，自此彻底地退出了唐朝的历史舞台。

这一生他经历了太多的变故，在承天门楼之上，在听完李隆基的述说后，他知道自己没有能力去保护太平公主，所以再一次选择了妥协。

对于李旦而言，他这一生有着无数次的妥协，而事实上每一次妥协的背后，都不能掩盖他那颗疲惫焦虑的心始终在矛盾中斗争！

尾声

太平公主虽然有着不可遏止的权势欲，但她同时也是个有自知之明的人，武曌掌权时，她始终隐藏着自己的欲望；韦皇后专权时，她由于实力的原因，也始终选择隐忍；而李隆基的横空出世，使她看到了实现自己梦想的希望。

可她没有想到成也李隆基，败也李隆基。

当她知道李隆基先于自己行动，并且自己的同党在顷刻之间全部被杀时，她完全丧失了抵抗的信心，她将全部的希望寄托在李旦的身上，以期能得到保护。

但即使是这样一个小小的愿望，也随着李旦的妥协而破灭。

惊恐之下的太平公主逃到了长安城附近山中的寺庙中躲避，然而仅仅三天后，她便因为寺庙的简陋而无法忍受，被迫又回到了宫中。

就在她刚刚踏进宫中的一刹那，迎面相对的是传达圣旨的太监！

"太平听旨！"

太平公主的身子抖动了一下，然后缓缓地跪了下去。

"太平犯上作乱，纠集同党欲弑朕，实属大逆不道，朕念在姑侄情分，特准宫中自裁！钦此！”

随后，太监递上了那三尺白绫！

“我是公主！我是公主！我不能死！我不能死！”在看到眼前的白绫时，太平公主瞬间发疯似的喊道。

然而没有人去理会她，因为在所有人的眼中，她已经是个死人！

……

先天元年(713年)七月七日，太平公主在自己的寝宫中自缢而死，空旷的宫殿中只有两个收尸太监在面无表情地处理着她的身后事宜。

而与太平公主宫中凄惨的氛围相对应的，却是武德殿中李隆基和所有朝臣欢呼胜利的热烈。

而今，李隆基真正进入了属于他的时代！

从武曌退位一直到当时为止，几年的时间大唐帝国经历了诸多变故，而这几年也让李隆基从一个热血青年成为一代帝王人主。

当我坐在这个万人敬仰的宝座上时，我不会忘记曾经的雄心壮志，更不会忘记年少时心中立下的那个誓言，而此刻我终于可以自豪地高昂起头颅，在一片光明的前景中去实现那掩藏胸中已久的梦想！

我坚信高祖、太宗创造的伟业，在我的手中定会发扬光大！

图书在版编目（CIP）数据

唐朝那些事儿.叁，武则天卷 / 冬雪心境著.—北京：中国工人出版社，2012.5

（历史新阅读丛书）

ISBN 978-7-5008-5178-3

Ⅰ.①唐…　Ⅱ.①冬…　Ⅲ.①中国历史—唐代—通俗读物　Ⅳ.①K242.09

中国版本图书馆CIP数据核字（2012）第075558号

唐朝那些事儿.叁　武则天卷

出 版 人　李庆堂
责任编辑　王学良
责任校对　赵贵芬
责任印制　杨向辉
出版发行　中国工人出版社（北京市东城区鼓楼外大街45号　邮编：100120）
网　　址　http://www.wp-china.com
电　　话　010-62350006（总编室）　010-82075934（社科文艺分社）
　　　　　010-62005038（传真）
发行热线　010-62383056　62005042（传真）
读者服务　010-62389465
经　　销　各地书店
印　　刷　三河市国英印务有限公司
开　　本　700毫米×1000毫米　1/16
印　　张　18.25
字　　数　320千字
版　　次　2012年5月第1版　2024年5月第35次印刷
定　　价　29.80元